형개의 《경략어왜주의》 역주

명나라의 정유전쟁

4

원문(교감·표점)

형개의 《경략어왜주의》 역주

명나라의 정유전쟁

4

원문(교감·표점)

구범진·김창수·박민수·이재경·정동훈 역주

일러두기 및 범례

○ 저본

1. 『經略禦倭奏議』: 薑亞沙 外編, (中國文獻珍本叢書)『禦倭史料匯編』4-5, 北京: 全國圖書館文獻縮微複製中心, 2004.

2. 序文: 李光元, 『市南子』卷6, 「太保邢公東征奏議序【代】」.

3. 禦倭圖說: 王圻, 『續文獻通考』(北京大學圖書館 소장본) 卷234, 四夷考, 日本, 萬曆 28年, 「恭進禦倭圖說疏」.

4. 附1 邢玠墓志銘: 葉向高, 『蒼霞續草』(四庫禁燬書叢刊 集部 125) 卷11, 「光祿大夫柱國少保兼太子太保南京兵部尙書參贊機務崑田邢公墓志銘」.

5. 附2 邢玠列傳: 萬斯同 編, 『明史』卷332, 列傳 卷183「邢玠」.

- 교감 각주의 영인본은 全國圖書館文獻縮微複製中心에서 영인한 『經略禦倭奏議』를 가리킨다.

- 교감을 위한 대조본으로 『經略禦倭奏議』(中國國家圖書館 소장본, 善本書號: 18705), 申炅, 『再造藩邦志』(서울대학교 규장각한국학연구원 奎4494) 卷4, 89b-93a 및 王在晉, 『海防纂要』(北京大學圖書館 소장본) 卷3, 「經略朝鮮」, 31a-35a를 참고하였다.

- 교감 각주의 표점본은 邢玠著, 邢其典點校, 『經略禦倭奏議』, 靑島: 靑島出版社, 2010을 가리킨다.

- 각 문건의 쪽수는 모두 원본 쪽수를 기준으로 하였다.

○ 표점부호 설명

1. 원문 텍스트의 본문 표점에 사용하는 부호의 종류를 최소화하는 것을 원칙으로 하였다. 쉼표(,), 마침표(.), 중간점(、) 외에 물음표(?), 느낌표(!), 세미콜론(;)은 쓰지 않았다. 단, 첨부 문서나 공문의 인용 앞에서는 콜론(:)을 썼다.

2. 원문 텍스트 본문에서 인용문에 해당하는 내용에 대해서는, 1차 인용은 큰따옴표(" "), 2차 인용은 작은따옴표(' '), 3차 인용은 홑낫표(「 」)를 썼다. 4차 인용 이상은 3차 인용문 안에서 큰따옴표, 작은따옴표, 홑낫표를 반복 사용하였다.

○ 글꼴 설명

저본의 원문에는 이체자, 속자, 약자 등이 대거 사용되었다. 그러나 모양이 비슷하기는 하나 사실은 음·훈이 달라서 엄밀히 말하자면 틀린 글자가 적지 않다. 또한 현재 중국의 간체자나 일본의 약자와는 글꼴이 같으나 우리나라의 표준 글꼴과 다른 글자도 있다. 이에 이체자, 속자, 약자 등은 우리나라 상용한자와 상용 글꼴로 바꾸는 것을 원칙으로 하였다. 글자·글꼴 변경에 대한 이해를 돕고자 아래에 대표적인 사례를 열거한다.

① 틀린 속자를 바른 글자로 변경한 예: 茲 → 玆, 徔 → 從, 揑 → 捏, 熖 → 焰, 苐 → 第, 荅 → 答, 荨 → 等, 届 → 屆 등

② 약자·간체자를 정자·번체자로 변경한 예: 盖 → 蓋, 屡 → 屢, 懐 → 懷, 随 → 隨, 陥 → 陷, 将 → 將 등

③ 우리나라에서 상용하는 글자로 변경한 예: 舘 → 館, 廵 → 巡,

徃 → 往, 畧 → 略, 峯 → 峰, 攄 → 據 등

④ 우리나라 전산 글꼴로 변경한 예: 俞 → 兪, 靑 → 靑, 敎 → 敎, 査 → 査, 為 → 爲, 真 → 眞, 値 → 値 등

⑤ 이수변의 속자를 삼수변의 바른 글자로 변경한 예: 凔 → 滄, 决 → 決, 况 → 況, 湊 → 湊, 瀆 → 瀆, 滅 → 滅, 泯 → 泯, 盗 → 盜, 减 → 減 등

• 저본에는 출판 당시의 오각이나 이후의 물리적 훼손으로 판독이 불가능한 글자가 몇몇 있는데, 이런 글자들은 "■"로 표기하였다.

○ 지명 및 인명 표기

인명에는 직선 밑줄을, 지명에는 물결 밑줄을 표기하였다. 단 관직명에 들어간 지명에는 밑줄을 긋지 않았다.

예) 本部箚令周于德 / 釜山﹑熊川沿海一帶 / 遼陽都司

차례

序文

『市南子』

太保邢公東征奏議序【代】 2b-6a

頃倭薦食朝鮮, 以師請, 天子念外臣急, 不得愛其威寵, 遣大軍壓境援之. 朝鮮東栫王畿, 而近倭以輜重來侵, 據要害持久, 與嘉靖時入躪吳、越、閩中異矣. 而我師老奉竭, 比歲所摧敗, 祇足相當, 人心騷動, 國論未知所稅駕, 將無難驕虜蓄之爾.

賴主上神斷, 罷封議, 一意鄥除. 遂頗發天下材官精卒, 拜中丞邢公爲大司馬, 往經略之. 不佞職佐軍興, 關內司馬過漁[3a]陽, 與不佞語, 誓滅此而後入關, 方略大都已定. 然則師未出, 竟業制勝樂浪、玄菟間, 安在其難遙度哉. 既至視諸軍, 別陸海之長技, 三分之, 以當倭三帥, 相機戮力, 所嚮必獲.

時國家雖一意戰, 而先是異議者, 猶煽處其中. 域外所斬伐功, 雖足見事末, 而萬里征伐功過, 懼不以情, 衆業謂賊難, 而浮言又從閫外至聽, 安得不惑. 幸廟廊持論愈堅決, 顧告者數來, 慈母投杼, 縱廷內定, 竟外之臣, 安得不懼.

且也盡敵爲期, 事難卒效, 謀大勝者, 不得顧小損. 縣軍異域之中, 與賊 [3b]持久, 費亡物故. 蓋亦時有誠恐浮言一入, 卽不遽罷師.

第主上食不甘味, 寢不安席, 問軍中勞費久. 欲報則無已集之勳, 欲謝則有可憐之績. 忽焉掣肘, 無論盡寇, 事且大僨, 爲四夷笑. 若是卽文武諸臣, 駢首就戮, 豈足以贖誤國之罪哉.

公以是常幾晝夜立計, 賊不滅, 卽不生入關. 左右將吏, 擧泣下敩獻曰, 所祈天地社稷之靈, 無至此爾. 果賴主上神聖, 不搖群議, 軍問至輒慰勉. 繇是司馬得愈益自厲, 料敵設奇, 靡不寧息, 車騎之師窮險, 樓船之卒暴海.

倭故多變, 至[4a]是廼數窮. 積聚所在見焚, 援餉來, 悉爲我斷其道, 三帥之雋亡於鋒鏑之間, 計畫不能支, 廼潛舟載輜重去.

豈惟新寇. 釜山百年之倭, 盡矣驅除, 偉矣哉. 然大都一一如漁陽語. 自王師東討, 凡七年, 司馬經略二年, 廼底績, 而異議亦與師終始. 故夫專征塞外, 難矣. 司馬功高, 天下所仰震, 廼冒危疑, 出萬死一生之地, 勞苦艱貞, 知之恐莫如不肖者.

振旅策勳, 晉太子太保, 仍督薊、遼軍. 又二年, 遷南都大司馬, 豈忘東事. 意南都建國根本, 本兵柄至重, 而倭出東海入寇, 惟所[4b]指不於閩於越, 則於吳, 於吳則南都震矣. 且歲數饑, 天下愁苦. 留京又中國樞, 不得勳略大臣柄兵不可. 故令太保入南軍.

曩者經略奏疏, 無慮數千萬言, 當其請徵調, 議飛輓, 蒐卒乘, 聚械器, 百思竭矣. 而制勝之奇, 善後之悉, 非老成持重, 莫幾焉. 最後請覈軍興以來費, 秋毫無所屑越, 節省二十萬有奇. 古者功成, 黃金恣所出, 不可問. 令至今存, 何以見太保. 用半功倍, 誠古今人所難. 凡此皆具奏疏中.

若夫險阻之情, 則塘報、公議在. 太保念已雖釋負去, 願存疆事之勤, [5a]

以質來者. 因次其疏凡十卷, 塘報三卷, 公議四卷, 次且定屬不佞, 序其意. 某知太保, 而太保不知某之不文也. 雖然, 知太保, 則某何敢讓. 雖不能文, 能以情, 故敢次其本末如此.

不佞嘗讀漢治安策, 惜賈生志行未信, 其君與相以才. 若彼絳、灌得而沮之, 勢也. 衞、霍徂征絕域, 撻伐之威, 遠矣. 然其方略, 不著於時, 後世泯焉, 何者. 衞、霍非有敦禮義說詩書之素奉, 天子揚威萬里之外, 不錄其過而錄其功, 其事多率略, 無足道者.

太保起儒術, 爲名御史, 用文章氣節顯, 主上及[5b]文武大臣, 信之久矣. 一旦秉節鉞行間, 外臨强禦, 內爭異同. 有出畺利社稷之義, 而又以明爲人臣, 無敢專行. 上雖不制, 而下必請, 從容指顧, 反覆陳論, 凜然古者大臣德讓之風焉. 由斯以濟, 故足術也. 豈與未聞大道, 猥云奇才異伐等耶. 昔仲尼道德恂恂, 相夾谷而萊兵却, 抑何壯也. 齊、魯德業之鄉, 所由來矣. 太保豈偶然哉.

古文臣, 以武功著者, 代不數人. 率靖內亂, 固邊圉, 未有出援屬國, 用師數歲而還. 載籍以來, 亦一奇勳也. 宋韓、范破韇裘之膽, 邊功可謂烈矣. [6a]厥後相業爛焉, 讜論亦聞於天下, 而軍中疏不多見. 豈其時猶內地抑事權, 固未若斯之難耶. 讀太保疏, 廼益知其功非易易爾. 儻司馬旦夕還朝, 則韓、范之相, 豈足多哉. 請以斯言, 爲之券.

禦倭圖說

『續文獻通考』

恭進禦倭圖說疏　31a-35a

皇差總督薊遼保定等處軍務經理[1]禦倭兼理糧餉兵部尙書兼都察院都御
史太子太保邢玠,[2] 謹[3]奏爲[4]經略事竣, 恭進禦倭圖說, 敬塵睿覽, 以備緩
急事.

倭寇朝鮮, 患在震隣, 驅之海外, 固自長策. 然內地根本所係, 海道轉輸,
防禦所關, 而朝鮮[31b]之地理, 與倭奴之情僞, 尤用兵者不可不知.

大兵在外, 糧餉爲急. 然其餉或取足于山東、天津、遼東, 在遼[5]東, 隣近

....

1　영인본에는 理이나, 이는 略의 오기.
2　皇差總督 …… 邢玠: 『속문헌통고(續文獻通考)』에는 二十八年, 薊遼總督邢玠로 표기.
3　『속문헌통고』에는 없음.
4　『대동야승본(大東野乘)』 수록 『재조번방지(再造藩邦志)』에만 있음. 이하 『재조번방지』
　　는 모두 초간본인 영천본(榮川本)을 지칭.
5　『재조번방지』에는 邊으로 표기.

朝鮮, 陸路可通, 而山東、天津, 則必由海洋之中, 非倚島傍岸,[6] 則飄泊難收, 非迂回旋遠, 則險阻莫達.

然又念, 此一海道也, 我可以去, 倭可以來, 知其去路, 則可以防其來路. 臨時水兵, 或迎擊、或設伏、或追逐、或把守, 往來風濤, 識其險夷, 方可橫行海上. 雖[7]則爲運, 實則爲防, 干係最重.

故另差官兵, 分投查勘, 按島計程, 中間或港口空闊, 可以泊船, 或水面平淺, 可以登岸, 或有暗石, 或有龍窩, 令其一一[8]畫圖貼說. 由是運人知避險就夷, 其路始定.

在天津則自大沽[9]海口出洋, 轉而西南, 由[10]山東海豊、靑、萊, 以達登州, 自登州[11]以達[32a]旅順, 自旅順[12]達朝鮮之義州、彌串等處交卸,[13] 路與山東[14]同. [15]而兵屯全、慶兩道, 去此尙二[16]千里, 則又聽之朝鮮轉運. 仍覓其海道, 自彌串抵廣梁, 自廣梁抵江[17]華, 江華[18]在王京之西, 接漢江之派, 一入京之東南, 可達忠淸、慶尙. 彼時狡倭, 水陸幷進, 以窺王京. 故凡糧餉之運路, 與倭奴之入路, 支流分派, 旁蹊[19]曲徑, 咸得無缺, 而防禦

....

6　『재조번방지』에는 崖으로 표기.
7　『재조번방지』에는 虛으로 표기.
8　『재조번방지』및『해방찬요(海防纂要)』에는 一이 반복된다.
9　『속문헌통고』에는 姑로 표기.
10　『재조번방지』에는 流로 표기.
11　『속문헌통고』에는 州가 없음.
12　『재조번방지』에는 自旅順이 없음.
13　『재조번방지』에는 卸가 없음.
14　『속문헌통고』에는 東이 없음.
15　『속문헌통고』에는 然이 추기.
16　『재조번방지』에는 二가 없음.
17　『속문헌통고』에는 江이 없음.
18　『재조번방지』에는 江華가 없음.
19　『속문헌통고』에는 溪로 표기.

亦頗知肯綮矣.

至于倭奴, 與朝鮮接壤, 虎勢梟張, 吾欲據險而守, 出奇而勝, 則朝鮮之道里, 不可不知. 諸酋狡詐百出, 莫可端倪, 吾欲向隙以倒[20]當機而應, 則日本之情僞, 不可不審. 故各[21]附其圖與說, 庶[32b]一披覽之間, 知己知彼, 戰守有據.

然倭奴非水兵不克, 而水兵非戰船莫施其功. 故大艦以備衝犁, 飛艇以備遠哨, 大小兼用, 勢不可缺, 而此番東征, 悉取調于閩、廣、浙、直. 然閩、廣如福、滄等船大而堅, 海洋觸之者碎, 中國長技也, 然遠不可來. 惟浙、直稍近, 故應調者, 惟有沙船、虎船、茶船、四剌、二剌等船.

且臣初征調時, 曾令都司季金, 統茶船二十隻, 由淮、揚海口出洋, 不二十日, 直達旅順. 故臣題令水兵, 悉由外洋,[22] 計兩月之間, 可抵戰所, 或可收功且[23]夕. 乃將領憚于風濤之險, 曲稟其所司, 必欲由內河. 一[24]由內河則鐵頭大[33a]船, 率阻于閘內, 而又另覓商船以來, 兼之帶運, 糧餉所至, 遷延遲[25]至, 年餘不到. 臨時與戰者, 不足[26]萬衆, 其餘徒有虛名, 無裨實用. 臣至今有餘恨也, 而今亦不必言, 姑存船式, 并述道路遠近遲速之由, 以爲後日[27]禦倭者考驗鑑戒耳.

夫海防備, 則根本無虞, 海運通, 則軍興有賴. 察朝鮮之險夷, 審倭奴之

....

20 『재조번방지』에는 到로 표기.
21 『재조번방지』에는 各이 빠짐.
22 初征調時 …… 悉由外洋:『재조번방지』에는 없음.
23 『재조번방지』에는 朝로 표기.
24 『재조번방지』에는 一이 없음.
25 『재조번방지』에는 遲가 없음.
26 『재조번방지』에는 是로 표기.
27 『재조번방지』에는 後日이 없음.

情形,[28] 然後水陸夾攻, 以圖進取, 幸仗天威震疊, 將士用命, 始收完局.
今海不揚波者, 已三年, 防與運, 似不必言矣. 但臣私憂過慮,[29] 切謂中國
防九邊之夷, 如日本, 久稱強悍, 乃與積弱不振之朝鮮爲隣, 且蓄忿含怨,
能保[33b]始終[30]之不逞. 萬一稍有擧動, 則若海防, 若海運, 若地理,[31] 若
倭情, 皆兵家所不可廢. 故查歷年故牒, 取舊日之已行已試者, 搜集成帙,
分爲門類, 恭進聖覽. 幷付之梓人, 以俟後日籌海者考焉.

然臣又有說焉. 山東、天津, 尙有留防之兵, 以備不測. 至若遼左之鎭江
城, 爲華夷分界, 旅順口[32]爲津、登咽喉. 倭不犯則已, 犯則首先被兵. 況
全遼處處皆虜, 無山川之阻隔, 無墻垣之障蔽, 城堡空虛, 士馬凋疲, 殘
虜之入, 已不能支, 又安能再分力以禦倭乎. 故先年各道, 雖摘派防虜之
兵以防倭, 幸倭未及耳. 及[33]則顧此失彼, 必無幸矣.

[34a]故臣謂, 仍宜于鎭江城, 將見在遊[34]擊一員, 添其兵足二千之數爲陸
營, 再設水兵遊[35]擊一員, 旅順口有山東設防水兵遊[36]擊一員, 仍應再設
陸兵遊[37]擊一員, 兵各以二千爲率. 其船隻則有水兵之遺與糧運之舊者,
此中木料頗便, 一修改之, 亦可足用. 其器械則遼陽貯有東師之留者, 一
增置之, 亦不多費. 聽遼東撫、鎭與東協節制.

....
28 『재조번방지』에는 狀로 표기.
29 『속문헌통고』에는 計로 표기.
30 『재조번방지』에는 終始로 표기.
31 『속문헌통고』에는 里로 표기.
32 『재조번방지』에는 口가 없음.
33 『재조번방지』에는 急으로 표기.
34 『재조번방지』에는 游로 표기.
35 『재조번방지』에는 游로 표기.
36 『재조번방지』에는 游로 표기.
37 『재조번방지』에는 游로 표기.

又寬奠願爲東路協守, 所當明白申其職掌而責成之, 仍於薊遼, 選補知倭、知虜, 久歷邊方老成之將在此. 而標下當[38]量添水兵一千、步兵一千, 有徼聽統領應援, 而寬奠加一守備, 專責戍守.

其[34b]旅順水兵, 南與登、萊, 往來會哨, 北[39]與鎭江相援, 而陸兵則彼此犄[40]角, 相爲聲勢. 倭來則專力[41]以禦, 不來則貼兵以防虜, 朝鮮有急, 此兵卽可護我外藩. 卽今倭亦疲于[42]兵革, 未必卽來, 而遼左空虛, 每議募兵設防, 則又以防虜, 是一舉兩得. 臣善後疏中, 亦累言內備之當議, 祗恐財力不給, 付之無可奈何也. 然防患貴未然, 有備斯無患, 似無可惜小忘大.

伏乞勅下該部, 再加查[43]酌, 量爲添設, 仍通行薊、遼、天津、山東各撫臣, 逐一查議設備. 至于腹裏官兵, 久不習戰, 談及于倭, 猶如說夢, 若驟一見敵, 未有不驚且走者. 故腹裏[35a]雖設兵丁, 似不可不搜羅營中分別委任,[44] 使之講練前驅, 庶神京門戶、當粵, 無海寇之慮[45]矣.

奉聖旨: "覽奏. 知深謀遠慮, 可謂長城之寄. 該部知道."[46]

----

38 『재조번방지』에는 與가 추기.
39 『재조번방지』에는 狀으로 표기.
40 『재조번방지』에는 猗로 표기.
41 『재조번방지』에는 身으로 표기.
42 『재조번방지』에는 於로 표기.
43 『재조번방지』에는 勘으로 표기.
44 『재조번방지』에는 任이 없음.
45 『속문헌통고』에는 虜로 표기.
46 奉聖旨 …… 該部知道:『재조번방지』에만 표기되어 있음.

2-1

拘執沈惟敬疏　卷2, 3a-12b

題爲狡倭不肯撤兵, 國奸已就拘執, 謹請旨議處, 以除禍本事.

本年七月十八日, 據備倭總兵官署都督同知麻貴稟報.

沈惟敬赴宜寧, 與平調信講話情由, 已經節次具稟外, 七月初二日, 至碧蹄館, 據原差官王國綱齎執副將楊元稟帖, 內云.

本官兩接本職奉本部院憲牌、密箚, 待惟敬回南原, 誘之同赴王京來[3b]見. 初約數日而回, 不期遷延支吾. 差人來云, "欲赴慶州, 與清正講事." 因見前後事體反覆, 楊副將同本職差去員役, 速去宜寧, 見惟敬必欲赴慶州. 其言若狂, 恐事體不便, 只得羈絆而來.

惟敬行李, 仍付隨行, 原寄泰仁行李, 未動聲色, 照舊寄放.

等情. 具稟到職.

本職切思, 惟敬既羈絆而回, 事機已露, 彼必驚慌. 待至王京, 本職必牢籠駕馭, 不致大失彼心. 如前稟所云, "先以封事, 託彼調停, 若封事不成, 計議備勦機宜. 總兩著不就, 免彼日後爲倭[4a]間諜謀主, 大屬不便." 先此具稟, 仍俟惟敬於初六七日至王京, 另行稟報.

其楊元原來稟帖錄呈內, 稟帖云.

元屢蒙本鎭密箚、牌票, "拘羈沈惟敬, 前赴王京." 值倭酋平調信, 乘船九隻, 帶倭五百名, 至海邊, 差倭使二人, 至宜寧惟敬處講話. 其調信於二十六日未時, 卽開船回釜山去訖. 二倭使, 於二十八日, 由陸路, 同惟敬差人張隆, 回倭營去訖.

■■■■[1]調信, 旣欲會沈惟敬講話, 先次十八日稱, "朝鮮兵阻, 回." 今二十五日, 同婁國安復來, 至宜寧[4b]海邊, 不候講話而卽回. 此多窺伺水陸地利虛實, 非眞講話而來也.

本職自南原, 星夜馳至宜寧十里許, 迎見惟敬馱載狐、貉皮八百餘張. 後遇惟敬, 本職與差官六人問倭情何如. 彼云, "成不得了." 本職云, "旣成不得, 何不赴見本鎭, 以符前言." 彼云, "我且不去. 我明日往慶州去差人, 與淸正講話. 還得一月半方回." 其言若狂, 本職同本鎭差官六人, "豈容再往." 卽遵本鎭幷軍門牌票, 立時拘拏, 於二十八日回至丹城地方.

等因.

查得, 先該臣玠, 於五[5a]月間, 已有牌文、密帖, 又於六月初二日, 牌行廵貴.

照得, 沈惟敬欺蔽本兵, 罪在不赦, 本部院恐其驚疑畏罪, 反投入倭營, 爲彼鷹犬. 且又念渠若果肯舍生取義, 盡忠報國, 亦可爲吾間諜耳

....

1 이상 4자는 영인본의 글자는 식별이 어려우나, 표점본에는 等待倭酋으로 표기. 본문에는 영인본의 잔획과 앞뒤 맥락에 따라 看得, 倭酋로 추정.

目之用, 已有牌安慰, 并責以報效. 去後, 但本官最狡, 近見明旨責罪本兵, 恐見事不諧, 又生別心, 一遁日本, 不可復得, 恐遺害不細矣.

為此, 牌仰該鎮, 卽差的當員役, 查照先行, 將<u>沈惟敬</u>細加查訪, 相機籠絡. 可用則用, 使之立功, 以安其心, 并[5b]以安倭之心, 且緩其內犯. 不可用, 如陽順陰逆, 或結納倭奴, 希圖投脫, 不為我用, 則宜急捕之, 解赴軍門, 以憑施行. 一切機括, 宜備加愼密, 毋泄毋緩.

本月初十日, 臣玠又牌行<u>痳貴</u>.

照得, <u>沈惟敬</u>赴京之人, 旣已阻回, 令<u>痳</u>寵押去. 近日<u>關</u>上, 又將其朋黨發覺驅回, 其機括已露. 看我用兵動靜, 彼無不知, 無不報之倭奴, 以結其懽心, 為他日投托之地. 細詳, 欲早拏, 恐倭奴驚疑, 好事者以吾墮其已成之功. 不拏, 一恐泄我軍機, 一恐見事不諧, 暗自[6a]逃走, 相應酌處.

為此, 牌仰總兵<u>痳貴</u>, 文到卽馬上差心腹家丁, 將本官守定, 無輕放出入倭營. 仍責成<u>楊元</u>, 四路設伏, 防其逃走. 待<u>正成</u>、<u>平調信</u>等到日, 果要退兵, 卽刻期令退, 本官姑留完事. 如不退, 卽將本官拏解軍門. 渠行李, 該鎮差官, 公同<u>楊元</u>與本部院差官, 記一明帳, 發海防道蕭參政收庫. 其餘與倭來往書揭, 不拘公私, 片紙隻字, 亦公同牢封, 并解軍門. 仍嚴諭各官, 不得擅自拆封.

其相隨<u>京營</u>、<u>遼東</u>兵馬, 曉諭與彼無干, 點查明白, 押[6b]還各處. 錢糧照舊支給, 但不許重冒. 凡本官見在左右奸黨, 一倂拘繫. 本部院已遣一將, 先往守定矣. 文到卽行差人, 毋得遲違未便. 至密至急.

又書囑.

如<u>楊元</u>與<u>沈惟敬</u>, 見在兩處住, 可以防範為由, 速調兵一枝, 與之同住. 仍先密曉諭原帶<u>京營</u>、<u>遼東</u>官兵, 與彼無干, 先撤散, 各歸地方, 以防其鼓惑軍心, 爲彼之用. 須多差一二十人去方可. 此極大關係也.

又先當事者, 聽惟敬之言, 日望<u>正成</u>等自日本來說有好消息若干. 此時拿之, 他日必云, [7a]事已垂成, 被吾等拿<u>惟敬</u>打破. 然緩拿, 又恐逃入倭營. 惟千萬留心, 差人守定, 待<u>正成</u>回日, 無撤兵消息, 問彼無詞, 方下手拿之爲妙. 此時又恐伊乘夜, 或率敢死之士, 殺出營耳. 可尋一題目, 先撤原帶<u>京營</u>、<u>遼東</u>之官兵, 剩人不多, 便於關防.

去後, 今據前因, 該臣會同經理朝鮮軍務都察院右僉都御史<u>楊</u>, 議照.

<u>沈惟敬</u>出使外國, 數年於玆矣. <u>平壤</u>大捷, 難盡沒其緩倭之功. 此後則反覆變幻, 彌縫詭詐, 年復一年, 月復一月. 使[7b]中國耳目不明, 封戰失著. 至於種種費餉損威, 欺蔽本兵, 有惧決機, 尤是可恨之甚.

臣<u>玠</u>自聞命以來, 卽切齒此賊, 恨不登時拿獲, 以除心腹之患. 但是時朝鮮無中國一旅之援, <u>惟敬</u>率營兵二三百人, 出入<u>釜山</u>、<u>宜寧</u>一帶, 與倭奴混爲一家, 搜羅少急, 渠見事不諧, 則舉足便入倭營. 此賊中國虛實動靜, 何所不知. 一入倭營, 知其無備, 必然催促大兵, 先奪據<u>全羅</u>, 一鼓而下朝鮮, [8a]次屯守<u>鴨綠</u>, 挾全盛而窺<u>遼左</u>. 潰且不止於外藩, 禍將蔓及於中國矣.

因計, 倭奴以就封愚我, 以撤兵愚我, 以責朝鮮失禮愚我, 以聽候天朝處分愚我. 朝鮮殺其樵採不動, 殺其船兵不動, 皆所以愚我也. 而<u>惟敬</u>通同彌縫其間, 以爲中國已不出其牢籠. 是以按兵不動, 今日據一州修城築寨, 明日據一縣布種屯田. 蓋欲不動聲色, 坐收朝鮮於股掌, 而兼以緩著, 老我[8b]師. 是以臣<u>玠</u>亦將計就計, 一交代卽先爲二檄, 諭安<u>惟敬</u>, 并以安倭之心. 中間其說甚長, 不敢贅敘.

繼後, <u>惟敬</u>頻頻差人, 自朝鮮齎塘報來, 臣<u>玠</u>啓視, 皆不過候<u>平調信</u>等來撤兵. 及見調信來, 不肯撤兵, 又云, "再去收拾." 誇其功能. 臣玠恐, 其奸詭之語, 搖亂聽聞, 墮其計中, 卽將其使與所帶京報, 悉付而驅之出關. 仍明示, 以倭如撤兵來報, 不撤兵亦來報, 兩可調劑溷語, 今已兩年, 再不可來. 仍量賞其使, 以示不疑. 此臣玠防其奸之自外入者.

有[9a]其朋黨, 自都中來者, 皆不過爲完封撤兵, 媚倭騙財. 該守關主事張時顯, 搜其私書, 伐其奸謀, 仍驅其人, 以示不疑. 此張主事防其奸之自內出者. 以上事, 臣等俱不敢瑣瑣具報, 以炫觀聽. 使言語太深, 敬與倭疑, 有妨大計.

惟敬見臣等不疑, 而行李家事, 始漸漸搬入南原. 南原去釜山七百里矣. 是以臣等與鎭守商議, 急爲門戶之防, 令楊元赴南原, 吳惟忠在忠州, 麻總兵暫住王京. 臣等之憂始釋, 而知惟敬之不能脫, 倭奴之無能爲也.

臣玠[9b]卽行麻總兵, 將惟敬屬之楊元. 後惟敬傳聞皇上罪樞臣, 又見調信來不撤兵也, 復設爲赴宜寧, 會行長講話之說, 差心腹張隆等, 與倭使二三人, 日密往密來. 蓋內有暗約, 欲伺隙而走也. 後平調信, 果帶兵五百人來迎, 而不知臣等圖之已兩三月. 楊元之兵先已四路埋伏分防, 惟敬安得去, 調信安得不回也.

若謂惟敬少此一去, 則渠兩年何嘗不在倭營乎, 而今何如哉. 及楊元襲至, 明問倭奴如何, 渠直云, "成不得了." 見逼赴王京, 又假欲赴慶州, [10a]與淸正講事. 夫淸正從來主戰. 數年之間, 惟敬未進淸正營一步. 今與調信且講不成, 又何望於淸正也. 蓋明借此爲脫身之計, 不走行長, 則走淸正耳. 不知臣玠已先諭元, "如惟敬得脫, 元當以死罪報." 楊元安肯容他往乎. 及就執, 而敬悔恨已無及矣.

渠原帶有遼兵二百餘, 此賊豢養已久, 熟成一家. 臣玠先有牌, 假以更換爲由, 行麻總兵撤之. 惟敬就執, 其從行之人又撤, 則中國、朝鮮已去堂奧之寇.

關內卽有黨類, 元兇[10b]旣擒, 餘必散走. 仍須令兵部明白出示, 曉諭惟敬之黨, 脅從罔治, 各歸原籍生理. 半月不散, 廠、衛嚴拏重處. 內黨■魁陳雲鴻已死, 尙有沈懋時、汪鳴和, 當行該城御史, 遞解回籍, 查取收管. 庶此後可無慮其播弄泄漏, 臣等得肆力圖倭矣. 但當將執未執之時, 急則恐其疑且防, 後日有壞封之謗. 緩則恐其逋且慮, 後日有心腹之憂.

至惟敬, 先報關白不肯撤兵, 後去收拾, 又稱事不得成. 而又當平調信提兵來迎之時, 且兩國正在接戰. 天兵已[11a]到地方, 無可顧忌, 逐須臾就執. 此不先不後, 適當其會. 臣等謂, 麻總兵之苦心妙用, 籌策如神, 楊元之勇而有斷, 不負密委. 其功不在擒清正、行長之下, 候事完總敍.

但麻總兵尙欲候至王京, 仍欲駕馭用之. 蓋明知其不可用, 爲防後日好事之口耳. 夫留惟敬, 以撤兵也. 兵不撤、事不成, 二者皆出惟敬之報、之口. 至此, 惟敬之計窮矣. 窮則必變, 變則必走. 此而不執, 又將何待.

臣玠復有牌行麻總兵, 卽將惟敬, 選差的當人員, 晝夜嚴防, 毋令脫走, [11b]毋令自盡, 聽文押解. 仍善爲駕馭, 密詰惟敬, 倭奴必欲如何動作, 將就中眞確情形, 從實盡吐, 待我日後行兵有效, 仍將惟敬優敍重用. 將惟敬吐出情由, 作速密報, 斷不可輕信指稱調停封事, 又令赴慶州, 與清正講話, 以爲脫身之計, 以成禍本. 其隨從之人, 一倂拘繫, 無使逃入倭營.

形迹旣露, 倭奴知不得愚我, 我亦何得愚彼. 倭見陰謀不逐, 不擁衆分犯, 則堅壁固守. 該鎮查照本部院先行, 作速調集人馬, 前進分屯慶、羅要害地方, 深哨遠[12a]探, 相機可搗則搗, 可守則守, 務保萬全. 本部院不爲中制, 其在後兵馬, 見有令旗催督速進矣. 毋得違錯未便. 等因.

此或戰或守, 已有定畫. 惟審彼已, 爲進退耳. 但此賊在朝鮮, 臣等正在用兵, 恐費關防, 合無解送遼東監禁, 或解京師, 俱候旨發解, 候倭奴事定, 正罪施行. 等因.

奉聖旨, "沈惟敬着押解來京, 姑且送法司監禁, 候事完問擬. 沈懋時等, 該城卽便遞解回籍, 各取本[12b]縣收管. 其餘徒黨, 廠、衛、巡城衙門, 嚴加驅逐. 若仍有潛匿京邊, 探聽作奸的, 務要緝拏重究, 毋得容縱. 事發, 一體治罪. 兵部知道." 欽此.

2-2
申明進止機宜疏　卷2, 13a-21b

題爲兵機至重, 擧事宜審, 謹申明進止機宜, 以一觀聽事.

照得, 用兵之道, 以全取勝, 不外奇、正二端. 今日之事, 乘倭奴不疑、不備, 急統銳師, 直搗巢穴, 使迅雷不及掩耳, 將軍從天而下, 此奇着也. 俟水陸之兵俱齊, 本色之餉俱足, 天時地利之宜可乘, 水陸幷進, 迅掃兇殘, 此正道也.

然倭奴荼毒朝鮮, 疲敝中國, 中外積忿, 恨不欲卽斷鯨鯢之首, 淨東海之波,十人而九,快心是擧.在臣身當其事,尤[13b]在切齒.但不知其中勢未可乘、不可乘,而行險冒危,是自取敗.敗則倭奴乘勝長驅,在我軍氣不可卽振,大事從此去矣.何者.

蓋當月前,該總兵官麻貴,差家人麻寵,以催兵馬來,見臣密報,欲候宣、大兵至,乘倭未備,先取釜山.臣謂,一取釜山,則行長就擒,淸正必走,大事須臾可定,臣心快之、壯之.計是時,該鎭尙未至平壤,先去楊元、吳惟忠兵二枝,甫至王京.

臣先擬,全羅之南原,慶尙之大丘、慶州,兩將當分屯一處,而總兵且在王京,居中調度.[14a]後據楊元報稱,"南原城郭坍壞,營房俱無,錢糧無半月之積."臣此時使强之去,倭卒至,是以卒與敵也.是以准楊元催運糧餉,協同該國,先去修理城垣,以爲捍蔽.近日始就緒屯此矣.慶尙一道,半爲賊有,吳惟忠孤軍,難入慶州.使此時强之去,倭卒至,是亦以卒與敵也.是以從撫、鎭之議,姑住忠州,以扼後門.

麻總兵沿途整理續到之兵,查勘城郭山川之險.且四五十日來,大雨如注,晝夜不停,平地起波,行潦之水,皆爲巨浸,而大河三江■■,[14b]支流豈止一二百.道無論軍馬,不能冒雨而行.卽行矣,守望江水滔天,船大者運糧,小者與橋梁盡沒,誰得而渡之.各兵沿途造糧冊,置腰牌,查點支放,行有宿頭,住須村店,亦自不能飛過.是以麻總兵七月初二日,始得至碧蹄館,宣府之兵七月初八日,始可至平壤,大同之兵七月十二日,始可過江.

夫楊元遠在南原,去釜山七百里,吳惟忠遠在忠州,去釜山九百里,總兵在王京之西,去釜山將一千三四百里.此時令楊元一旅進搗乎,令吳[15a]惟忠一旅進搗乎.總兵兵馬相隨,亦安能飛渡千四五百之外襲敵乎.卽楊元、吳惟忠、總兵之兵俱集一處,如由慶尙進搗,倘倭奴以正兵應敵,以奇兵長驅全羅, 如由全羅進擣, 倘倭奴以正兵應敵, 以奇兵長驅慶尙. 此不大失着乎.

倭備兩年, 又如倭遙見山崗兵起, 倭堅壁乘障, 仰攻旣難, 回首不易. 倘再加暑雨, 不兩日, 我兵疲敝, 倭忽出銳師擊之, 其何能當. 況此萬二千兵深入, 前無糧餉, 後無應援, 此又不以將以卒與敵乎.

是以臣七月初, [15b]探知楊元已至南原, 吳惟忠已屯忠州, 總兵將到王京, 見朝鮮乘我之勢, 又輕易動手. 夫彼此兵端旣起, 在我亦不可不相機鼓舞朝鮮, 協同就中取事. 遂復牌行麻總兵, 大率謂.

> 本部院久有牌行各衙門, 轉諭朝鮮, 宜練兵固守, 無逞小忿, 使倭知覺, 有悞大擧. 近聞朝鮮之兵, 爲倭船過宜寧, 又打破船二隻, 截殺倭兵五十餘名. 此不知眞假, 但恐激之速動. 而慶尙一帶, 無兵駐箚, 不惟我先圖擊賊爲難, 恐賊圖進據甚易. 本官卽密查, 南原已有[16a]楊元駐箚, 而慶尙如尙州、星州、大丘、慶州, 全羅如八良嶺、晉州、固城、宜寧、密陽一帶地方, 各兵應於何處漸進分屯.
>
> 該鎭在王京千二百里, 彼中情形, 一時難得, 恐不便調度, 應以王京爲家, 再移節慶尙、全羅適中去處. 如哨探的確, 勢有可乘, 則如該鎭所議, 出銳先擊, 以收奇捷, 固不可坐失機會. 如勢未可乘, 則分據要害, 扼險固守, 以待大兵齊集擧事, 亦不可輕率, 以墮其計中. 第一要哨探的確, 知彼知己, 而修城爲家, 運糧爲食, 尤不可不汲[16b]汲圖者. 該鎭速密會撫院, 酌議進止. 閫外便宜, 本部院不中制也.
>
> 又細詳, 釜山行長營也. 如破釜山, 陸路必由梁山. 梁山之西北, 有高山峻嶺, 止容雙馬, 路甚險惡, 南有三浪大江, 直通金海、竹島. 此二處皆咽喉之地. 倭俱有勁兵一枝, 在此把截. 此去, 不可不防其伏兵. 水路必由巨濟、加德、安骨一帶, 三處亦咽喉之地. 加德、安骨, 彼已有

倭船鱗次．巨濟，聞賊尚無兵屯，此不可不先據也．仍防一過梁山、三浪江，倭有水陸各兵一枝，在梁山東西咽[17a]喉扼之，吾後無應援重兵，恐不能出．再益以機張等兵，自東而來，益不可當．

西生浦清正營也．如破清正，陸路自西而東，則由東萊、機張，自北而南，則由慶州、蔚山．然此路東南大海，西北山嶺稻田，且臨巢俱有敵臺，險不可進，卽進，止可用步兵．水路必自東而西，由長鬐、甘浦、開雲．長鬐水兵止五百，船四隻，極其單弱，此處非添兵船，水陸幷舉，未可輕進．此本部院所探聞，如此合幷開列，以備籌度．仍將進屯地方，議過行止緣由，速行密報查考．

[17b]其浙江水陸官兵，本部院三四次差人促之，水兵於六月二十一日，由天津出洋，陸兵與密雲先召南兵一千，此月半可抵山海，計八月中入朝鮮．又薊鎮續發馬兵一千，今已出關．保定馬兵一千，步兵四千，有人守催，月終可以抵關．

等因．此臣謂奇着快人，而勢未可乘者，此也．聞有以臣不與麻總兵乘銳進搗者，此不知就中情形者也．

倭所依者水，而水戰却不利．正兵之用，須東西各水兵一枝，各色作用，牽其回顧，而陸兵方可衝突．仍一枝[18a]屯南原，以捍全羅，一枝屯大丘，以扼慶尙，一枝屯慶、羅之中，如晉州、宜寧等處，以爲中堅．然後分向釜山、機張，兩陸路與水兵東西，四面齊發，此正着．而兵、糧不齊，不可輕率也．如倭依山靠水，高壘深溝，衝之不動，則仍退守堅城，水陸別出其不意，激之使動．盡頭之着，倭不過以遲老我耳．時勢至此，所謂勢極則變，變則通，豈無策以應．

夫日本六十六島，卽至多不過抵中國一省．細詢問封使隨行之員役，謂我[18b]中國過海人馬，倭供應半年，卽力不支．將各島居民，用水火之刑，

逼取糧餉, 徵輸極是艱難, 人情極是痛恨. 是我苦於糧, 倭亦苦於糧, 我
苦於兵, 倭亦苦於兵. 我遠出異域, 倭亦遠出異域. 倭依釜山、對馬島爲
家, 我亦依朝鮮、遼東爲家. 倭釜山可田, 我朝鮮亦可田. 獨倭舟行, 比我
陸行, 爲稍逸耳. 然風色之順逆無時, 波濤之險易難計. 倭遲以老我師, 我
亦可遲以老倭之師. 然我之陸兵漸練爲水兵, 截其糧道, 斷其往來, 恐倭
未必不窘. 臣前疏所謂[19a]且爲三年之備, 正防此遲著也. 堂堂天朝, 於
島夷何有.

但倭之人情一, 我之人情二. 一則始終不撓, 可以持久, 二則自相攻擊, 能
不搖撼. 恐久不得戰, 闐然群議, 不曰師老, 則曰財匱, 不曰進遲, 則曰退
速. 或忌妬之口又從, 而飛語流謗其間, 人情憂譏畏罪之不暇, 又何鎮靜
觀成之可望. 此我之所以持久不如倭也.

臣與撫、鎮諸臣, 身肩利害, 戰守機宜, 日日悉心籌畫, 臨時必不肯使遲.
但臣推到盡頭之著, 不過如此. 知倭無有不平者, 臣願以[19b]進止遲速
之著, 付之閫外, 無使東征文武, 迎合時論之速, 恐以急取敗, 迎合時論
之遲, 恐以緩後事. 但於所需未集兵糧, 伏乞皇上勅下戶、兵兩部, 不時調
停措處, 分投催督. 是臣之所日延頸皇皇者. 知皇上注意東事, 恐議論不
一, 有塵聖懷, 故特陳其概如此, 庶中外視聽不淆, 而臣等亦得靜心圖倭
也. 等因.

奉聖旨 "用兵機宜, 豈傍人所能遙度. 卿既承委托, 當與經理、總兵, 密
圖進止. 但宜精誠報國, 不可分[20a]心顧忌. 朝廷信任自專, 惟求全勝,
何論遲速. 戶、兵二部知道." 欽此.

該戶部覆議.

查得, 山東動支官銀, 買糴米豆, 及遼鎮扣留屯鹽米豆, 俱經本部嚴
催, 令其水陸幷運. 去後, 今督臣邢, 猶恐接濟不敷, 欲要分投督催,

係干軍需, 勢不容緩. 相應依擬覆請, 恭候命下, 本部移咨山東巡撫, 將原發官銀買糴米豆, 及應解臨、德兩倉二萬石折色銀兩, 趁此秋收, 分投糴買, 裝船發運. 及咨遼東巡撫, 并行遼鎮管糧及管理備倭糧餉各郎中, 將本鎮[20b]附近海口扣留屯鹽米豆, 并原發備倭銀兩買糴糧石, 各要速行運至朝鮮界上, 或義州或廣梁鎮交卸. 本部仍咨經理朝鮮巡撫, 選委該國能幹官員, 分屯附近去處, 以備兵馬支用. 各將運送過數目, 逐一奏報, 以便稽考.

等因.

奉聖旨, "是." 欽此.

又該兵部覆議.

為照, 東征進止、緩急機宜, 節奉明旨, 委任督臣, 聽其便宜. 糧咨戶部確議, 俱欽遵行訖. 樞機重寄, 係行師之本. 近已懇[21a]上, 速下部推, 選衆簡用, 以善督理行事. 惟是續調川省土兵一萬, 直、閩水兵二千, 并新募浙兵四千, 雖已奉有欽依, 勒限通行徵調, 去後, 第事屬緊急, 委難稽緩, 相應再行嚴催. 合候命下, 本部馬上移文川、浙、直、閩巡撫衙門, 將募調官兵, 各照原數, 依期上緊督發赴遼聽用. 速將起程日期奏報, 以憑查考.

等因.

奉聖旨, "是." 欽此. [21b]

添買騾頭以速輓運疏　卷2, 22a-25b

題爲用兵需糧甚急, 遼左輓運不前, 酌議添買騾頭, 以速轉輸, 以佐軍興事.

照得, 師行糧從, 自古記之. 臣奉命征倭, 前後調集官兵, 共五萬有奇. 歲該糧五十餘萬石, 而馬料稱是. 朝鮮殘破之後, 已不能責其盡供. 而又值彼君臣委靡不振之時, 又難望其輓運.

所賴者, 山東、遼左而已. 山東雇覓淮船, 雖遠涉風濤之險, 然照該省初議, 有船可用, 有脚價可資, 再一少進, 尚可支持.

若[22b]遼左, 則海船原少, 總計不過四十餘隻, 而內又以十隻備接濟淮船損失之數, 則專運者止三十隻耳. 況此時虜馬充斥, 倭患震隣, 而一鎮運兩處之糧, 兼顧誠難. 該臣先行該道查議, 動支備倭銀兩, 買騾千頭, 將遠海糧石, 俱由陸運, 亦足以少濟水運之不及, 而且免損失之患.

但該鎮僻在東隅, 一時尋買不足. 兹需糧正急, 而輓輸益艱, 欲嚴責遼左之速運, 則遼左病. 欲徐俟其遲速多寡, 而不爲之所, 則東征之軍士病. 爲今之計, 增船一時難[23a]造, 而騾頭陸運, 可以應急, 所當亟議增買.

但該鎮原非產騾之地. 查得, 眞、順、廣、大、保、河六府地方, 所出甚多. 若令遼鎮差官, 齎銀往買, 人多掯勒, 耽延時日. 合行保定撫臣行各府, 卽動該府堪用銀兩, 分派所屬州縣, 各一二十頭, 速買臕壯騾, 每府二百頭, 則衆輕易擧, 旬日可辦. 仍限四十日內, 解赴遼東撫院, 分發各道, 馱運糧餉.

用過銀兩, 應開銷、應補還, 聽報保定撫臣, 并將解發過騾頭日期, 一併奏報施行, 庶遼左爲力稍裕, 而東征士馬有[23b]攸賴矣.

此一海運也, 先山東撫臣題矣, 繼朝鮮撫臣題矣, 今遼東撫臣又題矣, 知戶部此時已酌中剖斷. 臣正急過遼陽, 中途不敢再贅.

伏乞勅下該部覆議, 移文保定巡撫衙門, 行令各府, 作速如數召買, 依限解送遼鎭接運. 其三處海運, 如部議已定, 行各撫臣, 和衷共濟, 不必再有陳請, 益致稽遲. 統乞聖斷施行.

等因.

奉[24a]聖旨, "所奏運糧騾頭, 准行各府, 如數買去. 舊時遼東解來駱駝, 今在何處. 着查送軍前應用. 該部知道." 欽此.

該兵部覆議.

爲照, 兵馬糧料, 勢本相資陸運, 以濟水運之不及, 則馱載勢所難已. 督臣欲行保定撫臣, 先買騾一千二百頭, 馱運糧餉, 相應允從. 合候命下, 移咨保定巡撫, 備行眞、順、廣、大、保、河六府, 查照所議, 將堪動節年罪贖、庫積等銀, 給委廉幹官員, 照數買足. 俱要臕壯堪用, 勿令奸儈貪騙老瘦搪塞, 無裨實用, 咎在該府.

各府隨[24b]買解赴撫院驗烙, 每五頭着遞運所, 撥牽騾夫一名. 不拘一二百頭, 先有先發, 差官解送遼東巡撫衙門, 轉發各道. 文到四十日內通完. 此軍旅待哺重務, 各該道府等官, 毋得延緩.

事完, 將用過騾價、費過沿途草料路費, 造册奏繳, 靑册送部開銷抵算. 班師之日, 前項騾頭實在者, 兑給各邊車營應用, 於年例馬價內扣除.

至如海運一節, 臣等卽咨戶部, 將山東、遼東、朝鮮三處酌議, 停妥速行. 各要和衷協公, 勿生異見, 以致耽悞不便. 其舊時遼[25a]東解來駱駝, 先該本部題, 發薊、宣二鎭使. 且駱駝極能負重, 馱載過於騾頭, 誠如聖諭, 容臣等卽行該鎭, 咨取徑解遼東, 以備馱用. 此又餉兵之一大助也.

等因.

奉聖旨, "是." 欽此. [25b]

2-4

酌定海運疏　卷2, 26a-35b

題爲倭情已變, 芻糧最急, 謹參酌海道迂徑之路, 以決運道, 以濟軍興事.

照得, 倭奴原謀, 欲於秋熟, 就朝鮮之粟, 擁兵內犯. 今時已秋仲, 早稻旣熟, 倭已泊兵加德等浦, 彼此接戰情形已露. 今大兵陸續旣集, 而糧餉時刻難緩. 若不早爲催備, 臨時必致悞事. 該臣先咨朝鮮, 責令該國戶曹陪臣, 卽於南北官兵經過去處, 備辦芻糧, 聽候支用, 其戍守交戰處所, 尤宜多備.

今據該國回咨.

　據戶曹狀啓.

　　本國[26b]酷被倭禍地方, 十分殘破. 加以忠淸、全羅稍完去處, 亦節年徵調轉輸, 俱極凋敝. 雖自數年以來, 禾穀稍登, 米價頗賤, 而爲緣農丁盡死, 所耕不多. 譬如無源之水, 朝夕易竭. 況本國地方, 今歲春夏旱旱, 播種失時, 及到發穗時分, 凄風連吹, 霰雹時作,兼又黃海、江源等道, 蝗災大興. 若此不已, 難卜稍稔, 況望大有.

前項沿途收貯米一十一萬八千八百石零、豆一十二萬三千九百石零, 實是萬曆二十二、二十三、二十四等年, 各道稅糧搬運之數. [27a]今雖汰冗省浮, 十分撙節, 而僅彀各營行糧及住糧一兩箇月所支而止耳. 況今大軍在境, 調度倍廣, 加之秋稔難期, 雖復收合稅糧, 委的該數不敷, 添辦之路, 百計無策.

仍照各賊分據沿海要害, 修城設柵, 廣開耕種, 爲久住之計. 萬一官軍相持曠時, 則前頭糧餉, 無以接濟. 非不知山東等處運來本色, 萬里轉輸, 登山涉水之難, 而大計所關, 不得不明白再稟, 聽候另處. 合無備將前因, 咨復總督軍門, 商量本國事情, 從長善處, 以爲繼餉之計. [27b]相應具啓.

擬合轉咨.

等因.

又據管理備倭署郎中事主事董漢儒呈.

爲請發備倭銀兩事.

奉本部箚付, 開稱.

案查, 先該前軍門孫題議, "征調各路兵馬合用糧餉, 戶部發銀三十萬兩."等因. 該本部查得, 先次題發備倭支剩, 及變買米豆等銀, 共一十三萬八千兩, 見存遼鎮, 專聽買糧支用, 在案.

等因. 箚行本職. 卽移文遼東管糧韓郎中, 會查間, 復准回文.

冊開, 已將前銀, 陸續分發各道糴買, 并征調官兵經臨地方, 放過款目, 各有的據.

移文韓郎[28a]中, 徑報本部外, 今經理都御史楊題稱.

見有食糧官軍二萬一千九百名, 計一月支, 折色二萬五千七百有

零. 尚有川、浙新募兵二萬未到. 以總督兵部尚書邢見頒則例計之,

斷事惠虞解到銀八萬兩, 不足兩月支放.

本部別無堪動銀兩, 除呈堂題請, 速發帑銀接濟, 乞一并催請.

等因.

由是觀之, 該國之糧米旣無, 而天朝之發銀又竭.

且經理屢次移書到臣以爲, "水陸糧運, 卽一一如數如期, 一月之運, 尚不能[28b]當數日之食, 最爲可慮." 等因. 到臣.

看得, 見今水陸之糧, 運於彼者, 目下不給, 何望持久. 當此用兵緊急之時, 糧餉若此, 臣日夜如火燎心. 且海運一事, 尚在講議, 臣不得不一言, 以決所從.

先據山東撫院咨.

查得, 登州海運道里, 登州至旅順口, 海中一帶路程. 自備倭城新河口開船, 北望長山島, 西投沙門島灣泊, 共約六十里, 爲第一程. 自沙門島至鼉磯島, 約一百三十里, 爲第二程. 自鼉磯島至皇城島, 約一百四十里, 爲第三程. 自皇城島東北[29a]遠望旅順口, 卽遼東地方, 約二百三十里, 爲第四程. 總計五百六十餘里. 中間山島相聯, 俱可避風停泊依宿, 并無哨徒作梗, 如遇順風, 四五日可到. 然海水汪洋無際, 雖有山島藏避, 中流偶遭風變, 則波濤之險難測. 故先年運米各船, 有一時齊發, 而全安覆沒頓異者, 非專視地利, 實多天時也.

凡轉運, 推取熟習風候者, 爲第一義. 如周惟慶、周紹祖等領運, 查照刊刻便覽, 挨程前去, 自可保無他虞. 卽運河, 尚有卒然之變, 況海運乎. 成大者不[29b]惜小, 此又不足慮矣.

今取淮安大船, 可載五百石以上者, 三十餘隻, 脚價比常稍厚, 每石運至旅順口, 一錢五分, 運至鴨綠等處, 每石再加八分. 若至平壤, 照地

里再加. 各役工食, 俱在其內. 完過一運無事, 臨時再議犒賞. 每船, 仍令遼東, 選擇素知水勢一人, 隨運指引. 每人日給路費銀五分, 以償其勞.

仍宜豫發銀五六萬兩, 分貯登、萊二府庫各一半, 聽其隨便分發各州縣, 揀委淸幹官, 照時價糴買米豆. 明示小民遍知, 務使民不驚、市不變爲[30a]上. 買完, 仍照地里遠近, 平價雇馬騾、車脚, 運至各相近海口等處, 俟船到就發, 勿令候久枉費. 前銀用盡, 算明造冊, 報請再發, 務要轉餉繼續, 不致乏絕. 每一年終, 仍令各道, 將豫事各官, 分別等第, 定擬薦獎戒罰, 以昭懲勸. 待倭奴歸巢, 朝鮮兵撤, 卽行停止. 儻或淮船有損, 仍取之遼、登、萊糧盡, 轉販之他, 亦未爲不可.

此山東初議, 井井有條, 同心急難, 其自任者, 如此.

又准朝鮮經理撫臣咨, 內稱.

准朝鮮國王咨稱.

山東海運米糧, 有小邦三和縣[30b]管轄廣梁鎭地方, 卽平壤江入海去處, 應於彼處下卸.

備咨前來, 煩將遼鎭水陸應運糧米, 催運至廣梁鎭爲便.

此朝鮮之說, 欲圖近就便者, 如此.

又據遼東撫院題揭, 內稱.

查得, 海運自旅順口至義州鎭, 七百七十里, 經過三江. 如風順無阻, 計半月以外, 可往回一次. 義州至平壤, 海路六百里, 又江路二百四十里, 共八百四十里, 自旅順至彼, 總計一千六百一十里. 如風順無阻, 計一月以外, 可往回一次. 廣梁鎭雖稱在朝鮮三和縣平壤入海[31a]去處, 從來未履其地, 遠近險夷, 俱不得知. 但水勢洶湧, 中船尙或可行, 小船恐難得濟. 又義州至平壤, 水路甚險. 先年曾將本處委官郝繼宗,

幷水手三名淂死, 船米損失. 朝鮮水路, 必朝鮮人慣知, 且該國沿江沿
海, 船隻甚多, 仍照舊運至義州, 該國接運爲便.

此遼東之說, 爲地方凋敝, 民力不堪, 且船隻原少, 而欲借山東爲長運者.
如此.

以上三議, 在山東則自登、萊, 以至旅順, 已自任可行, 其自旅順以至平
壤, 不過議增脚價耳, 似已有定畫. [31b]在朝鮮則以爲自旅順至義州, 義
州而平壤, 道里紆遠, 不若自旅順徑達廣梁爲便. 在遼東則以地方苦於
無船, 且旅順運至義州, 義州再至平壤, 道里最遠, 於力獨苦, 自旅順至
平壤, 則又向無行者, 道路險夷, 不可得知. 是彼此各陳其便, 各述其難,
恐海運各官, 觀望猶豫, 不無悞事.

臣屢有吝牌行各處細查, 自登州以抵旅順, 已有成效, 不必論矣. 至若自
旅順至義州、至平壤、至廣梁鎮之議, 考之衆論, 參之圖說, 以三面言之.
海居於中, 西則登[32a]州, 西北則旅順, 北則遼東金州、鎮江等城, 東北
則鴨綠義州, 東則朝鮮之廣梁、平壤, 東南則朝鮮之江華、開城. 自旅順
由鴨綠至平壤, 以形勢言之, 則必自西而北而東北, 又折而南, 其行甚
紆. 以道里言之, 則旅順至義州七百七十里, 經鴨綠路六百里, 又江路
二百四十里, 共一千六百一十里, 其路甚遠.

若旅順開洋, 徑至廣梁, 以形勢言之, 不過自西而東, 其行甚直. 以道里
言之, 自旅順至三山島, 二百五十餘里, 三山島至廣鹿島, 一百里, 廣鹿
[32b]島至大長山、小長山島, 共百餘里, 小長山島至石城島, 二百餘里, 石
城島至朝鮮猪島、臛島、廣梁, 共三百里, 總計不過千里, 其路頗近. 若以
二者較之, 則旅順徑至廣梁鎮爲直、爲近、爲便.

但據遼東撫臣稱, "旅順至平壤, 向未徑行, 恐風波之險不測, 則又不若義
州陸運爲便."

今再准朝鮮撫臣咨稱,

　該國遣差陪臣, 并同鎮江遊擊佟起鳳、原任守備李隆廳等查得.

　　自旅順至石城島, 共六百五十餘里, 而石城島則爲分路之界也. 由此而北, 是爲鴨[33a]綠、爲義州, 又折而南, 爲定州、安州, 始抵平壤. 自石城距義州, 有四百餘里, 而義州至平壤、廣梁, 又三百四十餘里. 合而言之, 共計七百四十餘里矣. 若由石城島徑行而東, 歷猪島、臘島, 直抵廣梁, 則不過三百餘里. 蓋比由鴨綠義州, 以至平壤、廣梁者, 路近強半, 委爲便益. 仍畫圖說, 呈報到院.

　據此, 查得, 上年各援兵, 皆聚平壤, 故糧止輸之義州、平壤, 而山東、遼東押運官張延德、金正色運糧萬餘石, 亦俱由旅順口, 直至平壤江口下卸, 不由義州[33b]鎮者. 及查以旅順口往義州, 從西南照東北向裏灣迂, 而平壤則在義州東南, 對旅順爲頗徑直. 今廣梁鎮正係海口入大同江之處, 且又在平壤之稍西, 較當年直入平壤, 似尙省便.

等因. 到臣.

該臣看得, 咨中道里遠近, 俱有島嶼里數可據, 原非漫談. 但遼東地敝船少, 水陸并運, 供億頗難支持. 除陸運在遼陽等倉者, 照舊運至義州, 臣近又爲題行保定等府, 買騾一千二百頭, 與舊騾兼用, 此辦之有餘者. 其山東之糧及遼之金、復、海、蓋者, 俱[34a]可由旅順, 徑達廣梁. 在遼之船隻, 旣稱不敷, 惟責運本地之糧, 其山東者, 卽依其議, 船則仍用山東、淮安, 而脚價則出辦於遼東之備倭銀兩, 似爲一舉而三說皆定矣.

今朝鮮之糧, 不及兩月之支, 而備倭之銀續發八萬兩, 不足兩月之用. 事機至此, 誠可寒心. 然非速運山東、遼東之糧, 并請內帑之銀, 以備目前之急, 恐士卒枵腹, 不惟難責之衝鋒破敵, 且一日不再食則饑, 恐內變將作, 何云外侮. 此臣之所以日夜皇皇, 而不[34b]能時刻自安者.

此當照山東初議, 討銀五六萬兩之數, 或於該省解京正項銀內動支, 或於內帑亟發, 乘此秋成, 於登、萊二府州縣, 分投糴買, 用車騾運至附近海口, 再將淮安大船, 多雇一二十隻裝運, 由旅順徑至廣梁交卸. 如登、萊二府, 一時糴買無多, 即於臨、德二倉糧內, 借動十數萬石, 亦用車騾, 運至海口, 用船接運, 頗爲便益. 仍再發銀一二十萬, 交解遼東、備倭兩郎中, 聽遼東、朝鮮各撫臣調度, 或[35a]作糴本, 或作折色, 以救目前之急.

外國興兵, 糧餉干係最重. 用是不避嫌怨, 直爲折衷, 而處分之. 統乞皇上軫念倭變至急, 糧餉見缺, 勅下戶部, 轉行遼東、山東、朝鮮各撫臣, 如臣所議, 一一作速調度催運. 庶目前可濟, 將來亦免悮事, 而三軍聞之, 亦自心躍而氣壯矣.

等因.

奉聖旨, "這征倭兵餉緊急, 着卽便處給與他. 仍行各該撫臣, 作速調度催運. 該部知道." 欽此. [35b]

2-5

增調宣大薊遼兵馬覓調閩海商船疏　卷2, 36a-44b

題爲倭情至急, 謹議徵調未盡事宜, 以濟急難事.

照得, 近報倭兵自日本來者, 聲勢頗衆, 見與釜山、機張兵合營, 漸逼梁山、熊川一帶, 全羅、慶尙之間, 勢甚汲汲. 臣先後調兵五萬, 在川兵一萬與浙江後募兵四千, 恐一時難到. 永、薊、密三道募兵六千, 尙未得完. 其餘先調薊、遼、保定、宣、大幷浙江水陸兵, 卽督催俱齊, 亦不滿三萬. 勞逸之形旣殊, 衆寡之勢, 又再懸絶.

彼慶、羅兩道, 地方遼闊, 分防則兵力益[36b]寡, 合守則分犯可虞. 臣五月間, 曾照先年幷前督臣孫題議, 宣、大、山西挑選一萬二千之數, 除已發六千, 再求添調前來. 部覆謂, "俟倭情緊急, 另行添處." 今事在燃眉, 勢如拯溺, 此正緊急之時也. 況彼中款和有年, 保無別事.

查先年順義革賞, 史酋跳梁, 臣待罪雲中, 正遇經略宋東征, 調宣、大山西兵, 共一萬二千. 今西鎭夷情, 比之往年, 頗爲安靜, 亟宜查照, 再調六千. 但路遠, 恐緩不及事, 容臣先將薊鎭馬步官兵之內, 抽調四千.

內用馬[37a]兵一千, 應於東西兩協營, 各有馬兵三千, 內挑選各五百. 其步兵三千, 查遵化右營, 原有兵二千七百名, 於內挑選一千. 遵化輜重營原有兵二千二百餘名, 於內挑選五百. 三屯車前、車後營, 共有兵五千名, 於內挑選一千. 建昌車營原有兵二千二百餘名, 於內挑選五百.

以上官兵, 臣另具疏, 選委謀勇將官統領. 合用安家、犒賞等項, 聽順天撫臣行三道, 照例借發, 奏報開銷、補還施行. 限文到一月以裏過江, 聽臣調度.

但薊鎭係[37b]陵京重地, 前後調發已多, 邊關不可久虛, 急行宣、大督、撫, 將應調征倭兵馬六千, 以四千作速如數調發, 限八月終旬, 赴薊門代守邊臺, 以二千, 限九月終, 速赴朝鮮征剿. 合用行、月二糧, 及安家等項, 赴薊者, 照入衛班軍事例, 赴朝鮮者, 照東征事例, 聽彼中督、撫、轉行該道, 如數借給, 徑自奏報, 聽該部開銷、補還. 仍令各道, 作速催發, 無悞重邊防守, 與征東應用.

遼鎭征倭援兵, 先經題調七千, 今已調三千, 又該經理撫臣調[38a]發標兵一千五百名, 尙未及前數. 但該鎭孤懸, 虜騎不時衝突, 難以如數抽取. 合量於寧前道調發二百, 分巡道四百, 海蓋道四百, 分守道五百, 共一千五百名, 亦聽臣另疏, 選謀勇將官統領, 照例給與安家、犒賞, 限文到半月以裏過江, 聽臣調度.

兩處兵馬係干萬分緊急, 時不容緩, 且毫不可少. 尤期各該督、撫, 同心共濟, 勿分彼此, 依期嚴督各鎮守, 宣府, 分守口北, 大同, 分巡冀北, 山西雁平, 薊遼密、薊、永、寧前, 守、巡、海蓋各該道, 總提調選發. 各[38b]撫臣, 仍將起行日期具奏, 方克有濟.

至於倭奴, 多半依水, 閑山一島, 為全羅、登、萊、天津咽喉屏翰之地. 此中朝鮮水兵, 頗稱強勁, 而近該經理撫臣, 查其數, 雖有一萬, 而堪戰止五千. 該臣已逆知其必不足用, 故於浙江水兵三千之外, 議增福建、吳淞兵船各一千. 除吳淞兵船, 臣兩次咨行應天撫臣, 令彼自淮安出海, 由外洋徑達旅順, 聽臣調度. 蓋此海道, 近經遊擊季金見領吳淞兵船十隻, 不二十日已到旅順, 無一毫損失. [39a]此的然可行者.

惟福建水兵, 海道頗遠. 但征倭所用, 非福船之大而堅者, 不足以收衝犁之功, 非福船之輕而捷者, 不足以成追擊之效. 是必不可不用, 而必不可不來者. 且查其海道, 自小埕等寨, 歷仙霞、金鄉等衛, 以達定海, 由定海而吳淞而狼山, 亦由淮安出洋, 徑至旅順, 不月餘可到. 此亦有故道可循, 不難於來者. 若謂其時迫無及, 然與倭相持, 今冬來春, 皆不可知, 在秋間用之為遲, 而在冬春用之未晚也. 應亟行福建撫臣, 作速如數, 必[39b]要調發前來, 以濟急用.

又訪得, 福建海澄縣出販西洋商船, 其船極堅而利, 其軍火、器械, 極精而銳. 其人習於水戰, 且熟知日本之情形險易, 不特可用之為兵, 亦可用之以為間. 先年總兵戚繼光, 曾用之禦倭, 卒收奇捷, 宜併行福建撫臣, 號召其衆, 鼓其忠勇, 必有嚮風趨義者. 多則覓調一百隻, 不能則五十隻.

以上各兵, 聽撫臣選熟於水戰將官統領. 若船則酌量給與覓價, 人則照水兵例, 官爲給餉及一應安家、路費、行糧. 該省一體動支堪[40a]用銀兩給發, 刻期發行前來, 聽臣調遣. 用過銀兩, 應開銷、應補還, 悉聽奏報施行.

庶總閩、浙、吳淞、朝鮮, 而兼之以商船之兵, 風色、水勢、倭情、戰法皆彼之熟路輕車. 或截殺外洋, 或直搗巢穴, 可敷分布而臻實效. 但各將各統一旅, 各守一處, 彼此不相聯屬, 緩急豈能用命. 合特設統領水兵副將一員, 總率其衆, 一切剿殺機宜, 悉聽協制調度, 庶免逗遛觀望. 但將材難得, 而水戰之將尤難. 乞[40b]勅兵部, 博訪在庭諸臣, 有久在廣東、福建、吳淞一帶, 曾管過水兵, 久習風濤, 熟練倭情將官, 不拘見任、在籍, 簡用一員, 以充是任. 合用勅書、旗牌, 照例請給.

至於先次添募浙兵四千, 彼中撫臣, 觀往知來, 素稱好義, 必爲悉心料理. 但事在至急, 恐彼中不知, 亦乞催行, 作速督發起行, 期在九月終旬, 必抵朝鮮, 方爲有用.

及照, 臣今征倭馬步并用, 轉盼冬深又馬軍可以馳騁之時. [41a]但馬兵遠出異域, 暑雨泥途, 倒損頗多. 卽楊元一營, 不數月而報倒死者二百餘匹. 卽一營而別營可知. 儻臨時缺馬, 旣不能兌之於營路, 又不能取辦於朝鮮, 束手無策, 悮事匪輕. 合於太僕寺寄養各州縣馬內, 令該寺委官, 公同密、薊、永三道, 選齒小力壯者, 再准兌一千. 三道召募南兵, 目下將完, 卽將各馬選定, 毛齒臕分, 查造一冊, 該道公同交給將官, 派給各兵帶喂, 俟到地方, 聽臣酌量分發. 其沿途草料銀兩, 卽於各管糧郞中, 於經過客[41b]兵銀內支給. 仍令密雲道, 選委廉能經歷一員, 沿途查算日期領銀, 陸續支給, 并驗草料. 各馬匹, 如非係病症倒死, 原兵絪打, 仍於名下追賠馬價. 損瘦數多者, 將官參處, 經歷一體究治.

如此, 庶有兵、有船、有馬, 緩急可濟, 而倭奴不足平矣. 伏乞勅下兵部, 亟議覆請行, 各遵照施行. 等因.

奉聖旨 "這所奏兵船、馬匹, 都准與他. 將官務選熟練精勇的去. 兵部知道." 欽此.

該兵部覆議.

為照, 東[42a]征事體, 業已督臣便宜行事. 凡應調兵馬, 隨到即應, 間有未盡事宜, 亦待時勢緩急, 相機而行. 今督臣偵得倭情已的, 彼己眾寡相懸, 勞逸又異. 按往事而增調宣、大、山西兵馬, 及催募直、閩浙江船兵等項, 良非得已.

欽奉明旨兪允, 而尤諄諄於選將, 除薊、遼地係督臣專轄, 其兵馬將領, 聽其照數選擇外, 所據宣、大、山西應調六千, 合行宣、大, 每鎮各精選驍健一千速發, 限九月終赴朝鮮, 聽候援勦. 山西二千, 宣、大仍每鎮各一千, 共足四千之數, 限[42b]八月終赴薊門, 代守邊臺. 以上各選謀勇將官統領. 合用行、月、安家糧餉, 悉照督臣所議, 各將起行日期題知.

其續調直、閩水兵二千, 節該本部題催. 今稱吳淞兵船, 自淮安出海, 直達旅順, 在遊擊季金, 業已行之無損. 即移文福建巡撫衙門, 查照督臣奏內事理, 合用該省水兵、大小船隻, 酌量海道倣行, 毋得以地方防守及遠不及事而速如所請. 幷查該省出販商船, 如果堪用, 速照數雇覓, 加[43a]厚獎率, 擇委知兵慣海將官, 統領前來. 此係義急公家, 難分彼此, 功成一體議敍.

添募浙兵四千, 雖經催促, 尚未報有起程日期, 應再催發, 定限九月終旬, 抵遼聽用. 若馬匹, 行軍必用, 而倒死旣多, 未免缺乏. 議於密、薊、永三道所屬各州縣寄養馬內, 再兌一千, 選其小壯, 查其年齒, 造冊給軍, 合用草料, 照數支給, 委官稽察倒死損瘦, 分別處治, 悉應如議就行. 原差寺丞孫成憲就便一併選兌, 庶免遲延.

及照, 督臣議設水兵副將一員, 協統調度, [43b]要本部博訪廷臣, 有久在廣東、福建等處, 曾管過水兵, 習練將官, 不拘見任、在籍, 簡用一員充任. 臣等查得, 原任副總兵楊文, 歷任福建、廣東將領, 近該科道官徐成楚等會薦, 曉暢倭情, 練習水陸戰陣, 見該經略咨取標下聽用. 又查得, 原任副總兵陳璘, 亦歷任閩、廣等處, 近該廣東巡按御史劉會題稱, 該省廢將中, 未有能出其右. 但本官素行有疵, 通儀觸禁, 曾致本兵參斥. 卽按臣亦謂干城之用, 不勝二卵之疑. 此輩譬諸烏頭、附子, 暫可[44a]濟急者所不廢, 似不若楊文之未見棄於時也.

提而較之, 楊文旣係會薦, 見在聽用, 朝拜命而夕任事, 尤爲速便. 臣等未敢擅便, 伏乞聖明簡定一員, 充總領水兵副將. 本部議擬責任, 請勅一道, 齎付本官, 欽遵行事. 合用符驗、旗牌, 照例請給. 恭候命下, 容臣等通行各該督、撫等官, 一體上緊遵■[2]施行.

等因.

奉聖旨, "是. 楊文准充總領水兵副將." 欽此. [44b]

2-6

請加麻貴提督職銜幷取董一元參贊疏 卷2, 45a-47b

....

2 영인본의 글자는 식별이 어려우나, 본문에는 표점본에 따라 守로 추정.

題爲議加征倭大將職銜, 以重將體, 并取用謀勇宿將, 以備參贊事.

照得, 大將乃三軍之司命, 外夷之觀瞻, 所係匪輕. 是故, 其事權必重, 其體統必隆, 然後威行而令肅. 今照, 備倭總兵官麻貴, 擁旄仗節, 特奉簡書, 以專閫外之權, 其體統已自隆重. 但査, 往日征倭, 俱係提督職銜, 昨添調總兵官劉綎, 已照例授以提督. 兩將并馳, 似當一例. 伏乞勅下兵部, 將總兵官麻貴, 仍加提督南北官兵禦[45b]倭總兵官, 換給勅書, 行令欽遵任事, 庶大將體統旣隆, 而威令自肅矣.

及照, 臣目下抵遼陽, 再俟催調浙江、眞、保及薊、密、永三道新召官兵漸次前來. 如彼中情形再急, 卽當東渡鴨綠, 親往調度. 雖一切戰守機宜, 大略已備前後疏中, 但臣遠出異域, 肩此重任, 必得久歷戎行, 素熟倭情, 老成宿將, 相與商確, 并備緊急, 特遣出奇之用, 庶於軍機重務, 多所裨益.

査得, 原任總兵董一元, 聲徹九邊, 威揚萬里, 耿耿之忠獻耀日, [46a]桓桓之膽略過人. 且本官昔任遼鎭總兵, 正倭情變詐之時, 始末情形, 知之甚悉. 合令其不管營務, 以原官充臣標下參贊, 以備籌畫, 與見任總兵體統一例行事. 乞勅宣府撫臣, 給與應付勘合, 督催本官, 限八月終, 至臣轅門. 仍准帶家丁二百名, 合用安家、犒賞及行、月等糧, 俱照東征事例, 聽撫臣借發, 應開銷、應補還, 徑自奏報施行. 沿途馬匹, 准借營馬, 遞送到■■■, 容臣將前題兑寺馬一千匹內, 給發■■■[46b]標營造支, 庶謀獻得人, 而緩急有賴矣. 等因.

奉聖旨, "兵部知道." 欽此.

該兵部覆議.

　爲照, 總兵麻貴, 始因專設備倭, 故未議加提督職銜. 今旣督率南北官兵, 遠役外國, 委應隆其體統, 以便節制. 況有往例可循. 應准所議施行.

至於董一元, 先任遼左, 稔識倭情, 欲以原官調隨標下, 參贊籌畫, 亦事之可從者. 既經具題前來, 相應覆請. 合候[47a]命下, 將庥貴, 以原官充提督南北官兵、禦倭總兵官. 合用勅書, 照例換給, 齎付本官, 欽遵行事.

董一元, 仍以原官, 充總督標下參贊, 不管營務. 其禮體, 與提督、二總兵倣行. 仍移文宣鎮撫臣, 給與應付勘合, 催督本官, 限八月終, 至轅門聽用. 其量帶家丁及安家、犒賞、行、月糧餉、馬匹等項, 悉照督臣題議施行.

等因.

奉聖旨, "是." 欽此. [47b]

2-7

募造海船以濟輓運疏　卷2, 48a-51b

題爲倭情十分緊急, 芻糧見缺, 船隻不敷, 乞請嚴行徵召打造, 以濟輓運事.

臣奉命征倭, 荷蒙皇上注意東事, 信任責成. 臣矢心自效, 恨不滅此朝食, 以早紓聖明東顧之憂. 故一切機宜要略, 凡便宜之權, 可以徑行者, 不敢一一瀆陳天聽, 以重煩聖慮. 但糧運船隻, 係三軍之軀命, 戰守之根本.

一[48b]日不再食則饑, 枵腹之衆, 豈能持久.

今查, 山東之海運淮船三十隻, 每隻可載五百石, 歲可週六七運, 總之可得十萬餘石. 遼東之船, 亦三十隻, 每隻可載三百石, 歲可週十餘運, 總之亦可得十萬餘石. 而加之以驟頭, 益之以駱駝, 亦不過五萬石有零. 是一歲之間, 水運無風波之險, 陸運無損失之患, 僅僅可得二十餘萬石耳. 而況有意外之變, 非今所能逆料者.

及查, 先後徵調兵馬, 將六萬餘衆, 內約馬兵二萬. 在兵日給米一升五合, 計六萬, [49a]歲該米三十二萬四千石. 馬日給料三升, 計二萬, 歲該料二十一萬六千石. 軍糧、馬料, 共計五十四萬石, 而前項所運, 止得一半. 此時兵不滿二萬, 尚且不敷, 有如大衆一集, 嗷嗷待哺, 計一月之運, 不足以供旬日之食. 一旦有缺, 肘腋之患, 且不可測, 安能折衝禦侮, 以收安攘大計哉.

爲今之計, 莫若急行浙江、南直、淮安各撫臣, 各雇覓商船二十隻, 交付山東撫臣, 發登、萊二道轉運. 其脚價等項, 自登州至旅順, 山東撫臣查照原議, 於應動銀內[49b]支給. 自旅順以至廣梁, 亦照原議, 容臣於備倭銀內支發.

至於遼東本色, 亦可措辦. 但本色全藉海運, 而海運則最苦船隻. 查得, 寬奠地方, 有木可採, 足供船料, 有匠可召, 皆知船式. 而一應釘、鐵麻、油等項, 給登、萊運船, 順買甚便. 在此打造, 力省功倍. 臣與遼東撫臣, 面相計議, 辦此似亦不難. 仍應行該鎮撫臣, 轉行該道, 委官速造運船可載五百石以上者三十隻. 人夫匠役, 取之本鎮, 工價銀兩, 取之備倭, 陸續成造, 陸續接運.

夫倭情至急, 即目[50a]輗輗, 尚以爲緩, 而猶然爲造船之舉, 見以爲迂. 不知兩軍相持, 遲速久近, 皆不可必. 即使鯨鯢日下授首, 然善後之計, 留

兵留官, 往來朝鮮, 此船日後所藉力更多. 及今造之, 猶可濟用, 所謂三年
之艾, 蓄之未晚也. 除遼東臣就近同撫臣督造外, 其浙江、南直、淮安船
隻, 目前急需. 伏乞勅下該部, 分別定限, 速議覆請, 轉行各該撫臣, 一體
火速遵照雇覓押發施行. 等因.

該兵部覆議.

> 爲照, 倭情緊急, 糧餉宜早[50b]搬運. 前項覓造船隻, 委當作急經理,
> 以便接濟. 既該總督官邢, 具揭前因, 相應依議覆請. 恭候命下, 本部
> 一面馬上差人, 移咨浙江、南直、淮安各巡撫都御史, 令各雇覓商船
> 二十隻, 選募船夫, 撐駕前來, 交付山東巡撫衙門, 轉發登、萊二道,
> 裝運糧餉. 一面移咨工部, 轉行遼東巡撫衙門, 選委能幹官員, 召募
> 夫匠, 前往寬奠地方採木, 打造堪載五百石以上船三十隻, 隨成隨撥,
> 無悞接運. 其合用釘、麻等費, 聽遼[51a]東督撫, 徑自措辦. 仍各將遵
> 行過緣由, 星馳回奏.

等因.

奉聖旨, "是." 欽此. [51b]

2-8

催發水陸官兵本折糧餉疏　卷2, 52a-62b

題爲倭奴兵船夜襲朝鮮, 該國水兵失守, 亟請添兵促餉, 以濟萬分急用
事.

八月初七日, 接經理都御史楊塘報. "倭奴大兵, 陸犯宜寧等處, 水犯閑山等島, 勢已猖獗之甚." 等因.

除臣一面塘報, 一面催督經理、總兵等衙門, 分投救援防遏. 亟行該國, 速收拾潰散兵船, 幷再加選加整兵船, 爲振擧圖新, 復守閑山、南海之計外. 爲照, 倭奴占據釜山, 今經五載. 在我日以封事耽延, 而兵、糧之計觀望猶豫, 視爲[52b]緩圖. 臣自川、貴, 回在田間, 心卽危之. 第恐倭奴乘虛而來, 朝鮮一鼓必下. 故自臣入部署篆, 及聞命在京, 卽定限急調宣大兵, 又以薊之三標與延兵一枝, 徑付麻貴. 幷嚴督楊元、吳惟忠等東渡, 星夜啓行. 今日朝鮮稍有倚藉, 不卽狼狽者, 則所得於前調兵力, 蓋亦多矣.

迄今三四月來, 倭船之來者日衆, 而倭兵之集者日多. 自平調信調兵回日, 自對馬島過海兵船不下二千. 一向潛住外洋, 隱伏島嶼, 候秋熟[53a]進犯. 而賊臣沈惟敬, 出入倭營, 知之最眞, 及至倭之暗襲梁山, 猶委曰, "是朝鮮之先殺其樵探也." 倭之欲取宜寧, 迎惟敬, 猶曰, "是行長將來會我也." 賊之欲逃不邃, 欲轉而之他也, 猶曰, "吾將欲會淸正也." 彼中虛實動靜, 一毫不報, 猶然日以調劑撤兵愚我.

今一旦進而奪梁山, 殺郡守矣, 再進而殺撥軍, 占三浪矣. 此未拏惟敬之先之事也. 及其後, 則又進而入慶州, 侵閑山, 燒船隻矣. 此沈惟敬誤國之罪, 雖萬死不足贖者, 然事已至此, 卽敬死[53b], 亦何追.

臣自與督臣孫交代受事之後, 稽查見在之兵, 見我之所調者, 僅可守朝鮮陸路之衝, 而朝鮮之兵, 惟閑山水兵一枝, 頗爲强勁, 餘兵全不堪用. 由是大懼, 而疏請川兵, 疏募浙兵, 又請調福建, 請調吳淞之水兵, 又請加調薊、遼、宣、大、山西等兵, 無日不以徵兵爲事.

第遠者七八千里, 近者亦四五千里. 且軍火、器械, 或造或買或借, 頭緒甚多, 固非一時所能辦者. 至於糧餉, 則查朝鮮舊糧, 原自不多, 於是請督山東, 請督遼東, 請發[54a]內帑, 請發馬價, 請雇船, 請買騾, 爲水爲陸, 無日不計餉. 而事在三鎭隔省, 遠涉江海, 議論未一, 亦非一時所能辦者. 是以時日迫切, 兵、糧不繼.

臣計, 此時止可與守, 未可輕戰, 故節次移文朝鮮, 令彼堅守閑山, 以固全羅外藩. 乃彼君臣, 不審彼己, 不識機會, 今日殺倭數人, 明日奪船幾隻, 不爲一擧萬全之功, 日爲見小欲速之計. 兵驕防疏, 竟爲所襲, 又將何言. 夫閑山島水兵, 朝鮮、內地所恃以障西南半壁. 此而失守, 賊自西南沿海而下, 若南海、若[54b]濟川, 折而向北, 若全羅、若忠淸、若王京、若黃海, 又王京之漢江、江華. 折而正西, 若登、萊、若天津. 再北則平壤之大同江, 再東北則義州之鴨綠江, 皆通一水, 皆可揚帆而來. 倭奴極善用兵, 況備已數年, 又自三月, 正成、平調信回日本調兵, 傾國而來.

在我陸兵, 雖五萬餘, 集未少半, 而水兵止淅之三千, 甫抵旅順. 臣已行令且哨且行, 如閑山尙可收拾, 則令赴閑山協守. 如閑山已破, 則令守王京以西之漢江、大同江等處, 以扼西下之賊, 幷防運道. [55a]但倭奴船隻, 動經數千. 玆行長釜山兵船, 已向全羅, 恐大勢建瓴而下, 則此三千水兵, 何能當. 儻漢江、大同江爲賊所乘, 再漸逼鴨綠, 則朝鮮八道盡繞截在東.

況此時, 淸正兵在機張, 尙未動. 料必誘我兵西援, 勢將徑衝慶尙一帶, 兩面夾攻. 水路既塞, 糧道將絕, 陸路分守, 首尾不應, 恐其禍不可測, 此可寒心之甚也. 遂卽行文撫、鎭, 相機進止矣.

臣前添調水兵, 亦知各省以爲難, 正防此着耳. 然馬步兵陸續催價, 猶可望梅止渴. 若水兵, 近而吳[55b]淞, 止是一千, 遠而閩中, 難於卽到. 卽到, 總之連吳淞, 亦不過二千餘耳. 故此時所急者, 在水兵不得到、不得多也. 故以今之時勢計論, 守則須再得一萬, 戰則須再得二萬, 方可濟事.

今考之, 各省防汛之期, 以三四五月爲大汛, 以八九十月爲小汛. 沿海如閩、廣、浙、直, 恒視其風之從來, 以爲犯之向背. 故其國開洋而行也, 風自西北, 則犯大、小琉球, 風自正北, 則犯廣東高、肇, 風自東北, 則犯福建台、溫. 風自正東, 則犯浙、直, 風自東南, 則犯淮、揚、登、萊, [56a]風自正南, 則犯遼陽、天津. 此其勢不由己, 非若江河川瀆之可以計程而計向者比也.

今賊旣傾國幷力, 以入朝鮮, 則廣、福、浙、直之間, 必不能分兵他往, 則各省之防, 似亦未急於朝鮮之累卵, 與夫登、萊、旅順、天津剝膚之災也. 藉使彼以遊兵揚帆東南, 亦是虛聲喝我耳. 爲今之計, 須得急調浙、直、淮安、閩、廣舟師一二萬, 由近而遠, 陸續自外洋以抵朝鮮.

至於南京根本重地, 固不宜調兵. 然在操江已有江防水兵, 而兵部新召水兵一枝, 不過春[56b]秋二次, 出鎭江之東, 防汛而已. 傳聞, 南本兵以供億不給, 亦欲撤散其實空閑無用者. 卽使倭寇東南, 然猶有京營重兵, 與夫新召陸兵及狼山等處水兵, 儘可防守. 此宜亟借三千, 卽以原任本營坐營, 今任興都留守黃沖霄, 量改參將統領, 星夜前來, 其視閩、浙, 尤近且便也. 安家、行、月糧等項, 照浙兵事例, 行南京戶部查給, 徑自具奏補還、開銷.

伏乞皇上, 軫念朝鮮目前腹心之禍, 東南一帶門戶之[57a]憂, 亟勅兵部, 馬上差人. 嚴定限期, 速調水兵, 連南京三千, 幷南直、浙江、福建、廣東等處, 先擇近者, 或三四千、一二千, 酌量多寡分調, 先湊一萬前來. 仍再抽、再覓一萬, 作速相繼而至, 庶扼於朝鮮, 而天津、登、萊、淮、揚一帶, 亦可恃以無恐.

此如治水者, 源頭一簣之力, 固勝於下流九簣之功也. 夫大調水兵於要地, 人見以爲難, 見以爲費, 然事在危急, 不得不破格一處. 不然則兵力不支, 朝鮮必沒. 朝鮮沒而再圖也, [57b]豈■■前■費之難而已乎. 況我之重兵, 見在外國, 卽不爲朝鮮援, 獨不自爲援耶.

至於各處調來水兵, 仍令京、省召補, 以充前數, 以備本地之需. 蓋彼之坐地而覓, 猶勝於此之數千里而求, 求之且不得應急也. 況何處非動朝廷錢糧乎.

至於臣前疏議, 加調宣、大、山西兵, 與暫抽薊兵先往, 不知部覆如何. 望卽依議速催前來, 并勅戶部, 速發銀■³三十萬兩, 以備兵糧本、折、犒賞[58a]之用.

如閑山不守, 則勢逼登、萊, 山東撫臣亦當移駐登、萊, 督兵督運, 防守內地, 并接濟朝鮮. 再照, 臣用兵用官, 皆各有所取. 如昨調川兵, 用吳文傑領一營, 爲文傑與土兵, 征九絲、征膩乃, 相處最久, 最識土兵情形, 極善駕馭. 土兵雖悍, 臣恃有知兵之將. 若司懋官, 出自武科, 亦臣昔日所薦之人也. 其材識原不在文傑之下, 但其駕馭土兵, 則臣向不聞其作用如何耳. 在彼中撫、按, 必有眞見, 而臣得于驟聞, 實不覺驚惶之甚. 懋官亦或必勝其任, [58b]以後更望皇上念. 臨時易將, 兵家所忌, 請如該部所議, 各處毋再援爲例, 紛紛議更議罷, 庶材各當用, 而事無掣肘矣. 等因.

奉聖旨, "覽奏. 倭情緊急, 該部作速看議來說." 欽此.

該兵部覆議.

> 爲照, 倭迫朝鮮日甚, 比襲水營, 焚芻糧, 侵閑山矣. 全羅關係朝鮮, 閑山障蔽全羅, 誠古所謂關與必爭之地. 若不保閑山, 失守全羅, 則賊據上游, 內地到處可虞, 不獨朝鮮一隅而已. 前督臣添調薊鎮宣、大、山西兵[59a]馬, 業以如議覆, 奉欽依, 勒限行催. 去後, 玆復增取南京、浙、直、閩、廣水兵, 無非禦之內地, 不若擊之外洋, 督臣之慮遠

....

3　영인본의 글자는 식별이 어려우나, 맥락에 따라 二로 추정.

矣.

第倭奴聲東擊西, 明伏暗發, 最爲奸狡. 觀其夜襲朝鮮, 足得制人之計. 而艤舟若待, 安知無內犯牽制之謀乎. 本部前覆塘報, 申嚴防守, 正慮及此. 中國之徑, 旅順喫緊, 而天津、登、萊最宜先防, 浙之東西、江之南北, 襟喉財貨之鄕, 留京根本重地, 其防範尤萬萬不可少後.

查得, [59b]浙江水陸兵, 先後抽募一萬有餘, 淮、揚近議增守, 尙慮不敷. 據議, 南京新募水兵, 苦於供億, 應行南京兵部查議, 果可那用, 一面酌行督發, 一面具奏. 江洋魚鹽徒販, 有可收爲兵者, 先曾議及, 似宜收羅, 厚加募餉, 令其自備器械, 亦聽該部徑自議處以聞. 淮、揚額兵, 原難於動, 儻狼山一帶, 有前項可用慣海徒販之類, 與夫鄕來減退兵船, 亦宜收拾, 借支厚募, 選將取道, 領赴朝鮮, 上緊報聞. 更須部、撫諸臣, 多方計處, 同心濟急, 亦無兵得[60a]有兵之術, 無餉握有餉之算.

其捍禦江、淮, 亦非淺鮮矣. 應天、福建船兵, 原額止足分防, 雖難增取, 而各調一千之數, 斷難稽留. 前應天所發二百餘名, 不得算入後取一千數內. 福建除一千外, 仍募商船五十隻, 如商船猶爲畫餅, 此外凡可借募者, 聽其便宜設處, 要在得濟.

惟是廣東僻在東南, 兵力較之閩、直, 稍似有餘, 卽募補亦可卒辦. 應行該督、撫, 卽選抽堪戰營兵五千, 擇委知兵宿將一二員及曾經戰陣衛所各官, 或統領, 或分署, 節制前[60b]來. 徑支該省堪動錢糧, 給爲安家、糧餉等項. 先將部署事宜及起程日期, 馬上差人奏報. 此誠爲遠水, 無濟朝鮮目前, 如倭訌入內地, 用此接濟應援, 爲力不小. 儻直搗倭巢, 以牽內顧, 此又在各督、撫妥議也.

至如宣、大、山西兵馬, 旣已欽奉明旨, 及浙江續調兵四千, 四川土、漢官兵一萬, 各要上緊精選, 依限速發.

及照, 國家之事, 有緩急, 臣子之義, 無彼此. 前項南北各省、直水陸兵馬, 及近日調用將領, 委皆不[61a]得已之役. 以後臣部, 惟有嚴限催取, 不敢聽其奏留, 以致東事掣肘諉咎, 如督臣■所苦也.

倭既傾國而來, 似不得志不已. 彼能用計, 我可獨用衆哉. 況兵力孤遠, 尤難輕敵. 而吭背腰腹之間, 兵家所慎. 古者兩軍交綏, 先之文告. 倭業僞稱受封, 我亦有詞可執, 而用間設奇, 隨機應變, 全在當局督、撫善以行之耳.

曩題有警, 各該撫臣移住, 就近操練調度. 今督臣議要山東巡撫移往登、萊, 料理兵餉、船隻, 良爲有見. 而順天、保定, 俱係防援緊要地[61b]方, 事屬一體, 不可不防狡倭之分綜入犯. 如此隨在視爲孔棘, 亦隨在擐甲以待, 士飽卒歡, 鼓舞振作之有方, 何畏乎狡奴哉. 既經具題前來, 相應覆請.

合候命下本部, 馬上移文南京兵部及順天、保定、山東、宣、大、山西、淮揚、應天、四川、浙江、福建、廣東各督撫衙門, 查照奏內及屢奉欽依事理, 一一遵行, 應奏請者, 速爲奏[62a]請. 其支借過錢糧, 或應開銷, 或應處補, 明白議報, 以憑覆請, 定奪施行.

等因.

奉聖旨, "這所奏徵調各省、直兵馬, 俱依議作速行. 倭奴狡詐背盟, 着督、撫官, 責以大義聲罪致討, 毋使醜夷得逞." 欽此. [62b]

2-9

調用協守李如梅疏　卷2, 63a-66b

題爲倭情萬分緊急, 就近調發舊日征倭驍將, 以濟急用事.

照得, 近報倭酋分道入犯, 勢已燎原. 慶尙正南一帶州縣, 久爲賊有, 東南
一帶城守, 舊多殘破, 兵單力薄, 糧餉更缺, 已不可支. 而倭奴素所垂涎
者, 在全羅一道. 自閑山水兵失守之後, 西一面無處不可以通. 賊見今水
陸擁衆, 分道幷出. 而該國總兵金應瑞已逃, 國王陪臣携家欲走, 人民驚
竄, 甚至乘夜出城私奔者. 民逃而兵孰與守, 糧孰與[63b]給. 在我兵不滿
二萬, 勢必不能處處爲之分守. 臣尙恐此數枝兵, 孤懸異域, 儻倭奴水陸
之兵, 截其歸路, 禍且不可測矣.

查得, 調募之兵, 一時難齊, 而就近兵將, 不可不遵旨便宜調用, 以救孤
軍. 臣先題添調遼鎭兵馬一千五百, 業經奉有欽依調發, 尙無專將統領.
謹會同經理朝鮮軍務都察院右僉都御史楊, 查得, 見任遼陽協守副總兵
李如梅, 世篤忠貞, 名震荒徼. 搏戰則矢石親犯, 臂上之創痕猶存, 鼓士而
勇敢[64a]爭先, 戲下之精兵如蔟.

臣玠久聞其驍勇絶倫, 臣鎬與遼陽共事兩載, 故備知其忠勇. 且先年征
倭, 平壤、開城斬獲甚多, 至今倭奴譚之, 猶咬指吐舌. 若挽弓九矢不虛,
揮戈千人自廢, 相貌堂堂. 臣等宦遊各邊, 鮮見其儔. 撫臣張, 亦面道本官
之才名勇略, 宜調東征. 該臣等驗其金瘡已愈. 況本官見養健丁數百, 再
收拾父子兄弟之兵, 可共立得戰士一千. 卽今倭情萬分緊急之時, 得■
一千健丁, 勝新召兵一萬之用. 是以, 臣等拯溺救焚, [64b]難拘常調, 已
令其整兵啓行, 界上候旨, 刻期前進.

及查, 本官資俸已深, 勞績尤多. 伏乞勅下兵部, 將李如梅, 量加府衛, 以禦倭協守副總兵, 令其選帶精壯家丁一千名, 併將先題添調遼鎮馬兵一千五百名, 幷令統領, 星夜前去, 以爲策應. 待各兵續到, 仍再添給, 以備戰守. 合用安家、犒賞等項, 照例支給.

家丁馬匹, 本官原有者, 隨營造支料草. 不足者, 查遼陽一帶前後調兌空虛, 除再斟酌抽兌外, 尙少七百. 臣已馬上差人, 于先次題[65a]請兌給寺馬一千匹內給發. 合無仍令該寺, 補兌七百, 以備別兵臨陣緊急之用.

本官合用旗牌, 照例請給. 家丁錢糧, 卽於薊鎮未召南兵糧內, 照遼東家丁事例支給. 其遼陽係防虜要地, 員缺容臣與遼東撫臣, 查議另行上請, 營務暫委原任副總兵吳希漢代管, 庶先聲可以奪釜倭之氣, 而異域孤軍得慰雲霓之望矣. 等因.

該兵部覆議.

為照, 倭勢猖狂, 分道入犯, 非得習倭驍將, 蓄有健卒, 未易收勗勤之[65b]效也. 據稱, 李如梅, 舊隨東征, 親多斬馘, 旣爲倭奴所畏憚, 而家多壯士, 召之卽是精兵. 議調隨征, 給以馬匹, 優以糧賞, 幷議加衛, 以酬勞績, 俱屬可從. 旣經具揭前來, 相應題請.

合候命下, 將李如梅, 量加署都督僉事, 充禦倭副總兵, 移文該督撫衙門, 令其選帶精壯家丁一千名, 及將前議添調遼東馬兵一千五百名, 一齊統領, 星夜前赴朝鮮, 相機策應. 合用安家、犒賞等項, 照例支給. 家丁馬匹, 除本官原有[66a]及再斟酌抽兌外, 尙少六百. 於先次題請兌給寺馬一千匹內, 照數給發. 仍令該寺, 照數補給, 以備別用. 其本官合用旗牌, 照例請給. 家丁錢糧, 卽於薊鎮未召南兵糧內, 照遼東家丁事例給與. 所遺東路協守營務, 聽其暫委原任副總兵吳希漢代署. 員缺另俟推補.

等因.

奉聖旨, "李如梅, 加署都督僉事, 充禦倭副總兵. 其餘依擬." 欽此. [66b]

2-10

守催閩直水兵併募江北沙兵疏 卷2, 67a-72b

題爲倭奴水路通行, 屬國內亂, 我兵力寡勢微, 萬分危迫, 懇乞聖明, 作速催處水兵, 以濟急難事.

切照, 朝鮮自閑山水兵輕動, 而該國賊臣金應瑞通倭, 以搗巢日期先報行長, 以致閑山失守. 沈惟敬挾楊元之讐, 密令婁國安等, 以南原虛實, 又透行長, 以致南原失守. 而楊元具稟, 如失守, 要伊償命矣. 全州又被朝鮮人民盡焚其糧草逃走, 以致陳愚衷不能存立, 而全州難守. 全[67b]州難守, 則忠州前後受敵, 勢甚孤懸. 此王京之備, 不可不急. 但王京東南一面, 則慶尙之賊, 西南一面, 則全羅之賊. 吾之陸兵, 雖屢請屢給, 然多不得到, 使合前後調集之衆, 或可稍敷分布.

但水路正西則江華, 西北則平壤之黃州, 再北則加山, 安州, 再西北則義州之鴨綠. 倭奴遵海而北, 皆可以入. 此不以水兵防守江口, 彼以一半從陸牽制于南, 以一半由水抄入於北, 而吾兵又圍其中矣. 自此倏忽而旅順, 而天津順風揚帆可到. 此王京以上[68a]緊要水口, 不可無重兵以防. 蓋少半爲朝鮮, 多半爲拒往山東, 天津之路也.

臣先已慮此, 故不得已而急請閩, 直之水兵, 又萬不得已而請南京之水兵, 非不知南京爲根本重地, 而福建、吳淞亦倭犯之要衝也. 但倭奴既併力於朝鮮, 勢必不能一蹴突犯東南. 且禦之於下流, 不若禦之於上流之易爲力. 臣立議下筆, 誠如科臣所謂, 臣詞薄於咽而杵搗於心, 豈得已哉.

故臣謂今日之守, 當先以一萬水兵, 防朝鮮之江華等口, 以五千作戰兵, 以[68b]三千防旅順, 以三千防天津. 而登、萊、淮、揚則以該省見在水兵, 再一整頓, 深哨遠探, 以防不測. 其南京、浙江、閩、廣, 似爲稍緩. 但今日水兵, 除徐成三千外, 再有一船乎, 一兵乎. 此三千兵, 安敢與數萬倭船迎敵也. 不敢敵而能守乎. 當此萬分危迫之時, 恨不得一旦撮至, 以救然眉.

而昨見邸報, 行彼中查議. 蓋恐彼此各有所見, 不得不查, 非可草草. 但議者尙議, 遠者又遠, 尙無定着. 夫人情好逸而惡勞, 既行彼議, 恐未有肯來者. 卽來矣, 先之以行[69a]議, 繼之議定來也, 當何時哉. 恐彼來而事又無濟矣. 伏乞皇上軫念時勢最急, 水兵最要, 勅下兵部, 馬上差人守催先調吳淞水兵一千、福建一千、及南京三千, 星夜兼程前來, 以憑分防緊要水路, 庶王京之守可堅, 而內地尤可恃以無恐矣.

及查, 此外水兵可便宜濟急者, 無過江北通、海二州縣沙船、沙兵. 此輩生長海濱, 捕魚爲業, 卽舟爲家. 不但慣習風濤, 抑且極精捕獲. 萬曆二十年, 有狼山總兵標下[69b]把總許元, 授以部箚把總, 往募沙船五十隻、沙兵一千七百餘名, 前往天津應援. 其安家、月糧、船租、衣甲等餉, 俱動支北京馬價及南京草場、馬價等銀給發. 起程後, 以江北撫按會題, 留禦狼山, 不果於來, 尋亦解散歸業.

今此輩前造軍火、器械尙存, 其人可一呼卽至, 船可一挽卽行. 應給安家、月糧、船租、衣甲等項, 有見題事例可循, 無煩更議, 而可得緩急之用者. 乞一併勅下該部, 移文江北撫按衙門, 仍令許元號召其[70a]衆, 或三千或五千, 悉照先年議定事例, 給與安家、船租及軍火、器械等項, 令其由海勒限前來. 聽新設統領水兵副總兵, 提調分布防守. 合用銀兩, 應于何項銀內動支, 聽該部作速區處, 庶不煩徵調, 而水兵可以驟得. 此亦應卒之一機也. 至於折色軍餉, 支盡已久, 速發二三十萬, 給備倭郎中, 以備目前緩急之用. 等因.

奉聖旨, "該部看了來說." 欽此.

該兵部覆議.

為照, 倭奴占據全羅, 水陸皆可進犯. 督臣議調水兵一[70b]萬, 防守朝鮮江華等口, 以五千作戰兵, 三千防旅順, 三千防天津, 總計二萬一千之數. 而登、萊、淮、揚則又各以見兵整頓, 以防不測. 誠備出萬全, 委不容緩者.

查得, 督臣原調水兵, 浙江三千、吳淞一千、福建一千、南京三千. 在浙之三千, 則久抵旅順矣. 吳淞、福建各一千, 節經本部題催矣. 惟南京三千, 督臣原題稱係新募, 聞以供億不支, 議欲撤散, 未委虛的, 故本部覆行彼中, 查議督發. 抑以留都根本重地, 而此項新募之兵, 不審果否堪[71a]用, 近又題奉欽依, 行令作速奏報. 去後, 應再行催.

至于許元原調沙兵、沙船, 經今六載. 曩因元剝軍債事遣戍, 各兵旋亦解散. 近該臣等議, 行該撫臣, 將鄉來減退船兵, 厚加募餉, 選將領赴遼海聽用, 正指此項兵船而言. 諒在遵行, 仍容臣等馬上差官督催. 其安家、糧餉、船稅等項, 悉照先年議定事例給與. 并查原造一應軍火、器械等項, 令其由海勒限赴遼聽用. 以上皆督臣所議之數也.

又查得, 八月三十日, 該本部[71b]題為緊急倭情事, 增調吳淞、福建水兵各一千名. 九月初二日, 該本部題為投報海嶼人船等事, 議調梁天胤江北水兵五千名. 九月初六日, 該本部題為島夷未靖等事, 增調浙江、廣東水兵各三千名. 連前已逾二萬一千之數, 合行一併分投馳催,

至日聽督臣及新設海務各撫、鎮官, 分布天津、登、萊、旅順以至江華
等處, 隨地戰守. 恭候命下, 臣等遵奉施行.

等因.

奉聖旨, "這所奏前後調各省、直水兵, 你部裡, 便馬上[72a]差人前去催
儧, 作速到於各地方應用, 毋得遲誤. 餘俱依擬." 欽此. [72b]

2-11

直陳朝鮮情形疏　卷2, 73a-79b

題爲直陳朝鮮情形, 兵食俱詘, 戰守無資, 亟議長策接濟, 以防不虞事.

照得, 倭奴再犯朝鮮, 皇上憫其孤弱, 命臣與經理朝鮮撫、鎮, 督兵救援.
兵不足, 竭數省之力, 以助之. 餉不足, 兼水陸之運, 以濟之. 而經理撫
臣, 又爲彼殫精竭力, 籌畫劑量, 推廣鼓舞, 興利足食, 揣度民俗, 算無遺
策, 爲彼國操心良苦矣.
夫兵以援, 名是戰守之事原屬朝鮮, 在[73b]中國惟濟其所不及耳. 兩國相
持, 吾加一臂之力, 事半功倍, 該國君臣, 正宜藉我聲勢, 獎率奮勵, 以圖
恢復. 乃節據總兵官麻貴報稱, 該國各處城垣, 任其傾頹, 不一修擧. 南
原、忠州、吳惟忠、楊元, 親率我軍, 代爲修理, 該國君臣, 坐視不顧.
至於王京, 乃國王居處之所, 根本之地. 外城大而難守, 不修尙爲有詞. 麻
總兵議修築子城, 數次講說, 多方推阻. 本官見事急, 親率諸將興工, 彼君
臣亦親來講謂, 大城本不堪守, 縱守小城, 反遭坐困. 本官再三曉[74a]諭,

堅不可挽, 只以走爲上策. 國君先時止移其宮眷于海州, 而今賣夜遠遷, 不知去向, 有謂遠至愛州者. 以至官員軍民, 各將家口出奔, 乘夜越城, 絡繹不絶, 法不能禁. 臣與撫、鎭, 欲繩以漢法, 又恐猜疑驚懼, 反驅之入倭矣. 此猶以爲君之委靡也.

自淸正復來之時, 卽遺書于國王及其世子, 而國王世子亦日與之相通, 往來書札, 不可勝計, 而片紙隻字, 密不以聞. 且松雲至淸正之營, 住宿浹旬, 往往屛人密語, 竟以誇誕浮詞, 撫拾具報, 則詭詐[74b]又不可測矣.

倭奴將動未動之時, 有慶尙生員不知其名者, 欲率衆投倭, 被國王殺之. 又有奸民倉吏, 日爲倭打報, 國王斷其手足殺之. 此猶可諉之爲細民無知也.

至於該國柳承隆, 閣臣也. 指以搜查山城糧草爲名, 暗束裝奔於尙州. 夫尙州賊窟也, 奚爲而去之. 是明以投賊矣. 總兵金應瑞, 該國大將也. 閑山水兵將去搗巢, 渠兩日前, 卽先以書報行長, 使渠有備, 陷此重兵而奪其大險. 今事發而逃, 勢必投倭. 李原翼、權慄、成允文等■■[4]該[75a]國將兵之官也. 今各避於極東一隅, 經理牌催而不應, 國王督發而不理. 而李原翼領兵一枝, 與淸正往來私通, 經過彼此, 俱不相殺, 此已足駭異矣. 尤可異者, 陳愚衷進駐全州. 搜查器械糧草, 該州之官, 已極口稱, 無升糧寸刃矣. 及愚衷以踏勘地勢, 於十里外山寨中, 見藏貯米豆、盔砲、鉛彈、弓矢、鎗刀、筅牌等物, 各以千萬計, 令搬運入城, 州官又堅執不肯. 因自用該營兵馬, 連夜運入城內. 又昨報, 中國之糧, 由義州、平壤, 轉運至廣梁者, 近二萬[75b]石. 由廣梁以至江華府五六百里, 應該國轉運. 該經理楊慮江口可虞, 撥軍協守, 而已發之糧與督運之官, 不知躱避何處.

········

4　영인본은 글자는 식별이 어려우나, 남아 있는 자획에 따라 者有로 추정.

慶尙正南一帶, 原爲賊有, 東南一區, 已屬荒墟. 而官民與倭, 結姻連親,
名雖朝鮮, 而實皆倭矣. 全羅自閑山失守, 西一面水道, 無處不可通賊, 而
賊之二十萬衆, 不數日驟逼南原. 而楊元之回軍, 黃仲仁等面見攻圍南原
者, 皆朝鮮之人. 南原旣失勢, 當幷力以守全州. 今全州又報稱, 於八月
十七日, 本城百姓乘夜內變, [76a]或傷官兵, 或燒倉廩, 乘火撞門奔逃, 以
致滿城灰燼, 糧餉盡絶. 心腹之疂, 何以防之.

原議, 資朝鮮之人, 以爲戰守. 今該國總兵, 不戰而逃, 百姓聞風而走. 兵
尙未集, 我自爲戰, 其誰與守. 我自爲守, 其誰與戰. 我戰我守, 彼燈火柴
薪, 誰爲供辦.

原議, 資朝鮮之糧, 以爲食. 今文武士民, 緩則隱而不報, 急則焚而後行.
我之水運, 風濤千餘里, 我之陸運, 江山數十重, 運少食多, 何以接濟. 倭
再長驅, 將薄王京, 王京臣民, 逃走將盡, 低矮城垣七八十里, 我兵[76b]
有限, 從何布守. 恐我出而賊入, 我入而賊圍. 倘彼此相持, 兵馬糧餉, 廣
梁以北, 我可以運. 廣梁以南, 船隻、船夫, 動經千餘, 誰識水道, 誰爲看
守. 誰捨死解圍, 爲我送之城中. 倭卽不絶我糧道, 行將自絶. 一日不再食
則饑, 孤軍遠在異域, 回首遼陽, 一二千里, 重江爲隔, 思之寧不令人寒心
哉.

臣所深慮者, 恐朝鮮君臣, 見事不諧, 目下變入于倭, 甘爲耳目向導, 驅而
圖我, 則不惟不可恃, 又不可不防矣. 臣等日夜兢兢, 未敢時刻少怠.

總之, 兵馬不得[77a]湊手. 雖臣催兵之使接踵於道, 然各兵遠者五六千
里, 不能縮地而至, 近者亦二三千里, 又見置造器械, 收拾衣甲, 不能空手
而來.

且臣受代東事, 自四月二十二日抵密雲, 節次請兵、請餉, 荷蒙皇上垂念東
事, 屢請屢發. 臣亦自慶奇逢, 將圖大創島夷, 以紓聖明東顧之憂. 但兵、

糧決計, 實自夏五月始, 科臣前亦言之. 文移往返, 便是六月. 及至七月, 而賊以二十餘萬計, 船以數千計, 分五路進矣. [77b]賊以四五年, 我以兩三月, 兵雖發而未到, 餉方運而未集. 合之兵有五六萬, 其見在朝鮮者, 止一萬七八千耳.

海道無論, 卽陸路, 南原、全州、公州、忠州, 鳥、竹、秋風三嶺, 皆可犯可入之路. 合守則歧路尚多, 分守則力薄難敵. 近援勢輕, 遠援難到. 況所守要地, 東西相去太遠, 首尾不能相應.

至于在塗兵馬, 近者原計日可到, 乃淫雨連綿, 山水頻發. 一路崇山峻嶺, 長江大河, 上下跋涉已苦. 兼之暑氣薰蒸, 疾病侵尋. 尤可惜者, 馬匹日浸泥水, 久而蹄[78a]爛, 一登石山, 便成爪裂. 人馬勞病, 死傷頗衆, 困憊極矣, 何能速也. 夫五十里百里以趨利者, 兵家所忌, 而欲此兵晝夜不歇, 奔臨戰場, 不惟急之不前, 卽前而未至已先仆矣, 何以驅之赴敵也.

況朝鮮君臣, 上無臥薪嘗膽之志, 日思遷避, 下無盡忠爲主之心, 陰已降倭. 挑戰以速禍端, 使我不得歇手. 泄機以債乃事, 使我無處關防. 坐觀成敗, 以爲順逆. 加之, 慶尚郡縣, 千里丘墟, 全羅一帶, 望風瓦解. 蕭牆之內, 奸詭滿室, 旣防倭, 又防朝鮮, 臣等之[78b]苦亦極矣. 使兵力稍集, 臣等奇正并用, 豈不能決一戰以剿賊, 援守相資, 又豈不能使各據一險以自固哉.

除行令總兵麻貴, 將各兵調集, 就近聯絡犄角, 分防漢江南北, 仍相險設伏, 有進無退. 如賊合營齊來, 聲勢重大, 則互張聲勢, 堅壘固守, 如賊勢散漫, 則出奇一擊. 第一要防閑國王, 以收拾該國人心, 并飭諸將士, 共相淬勵, 以圖進取, 如有退縮, 卽斬首以殉外. 臣恐廟堂不知此時之情形, 不識朝鮮之人心而曰, "朝[79a]鮮之人, 可以資兵, 朝鮮之糧, 可以資食, 能守不守, 能戰不戰." 則臣等涉虛名而受實冤. 又恐爲兵爲糧, 再一蹉跎,接濟不前, 則東征官兵行將坐困矣.

伏乞皇上, 詳察臣等之兵、糧, 參酌臣等之戰守, 仍念事勢萬分緊急, 勅下該部, 將水陸官兵本折糧餉, 細加籌度, 破格督發. 庶兵、糧有資, 臣等有所倚藉, 可以鼓舞人心, 而迅掃妖氛矣.

等因. [79b]

2-12

會參楊元陳愚衷疏 卷2, 79a-82b[5]

題爲孤軍胥陷, 懦將難原, 乞亟賜嚴懲, 以肅軍紀事.

准經理朝鮮軍務都察院右僉都御史楊會稿.

先是, 本月二十日, 據傳報委官寧國胤報稱, "倭賊攻陷南原." 至二十三日, 始知楊元下落. 其亡失兵馬, 尙無的數. 除一面已經塘報, 一面會總兵, 幷行海防道查勘. 去後, 未報, 今二十五日, 楊元差人稟稱, "隨出見在者, 一百七十餘人."

到職. 案照, 楊元所領遼東官兵, 幷家丁、雜流等項, 共三千一[79b]百一十七員名, 今見存之數不滿二百. 卽有間行續到者, 計城中所坑, 已幾三千矣. 事關重大, 難以稽延. 職據所訪聞, 毫不敢欺.

等因. 會稿到臣.

....

5　2-11 문서의 마지막 원문 쪽수가 79로 끝나기 때문에 2-12 문서는 80부터 시작해야 하지만, 원문의 판심에는 79로 표기. 본문에서는 원본의 쪽수를 따르되 오류가 있다는 점을 밝힘.

案照, 先准經理都御史楊、備倭總兵官麻貴塘報, 楊元失陷南原, 陳愚衷先棄全州, 已經塘報, 及行鎮、道嚴查外, 今准前因. 該臣會同經理朝鮮軍務都察院右僉都御史楊, 議照, 南原爲全羅門戶, 而東之雲峰、嶺南之閑山島, 又爲南原之門戶. 此朝鮮吞開要害, 稱可屯聚馬兵. 是以臣等行楊元, [80a]以遼兵三千, 往扼其地. 且恃有該國金應瑞、李原翼等兵, 在雲峰之外, 權慄之兵, 在閑山之內, 各爲之障蔽耳. 自金應瑞獻計而失閑山, 權慄、李原翼等, 又佯趨於東偏, 以致倭不兩三日, 遂抵南原城下. 外救不至, 南原烏得不亡.

第楊元曾自計兵糧守具, 必可支持十數日之外, 使其厲氣巡城, 豈便五日遽陷. 又使眞知城不可守, 突圍而出, 觸死而戰, 三千人未必俱死, 卽死必有當也. 乃聞倭之攻城, 乍急乍緩, 元之警備, 漸亦少疏.

十六日之夜, [80b]南門旣啓, 元自帳中聞驚潰之聲, 不及披衣, 倉皇跣足而出走, 至今所着衣靴, 猶係借之傳報官寧國胤者. 乃曰, "殺出西門, 甲冑頗堅, 幸得不死." 是夢言也, 其將誰誑. 且其家丁楊承勳, 二十四日回至平壤, 審係初十日晚出南原者, 已豫將行李二箱, 押送王京. 此不待賊臨城下, 已先有脫身逃死之心, 而棄三千士馬於度外矣. 元不明出, 則三千人不敢出, 元旣潛出, 則三千人又不能出. 元今何顏以獨生乎.

陳愚衷遣駐全州, 本爲接應南原者. [81a]當南原告亟, 愚衷相距止百餘里耳, 使其遵臣等屢檄, 分兵而前, 以牽繞賊勢, 賊必不能專力攻南原. 南原知有外救, 亦且堅其拒守之心, 而未必破. 乃馳催至再, 不回文曰, "恐其顧彼失此." 則具稟曰, "難以輕離信地." 坐視倒懸之危, 竟不以一矢相加遺. 而王京之援兵方南, 愚衷已棄全州而北遁矣. 據哨役彭尙和稱, "愚衷北遁之時, 倭尙未至任實城界." 遽可盡諉於焚廩而輕離信地乎. 愚衷之罪, 不在元之下矣.

夫兵家固無常勝之理, 亦有自[81b]勝之術. 周世宗一時斬敗將樊受⁶能
七十餘人, 故後無敢敗者. 楊素每臨敵, 必先使一二人陷陣, 回輒殺之, 後
復如是, 故人知畏法, 所向必克. 今國恥必雪, 天討方行, 而使儵生喪師
者, 得諉之於孤軍寡援, 使觀望不前者, 又諉之於知難而退, 將三尺無所
用, 六師未易整, 其患愈不可言. 而臣等又何敢姑息於二臣乎.

參照, 統領遼兵征倭副總兵楊元, 三月戒糧, 未至析骸易子, 赤身出走, 豈
眞矢盡力窮. 卽其檢點乎裝囊, 便已[82a]溝壑乎士卒. 延綏營備倭遊擊
陳愚衷, 危在前而不救, 敢於秦越吾人. 倭未至而先奔, 虛驚草木賊勢.
略無丈夫之氣, 安用口舌之長. 此二臣者, 俱當照律重治, 無可末減.

至於禦倭軍務臣玠, 有經略專責, 力不能防狡賊之突入, 法不能使救兵之
速前. 忽一軍之淪亡, 雖百身, 其曷贖. 除見在席藁, 恭候處分外, 而目前
賊勢益狂, 臣等不敢不益飭將士, 亟集兵糧, 必期驅除, 以伸中外之憤矣.
伏乞勅下該部, 覆議施行. 臣不勝惶恐待罪之至.

再照, [82b]陳愚衷, 先經參革, 應該提問. 第因遠在外國, 延兵無人統領,
而鎮、道屢求暫管兵馬, 候新推延將王國棟至日, 代後另聽問處. 今元與
愚衷, 臣玠見行拏問. 其該營兵馬, 已另委官暫領. 併乞勅下該部, 速催王
國棟, 星馳前來, 統領前兵施行. 等因.

奉聖旨, "楊元、陳愚衷, 儵生遁北, 法不可宥. 着總督嚴行拏問, 照律重
處. 王國棟, 着作速催去. 兵部知道." 欽此.

<hr>

6　樊愛能의 오기.

議增天津海運疏 卷2, 83a-87b

題爲外國兵食急缺, 東省芻糧有限, 懇乞速議天津海運, 以接濟危急事.

照得, 東征官兵漸次鱗集, 兵糧料草日以千計, 豈一力所能辦, 亦豈一力所能運也. 故自有倭患以來, 累次查議, 一責成于山東, 一責成于遼左, 一兼議天津海運, 以助兩地之不及. 嗣以天津道許守恩力稱海運之難, 姑從中止. 但遼東買騾造船, 水陸之運窘迫不前, 而軍夫屯戶騷動之苦, 情形可憫.

及查, 山東之糧, 欲借運臨、德[83b]二倉, 則自德州至萊州海口一千二百里, 自臨淸至萊州海口一千五百里, 勢必陸運到彼, 方可下船, 而騾馱車載, 所運幾何, 長途泥濘, 跋涉萬狀, 是屬國未援, 而內地先病矣. 欲徑發銀於登、萊糴買, 則海隅之邦, 所出有幾. 今山東海防道張世烈已稱, 價值騰貴, 尤爲可虞. 若分投收買, 則轉展輓運, 六府遠者千里, 近者數百里, 勞擾又自倍常. 且久之收買不前, 則運船鱗集, 崖次坐守, 反徒費工力, 而耽延時日矣. 是不惟苦於無船, 以後恐苦於[84a]無糧.

及查, 天津地當衝要, 爲人煙湊集之所, 四通八達之區, 視登、萊何如. 卽收買不足, 而臨、德二倉相去止八百餘里, 一水相通, 順河而來, 爲力最易. 至于天津海道, 則浙江兵船, 見該遊擊徐成統領, 由大沽口出海, 直至旅順, 幷無損壞. 兵船可行, 糧船獨不可行乎. 所慮者, 無船耳. 再查, 天津先年原造戰船一百五十五隻, 大者可改, 小者可修. 卽不可爲戰船, 獨不可爲運船乎.

見經臣行該道, 先修三隻, 令典史黃三台、指揮朱忠, 出海試驗, 今已

[84b]二十餘日, 近且將到. 若彼已到旅順, 全無損失, 此船又在可用. 及時修改, 以運本地收買之糧, 或接運臨、德二倉之糧, 則山東、遼東民力物力, 可以稍蘇. 而多此一運, 糧餉稍充, 外國官兵所濟枵腹之苦, 又不可勝言矣. 如此船眞不可用, 則沿海之漁船, 往來之商船, 何者非可行, 何者非可募. 況遼東僻在一隅, 尚能搜尋民船三十餘隻. 若天津衝要海口, 商販甚多, 視遼東何如.

該道果能盡心爲國, 力求轉輸之方, 未有海道可行而反阻於無[85a]船之患者. 如船再不可得, 則臣先經題請淮安、吳淞、浙江, 各募商船二十隻, 前往山東接運. 今以見募之船, 分撥三十隻, 由登、萊順發天津, 以運彼中之糧, 似亦無不可者.

蓋以路程計之, 由臨、德而登、萊, 由登、萊而旅順, 總二千里, 登、萊近而天津遠. 以水、陸論之, 則由臨、德而天津, 由天津而旅順, 皆是一水可通, 天津易, 而登、萊難.

爲今日之計, 除登、萊海船, 照常督運外, 合行保定巡撫衙門, 轉行天津道, 作速查議. 或一面召買糧石, 或一面借天津[85b]倉糧. 或先用內河船隻, 將臨、德二倉之糧, 陸續運至天津堆放. 一面將先年原造船隻, 多召匠役, 趁今時未嚴冬及時修改, 或多方召募漁、商等船. 或待先次題請雇覓淮安、吳淞、浙江等船到日, 分半前來接運. 庶三地兼運, 糧餉可繼, 方爲長策, 而可以濟朝鮮官兵倒懸之急.

伏乞勅下該部, 速行議覆, 定限急運. 仍照經理巡撫楊先題事理, 將運過糧石, 每次題知施行. 等因.

該戶部覆議.

爲照, 徵兵四集, 分投運[86a]餉, 勢難延緩. 督臣邢疏請, 天津臨、德倉米, 及召買糧石, 并于天津堆放, 及議用商、漁、淮、浙、吳淞等船,

兼搭接運. 似於軍需有濟, 相應依請. 恭候命下, 本部移咨保定巡撫,

及咨都察院, 轉行順天巡按御史, 會同天津管倉郎中, 督行該道, 即將

督臣所議前項餉船二事, 查議停妥, 作速施行.

一面就近於河間府原欠本部二十四年京邊稅糧銀內, 動支二萬兩, 趁

玆秋成, 照時估召買糧石. 一面借用天津倉米五萬石, [86b]俱在該倉,

另廠收貯. 再行臨、德二倉管倉郎中、員外, 各借該倉米一萬石, 查撥

內河船隻, 陸續運至天津, 堪貯倉房內設法堆囤. 聽本部咨行工部, 嚴

行該道, 將先年原造戰船一百五十五隻內, 廣召匠作, 改造運船, 或召

募商、漁等船, 相兼裝運.

儻若前船不能湊急, 即將先調淮安、吳淞、浙江各募商船內, 分撥

三四十隻, 令其赴天津接運, 至朝鮮界上交卸. 聽經理巡撫, 委官轉

運支放. 切勿藉口險阻, 復行推調, 務要同舟共濟, 裨佐時艱, 無得

■[7][87a]聖皇委任之意. 仍將運過糧數, 逐次奏報. 本部仍行薊遼、漕

運各總督, 及山東、遼東、順天、經理各巡撫, 幷遼東管糧、管餉、臨、

德二倉各衙門, 一體知會.

等因.

奉聖旨, "是." 欽此. [87b]

<hr/>

7　영인본에는 得의 잔획이 남아 있고, 아래 글자는 완전히 마멸되어 있음. 본문에서는 표
　　점본에 따라 得負를 보충.

請設天津巡撫督餉大臣疏　卷2, 88a-91b

題爲內地舟師最急, 外國轉餉甚難, 懇乞聖明各設重臣經理, 以專責成,
以圖萬全事.

照得, 朝鮮自閑山失, 而西南之障蔽空. 故倭從陸, 則犯止朝鮮, 從水則無
處不通. 如倭果倂力於陸, 則我兵糧齊集之後, 猶可防禦. 儻再一揚帆西
北, 則直達天津, 震驚陵京. 正東則登·萊, 東南則淮·揚, 皆切剝膚之患,
而南京, 而浙江, 而閩, 而廣, 雖均爲倭犯之衝. 然倭必不能有此餘力, 遠
犯東南. 故今日海防[88b]之要, 天津·登·萊最急, 淮·揚次之, 南京·浙
江·閩·廣, 似尙無事.

夫天津·登·萊, 皆臣節制之地也. 水陸兵馬, 本·折糧餉, 臣總督經略,
悉聽調度, 名義豈不甚便. 但臣無論督兵少完, 將出異國, 卽在遼陽, 文
移一行, 在天津往返四千餘, 登·萊往返六七千海道. ■[8]人不識水性, 船
隻引導, 風色順逆, 皆難晝夜兼行, 應變濟急. 況海兵·海船, 非兩三撫臣
專責. 臣索之以所有, 尙以爲各守信地, 況索之以所無, 往來會議, 便是兩
三月. 地方文武, 臣卽繩以三尺, 然非[89a]查覈的確, 難於草草, 一查又
是兩三月. 當水火及身之時, 能當幾次耽延乎.

卽移保定撫臣於天津, 移山東撫臣於登·萊, 然保鎭總六府之機務, 山東
撫全省之軍民, 各有防虜·防礦·防盜之責, 令各偏處一隅, 專理海防, 不

8　영인본에는 글자가 마멸되어 辶의 잔획만 남아 있음. 본문에서는 표점본에 따라 遼를 보
　충.

特有妨庶政, 且東自爲東, 津自爲津. 其機原不相聯, 其勢亦不能相使. 而欲其南聯北應, 西控東援, 則不免于掣肘之患.

合無於天津地方, 專設經理海防巡撫一員, 選文武兼資, 熟練海務者, 以充是任, 給與專[89b]勅, 凡天津、登、萊、旅順等處, 舟師戰艘, 糧餉運船, 悉聽總轄, 某處水兵, 作何訓練添募, 某處糧船, 作何修造調覓, 倭犯在近, 作何堵截, 倭犯在遠, 作何應援.

旅順安兵一枝, 以扼之於門戶, 爲登、萊外藩. 天津設一枝, 以守之於堂奧, 爲陵京外藩. 仍設正兵、奇兵各一枝, 聽入援朝鮮. 如臣等併力倭奴, 水陸夾攻, 則撫臣總集舟師, 由旅順出洋, 合兵共擊. 仍合天津、登、萊、旅順, 聯絡哨會, 而使首尾常自盤旋. 南爲淮、揚之扼塞, 東爲朝鮮之犄角. 一以運道無虞, 一以[90a]倭見舟師有備, 則賊全羅西南一帶, 無所不備, 無所不寡, 彼陸地之兵, 亦自單薄, 而進退兩顧, 自難持久.

此撫臣, 仍聽臣節制, 以便調遣, 則內而京畿, 外而遼左、朝鮮, 如添一砥柱, 門戶、堂奧, 皆可保守. 浙、直、閩、廣之船, 酌量抽募, 聽新設撫臣, 應徑行者徑行, 應奏請者奏請. 所當亟勅該部, 速議擧行者也.

至于糧餉, 最係今日喫緊之着. 雖該臣屢[90b]請山東、遼東、天津等處, 買糴造船, 水運、陸運, 略有次第, 然見在者, 督發以時, 不足者, 召買以法, 頭緒尙多. 臣遠在極東, 可以遙■■■,[9] 而不能身親催督. 況三鎭拮据雖勤, 而休戚尙不甚相關, 臣之法令雖行, 而朝夕何能卽到. 雖備倭餉司, 止一部屬司, ■量多寡、愼出納, 乃其職分, 而欲其命令行於各省, 使轉輸無失, 必不能也. 軍興如救焚, 而遠水何能救近火. 況令遠人取遠水, 更無濟矣.

....

9　영인본에는 글자가 마멸되어, 본문에서는 표점본에 따라 制總攝을 보충.

合無專勅才望大臣一員, 於三鎮適中地方駐箚, 總理餉[91a]務、海運, 凡一切召買償運, 稽覈督責, 悉聽便宜調度. 疲玩參差之處, 間一巡行, 亦無不可. 山東、遼東、天津等處, 司、道、府、州、縣、衛、所等官, 俱屬節制差委. 其折色銀兩, 亦聽其徑自請發, 統候事完, 造冊奏繳. 如東征官兵, 或有糧餉不敷, 致生他虞, 皆其專責, 庶臣得一意籌倭、籌虜, 而屬國可救, 島夷可滅矣.

臣非不知設一官, 增一費, 兩重臣一時并設, 勞費頗多. 奈倭奴大勢逼在門庭, 決非旦夕所可滅. 水兵、戰船、糧餉、海運, 決[91b]非遠臣所能兼督. 如計小費, 而貽大憂, 則後日之費, 更有十百於設官之費者. 故臣萬不得已而亟爲之請. 伏乞勅下該部, 作速議覆施行. 等因.

欽差總督薊遼保定等處軍務兼理糧餉經略禦倭兵部尚書兼都察院右副
都御史邢玠著

4-1

申飭五鎮沿海春汛疏　卷4, 3a-7b

題爲大兵南發, 春汛屆期, 謹議分布防援, 以戒不虞, 并就便議委總領水
兵大將, 以省勞費事.

照得, 倭奴竊據朝鮮之南海, 東西聯絡八九百里, 而隨營所在, 皆蟻舟以
待. 已經臣等發兵進剿, 力圖剪滅, 自此而一鼓蕩平, 海波不揚, 則屬國保
而內地亦安, 沿海地方可以無虞. 但倭性極狡, 用兵最工. 儻見吾大勢逼
[3b]臨, 力不能支, 而以舟師抄入內地, 以攻吾所必救, 則未雨之防不可不
備.
且轉眼春汛, 東南風多, 正西可犯山東之成山等處, 少西南則文登、卽墨、
靈山、安東、日照諸城, 勢皆震動, 西北則登、萊, 再北則旅順. 由登萊遵
南岸而西, 則自王河營、王徐寨、皀河寨、漁兒浦、塘頭寨以及于天津, 皆
所可犯也, 皆所當防也. 由旅順遵北岸而西, 則金、復之望海窩、靑米里、
寧前之鐵山洋、芝麻灣, 順天之山海、永平、盧龍、灤州、寶坻以及于天

津, 亦皆可犯也, 皆所[4a]當防也.

然細觀大勢, 旅順、登、萊者, 天津之門戶, 而三鎮之屏蔽也. 今該天津撫臣萬題, 將總兵周于德, 移駐旅順, 以防春汛, 山東撫、按萬等題, 改總兵鎮守登、萊, 扼險守要, 屯據上遊, 誠爲至計. 但論汛期而爲先事之防, 則旅順、登、萊俱急. 論禍本而爲目前之計, 則朝鮮爲尤急.

查得, 先該臣以前後調集水兵, 無將總領, 則彼此不相聯屬, 緩急豈能用命, 議請特設統領水兵副將一員, 總率其衆, 而該部以[4b]楊文題補. 今自本官故後, 難于得人, 且因東征之役設官已多, 爲費不貲. 今周于德既至旅順, 合將前後調集水兵, 卽令本官就近統領. 如倭賊目下果以舟師抄入內地, 則本官卽以旅順口爲信地, 統領天津水兵, 相機防剿. 如仍屯據朝鮮, 與我兵相持, 則本官聽臣調至閑山等島, 統領各處舟師, 爲水陸夾攻之擧. 但旅順口亦不可無兵防守, 且爲朝鮮後應, 卽將調到省、直水兵, 量撥一枝, 留守旅順, 與登、萊水兵, 合營會哨.

周于德既調赴朝[5a]鮮, 則山東總兵李承勛, 亦宜統率舟師, 出汛于長山島以北, 一以守登、萊之門戶, 一以備旅順之應援. 而幷壯朝鮮之聲勢, 有急仍聽臣調遣. 乃若天津爲神京門戶, 亦不可無主將防守, 則保定總兵邊計尚緩, 暫令帶領所部官兵, 移駐天津, 以固內地, 且爲旅順、登、萊聲援, 于計尤便. 以上各官合用器械、船隻、錢糧、犒賞等銀, 各該撫臣作速處給, 勿致臨期有悮.

伏乞勅下兵部, 將天津總兵周于德, 就令總領前後調[5b]集水兵, 限二月中旬, 卽至旅順口, 聽臣相機調至朝鮮閑山島等處協剿. 仍于調集水兵之內, 摘撥一枝, 留守旅順. 前設總領水兵副將, 不必推補, 以省供費. 山東總兵李承勛, 率本處兵船, 前出長山等島以北, 往來哨探防守, 與旅順相爲聲援. 保定總兵倪尚忠, 暫移天津防禦, 俟汛畢撤還, 俱不許偸安觀望,致愒軍機. 仍移文天津、保定、山東、順天、遼東各巡撫衙門, 嚴行各該兵備將領, 及沿海州、縣、衛、所掌印等官, 各申嚴烽堠, 整備兵船, 加謹[6a]隄備. 各該海防、兵備道, 不時巡歷所屬沿海地方, 遇警, 視地方緩急, 督率官兵, 往來應援, 勿致疏虞. 仍各照近題添設兵將, 分布防守, 以保萬全. 當此春汛之時, 又值進兵之會. 臣督屬節制地方, 不得不豫計而區處如此. 等因.

奉聖旨, "兵部知道." 欽此.

該兵部覆議.

為照, 倭奴堅據釜山, 蓄謀叵測, 王師乘時進勦, 兵威遠震. 萬一賊不得志於朝鮮, 而揚帆內地, 凡登、萊、旅順沿海一帶, 在在當防. 所據總兵周于德, 責[6b]專料理海上戰務, 駐箚原無定所. 先該本部題明奉有專勅, 自宜欽遵行事, 以副簡命. 復該天津撫臣萬題, 增水兵一萬, 沙、唬等船二百八十隻, 周于德移駐旅順, 以便聲援, 遵行在卷. 今據督臣議, 將調集舟師, 悉屬本官分布, 勒限前至信地, 仍聽相機調遣, 以備水陸夾攻之策. 查與前題相符, 而總領副將委應節省. 至於酌留兵將, 防禦海口要害, 及移山東總兵于長山島, 保定總兵守天津, [7a]嚴烽堠, 謹隄備, 皆兵家正算, 相應依擬覆請.

合候命下, 本部箚令周于德, 將見到天津海口兵船, 俟開凍之日, 會同撫臣, 督催出洋, 分布戰守. 本官限二月中, 馳抵旅順口, 仍遵照節題及勅諭事理, 聽經略調遣, 如遇警急, 身先士卒, 相機勦殺. 其山東總兵李承勛, 率領本省兵船, 前出長山等島以北, 與旅順相為聲援, 保定總兵倪尚忠, 照前帶領所部軍兵, 暫移天津防禦, 汛畢回鎮. 合用錢糧、器械等項, 會行撫臣[7b]議處. 仍移文天津、保定、山東、順天、遼東各巡撫衙門, 查照題議, 嚴行沿海道、將、州、縣、衛、所掌印等官, 申

嚴烽堠, 整備兵船, 視地方緩急, 互相接援, 俱不許偸安觀望, 致悞軍
機. 其副將楊文員缺, 裁革免補.

等因.

奉聖旨, "是. 東征見在進兵. 這水兵, 着作速出洋, 聽總督調遣, 不許拘泥
信地, 偸安觀望, 致悞軍機." 欽此.

4-2

島山撤兵疏　卷4, 8a-15b

題爲賊首幾擒, 外救猝至, 謹便宜還師休息, 以圖再擧, 以靖海邦事.

准經理朝鮮軍務都察院右僉都御史楊揭報.

萬曆二十五年十二月初四日, 會同總督發兵, 搗蔚山. 以蔚山聯絡西生
浦, 負東海, 直吞慶尙左界, 爲淸正新據巢穴. 聞其大集西生浦、機張
兵甲于玆, 的以今歲正月入犯安康、迎日等處, 欲漸進而蠶食江原、咸
鏡道, 包括王京有之. 使其勢得逞, 我之前後左右, 皆難救應, 雖百萬
兵, 無[8b]所施矣.

而淸正豪悍自多, 又關白托重恃力, 行長等酋望走所在之人. 渡海以
來旣數年, 僅少挫之稷山之堵截, 靑山之追逐, 非若行長之委頓平壤,
明見天朝之不可敵. 不一先迫之, 其何以宣示威靈, 折其兇銳.

所幸將士奮勇, 徑躡其壘, 撲殺四十餘里, 破滅堅城、大柵數處. 除焚
溺死者, 不可勝計, 計俘斬其將校, 已一千二百有奇. 其素所蓄積, 累

歲所創置, 一朝蕩然若掃, 淸正僅以身免, 奔之島山之上. 我兵再一仰攻, 惕[9a]于彈傷, 遂設長圍守之, 旣浹旬矣, 賊益窘急.

據出降者與縋城被執者同稱, 城守不滿三千, 爲我砲矢所殲, 幷饑渴死者, 橫屍成堆, 僅鳥銃手二百名, 日食生米一合, 餘皆奄奄待斃. 淸正又屢招通事, 投稟帖, 欲照行長事例放歸, 力能盡撤諸島之兵, 極其乞憐. 職不之許, 射書城中, 內變欲作. 妄意不三兩日, 可生縛而獻之闕下, 釜山以西, 便不勞力擧矣.

乃水陸救至, 數萬齊來. 我之士馬疲倦, 難復與之決. 一旦久之, [9b]恐其不利也, 遂不得不撤圍, 整旅而還. 計此賊雖幸遲其授首之期, 此時魂魄應甫完, 心膽其已喪, 且奉首而竄西生浦矣.

職與提督麻貴, 熟計萬全, 士馬暴露良久, 非就芻糧、依館舍, 不足休養其氣力. 慶州北二百餘里, 有安東府者, 頗儲糧, 又倭所垂涎之地, 土人見撤兵, 轉相驚潰. 非留兵一枝, 無以繫屬鎭定其心. 則以盧得功馬兵、保定營步兵, 暫駐于此, 聽調發. 其餘營馬步, 仍還王京, 庶可東可西. 而卒乘應蒐簡¹者, 器械應繕補者, 又非王[10a]京不辦也. 嗣是而旅順之舟師來會, 南北之陸兵續集, 再規閑山、釜山, 此自目下正着. 而以職歷履賊巢, 體察賊勢, 如淸正先據機張矣, 再進而後據西生浦, 又再進而後據蔚山, 每進必爲堅城, 每城必依山海, 最便于進退, 無憂乎兵食, 此非一年之功. 而行長之西侵全羅, 必傍海島者, 蓋亦正用此着, 不兩年, 朝鮮兩脅俱受害, 若人處囊中, 束手自斃耳. 我而出師于千里丘墟之外, 難以持久, 豈易完安. 如今之克捷以歸, 恐不多得.

屢准經略[10b]軍門咨講屯田之策于全、慶、忠淸之間. 職謂慶尙左右

....

1　영인본에는 簡이나, 이는 簡의 오기로 추정.

道、全羅道, 宜幷築三城, 各加馬步兵以衛屯卒, 而東海若迎日等處近蔚山者, 亦築一城, 以擬東賊, 西海若靈光等處近順天者, 亦築一城, 以擬西賊, 仍各附以糧艘、戰艦. 屯種之餘, 時時以輕騎逼倭巢, 或燒其聚落, 或剿其奇零, 倏去倏來, 若北虜之擾我邊地然.

彼如小犯, 則聯絡援救, 如大犯, 自後出大兵擊之, 在我胸肩俱壯, 腹背無虞, 在彼既無所搶掠, 又不得寧息, 則亦何樂于年年航[11a]海, 自輸糧以坐守空山哉. 此似寬着, 實自長策. 卽旦夕平倭, 亦計必出此, 始足善其後. 但恐朝鮮又以力不能築城爲辭, 而不知淸正島山之城, 亦昨歲臘月始築之, 其堅巇足守, 則朝鮮八道所未有者. 此須海防道與監軍道至日, 分全、慶而理之矣.

職最庸懦, 頃以不能對揚休命是懼, 晝夜親矢石, 進不敢後, 退不敢先. 一腔苦情, 南北將士所知. 惟是智小不可以謀大, 遂令涸轍之鮒, 復得圉圉洋洋於西江之水. [11b]職之力量, 固自不逮. 乃火攻之具已備, 將擧事, 天忽作雲下雨, 窮雨²日夜, 可憐將士踢蹄水淖中. 職泣而禱之無應. 再隔日, 西北之風狂發, 復積薪城隅, 未及燎, 風又頓息. 彼止日反風者, 獨何人哉.

職爲此憤恚, 嘔血積勞, 所發陡³病欲死. 肉損骨銷, 血猶不止. 不復堪驅馳, 從征諸人, 寔共睹之. 職自傷有志無才, 秪殄其身, 無益於國, 豈能了此東事. 而況有經略、總督綱維于近地, 監軍御史擧察于軍中, 新來司、道、贊畫諸[12a]人, 宣猷展采, 當智力輻輳, 絶非曩者乏才之時.

....

2 영인본에는 雨이나, 『선조실록』31년 2월 16일(辛未) 2번째 기사에 근거하여 兩으로 수정하여 번역함.

3 영인본에는 陡이나, 『선조실록』31년 2월 16일(辛未) 2번째 기사에 근거하여 徒로 수정하여 번역함.

職宜罷歸. 仍願治職委任不稱之罪. 但乞餘生返衰経于隴畝, 無致塡溝壑異域, 終抱尸位遺親之恨. 另簡能者前來, 專征討之事, 庶軍伍之氣色更新, 海氛之淸蕩無難矣.

准此. 又據揭報,[4] 爲將奉皇威, 出師克捷, 謹體將士之情, 條上軍中顯狀, 以昭激勸事, 內稱, 攻取蔚山太和堂、半鷗亭、城隍堂、島山等處, 以及靑山、稷山之戰, 各將官之勇怯、功罪大略.

等因. 各到臣.

除將節次塘[12b]報, 堵截、攻取、斬獲、損傷, 各大小將官之勇怯情實、功罪輕重, 馬步軍兵之獲級首從, 陞賞等第, 主以撫臣之斷案, 參以塘報之原委, 備行經理撫臣, 轉行海防道, 逐一嚴覈, 細查議確. 會稿至日, 方敢具疏請旨. 及修險設要, 分兵布守, 使在在爲家, 壘壘相望, 以漸而逼賊、蹙賊, 反客爲主. 并分道委官, 屯田儲餉, 爲寓兵于農之法, 臣自去年, 節次與撫臣咨議, 及抵王京, 諄諄面相講求. 今海防道梁祖齡, 已抵王京, 而川中道府諸臣, 不久[13a]將至, 臣等分布擧行外.

爲照, 先該臣與經理撫臣, 以倭酋屯據南海, 所在修城築寨, 遊兵日進而北, 焚蕩搶掠, 收復人心, 而淸正檄慶尙州縣, 期于新正, 狂逞橫謀, 尤不可言. 使不乘其未備, 早挫其鋒, 則大勢北延, 將無計南驅. 況淸酋驕悍跋扈, 兵亦强勁, 此賊一挫, 則餘可瓦解. 此去冬蔚山之取, 不可不汲汲也.

今幸賴皇上威靈, 一鼓而取一堅城, 擒一倭將, 破三大寨, 斬殺焚溺大小賊將一百餘人, 獲級一千二[13b]百有奇, 與死于水火圍困者, 不可勝計. 且窘淸酋等于島山者, 旬有餘日. 至使餐雨飲溺, 號叫乞哀, 賊之勢窮, 力

....
4   이하 『선조실록』 31년 2월 19일(甲戌) 3번째 기사 참조.

促極矣. 天心稍一厭亂, 彼酋亦不知碎首何所. 奈何風雨爲阻, 士馬久疲,
且水陸之援兵俱至, 當此之時, 圍不得不解, 兵不得不撤. 撫、鎭臨時變
通, 班師而還, 深爲有見. 蓋將士之病者、傷者, 應暫休養, 軍火、器械之
損者、缺者, 應暫整理. 由是而養精蓄銳, 再俟南北之兵俱到, 水陸之師全
集, 另圖剪滅, 似未爲晚. 蓋雖元兇尙在, 而賊膽[14a]已寒矣.

是役也, 奮勇爭先, 戰勝攻取者, 諸將士之戮力. 設伏、設誘、用正、用奇
者, 提督<u>麻貴</u>之苦心. 然尤全藉撫臣<u>楊</u>, 躍馬身先士卒, 擐甲親臨行陣, 主
籌握算, 無一事不經其心思, 無一着不賴其指授. 至于冒矢石而不顧, 窮
日夜以無休, 厲兵圖賊, 終始如一, 蓋尤人所難者. 是以堂堂正正, 成此奇
捷, 厥功偉矣. 今以勞瘁偶疾, 而天祐忠良, 旋當痊可. 若遽然乞休, 國家
大事, 更藉何人. 伏乞[14b]天語勉留, 暫行調理, 另圖戰守.

乃若臣在<u>王京</u>, 雖東顧西盼, 南催北運, 未敢一息之少停. 然匣中之虎復
出, 釜中之魚再逝, 未竟九簣之功, 實乏萬全之算. 禍本不得早除, 中原未
卽息肩. 臣固不得辭其責矣. 卽擬乞恩罷免, 另選才望者, 前來代任. 但海
氛未靖, 恐謂推難,[5] 是以躊躕再四, 而不敢請. 謹戴罪以勉圖後事, 靜聽
聖明處分. 等因.

奉聖旨, "用兵以來, 屢命相機進止. 今兩次攻堅馘衆, [15a]國威大彰, 養
銳再擧, 誠得萬全之策. 這文武將士功次, 便着監軍御史查奏. 先與題敍,
<u>邢玠</u>督率忠勤, <u>楊鎬</u>親冒矢石, <u>麻貴</u>鼓勇當先, 俱不負朕簡任. 候功成優
敍, 還宜益加奮勵, 以收蕩平. 一切戰守事務, 悉聽便宜處置. 該部還催

兵、催餉, 前去接濟, 不許怠緩誤事." 欽此. [15b]

4-3

議易東征將官疏　卷4, 16a-19b

題爲征倭需將甚急, 謹議斥不肖、儲材勇, 以裨戰守事.

照得, 東西倭奴, 自清正被挫之後, 雖退居巢穴, 未敢北出. 然春風漸起, 狡情叵測. 在我相機戰守, 全需將領. 昨者, 東征之役, 各將功罪, 已該經理撫臣楊, 身親行陣, 疏敍大略. 然其詳悉, 臣又備咨撫臣, 轉行海防道, 逐一嚴加查勘, 以憑另行具題外, 所有庸懦不肖之尤者, 不早處一日, 則營伍廢弛一日.

內如見任管南兵五軍四營遊[16b]擊將軍盧繼忠, 始終有罪無功. 管保定營兵騎兵遊擊李化龍, 前後畏怯不振. 兩將皆毫無裨益, 而盧繼忠尤爲誤事. 撫臣已言之, 臣不敢再贅. 除行撫、鎮, 一面將所領馬步官兵, 委官前去另署, 一面候查罪之重輕, 以定處分, 所當先行革任.

及查, 盧繼忠所領係南兵, 必得謀勇南將領之方可. 查得, 見任薊鎮西路南兵遊擊陳蠶, 才兼智勇, 識諳韜鈐, 談兵則聚米畫圖, 決勝若持左劵, 臨陣則揮戈躍馬, 奮身可遏前茅, 堪代盧繼忠之任. 李化龍[17a]所領係北兵, 必得謀勇北將領之方可. 查得, 見任保定春班遊擊郝三聘, 生長邊方, 久歷行伍, 才老練而氣更鷹揚, 貌壯偉而力尤驍健, 堪代李化龍之任.

伏乞勅下兵部, 將盧繼忠、李化龍革任聽勘. 陳蠶改五軍四營遊擊將軍, 統領南兵, 郝三聘改保定騎營遊擊將軍, 統領保定營兵. 行令不必候代,作速前來, 以便征剿, 不許遲悞.

及照, 征倭兵將, 皆係一時南北湊集, 將有勇怯, 兵有强弱, 亦勢所不免. 是以去冬進兵, 各協將領, 臣[17b]等酌量更移分派. 而中間尙有兵將不相宜者. 然易一人, 須得一人代之, 臣臨時難甚. 觀往知來, 使不早儲待用, 臨期索材晚矣.

查得, 見任薊鎭西協副總兵戴延春, 赫赫威名, 桓桓武烈. 養士盡幄中之貔虎, 薊門方藉其干城, 談兵動掌上之風雲, 海嶠當資其韜略, 齋壇妙選, 節越[6]上乘. 宣府遊擊王國柱, 山岳偉度, 虎豹雄姿, 挾兩臂弓命中, 可稱飛將, 當八面寄長材, 堪備元戎. 大同守口堡守備師道立, 才能馭衆, 勇則冠軍, 彎弧九矢無虛, 臨戎[18a]一戈先往. 以上三臣, 均堪備征倭之選者.

仍乞勅下兵部, 將戴延春, 量加府衛, 充臣標下征倭協守副總兵, 以待大將之選. 王國柱以原官, 師道立量加都司職銜, 各充臣標下征倭裨將, 俱嚴限行令, 作速前來, 聽臣隨宜委用. 遺下各該員缺, 另行推補. 以上各官帶有精壯家丁, 合用安家、犒賞、馬匹及行、月糧餉, 各該撫臣, 徑自處給, 具奏開銷、補還. 至於南將尤征倭所必用, 而臣標[18b]下收羅之官, 已陸續推用. 幷望令該部, 覈其可用者, 幷發二員于臣標下, 以備不時之需, 庶將材得人, 而倭患不足平矣. 等因.

奉聖旨, "兵部知道." 欽此.

該兵部覆議.

除戴延春、王國柱、師道立, 已經調用, 盧繼忠、李化龍, 各已革任, 幷所需二將, 另行擇發, 俱不議外, 爲照, 將者三軍之司命, 要在得人, 而

6　영인본에는 越이나, 이는 鉞의 오기로 추정.

後南北有統, 兵將相須, 可收戰勝攻取之效也.

所據盧繼忠、李化龍, 既經參革, 督臣以陳蠶、郝三聘, 坐名[19a]題補, 必其才勇可用, 相應依擬覆請. 合候命下, 將陳蠶, 改五軍四營遊擊將軍, 統領南兵, 郝三聘, 改保定騎營遊擊將軍, 統領保定營兵, 不必候代, 速赴薊遼經略總督軍前, 聽調征剿. 本部備查各官原擬責任, 應請勅者請勅, 應給箚者給箚, 行令各官欽遵任事. 中有合用符驗、旗牌, 照例就彼交代, 具由回奏. 遺下員缺, 另行推補.

等因.

奉[19b]聖旨, "是." 欽此.

4-4

留用遼陽守道疏　卷4, 20a-23b

題爲朝鮮用兵正急, 遼陽易道可虞, 懇乞聖明降留本地, 以裨邊海大計事.

近接邸報, 見吏部一本爲朝覲事, 內開, "分守遼海東寧道、河南布政使司右參議張登雲, 才力不及, 降一級調用." 已經題奉欽依訖.

該臣會同巡撫遼東地方贊理軍務兼管備倭都察院右僉都御史張、經理朝鮮軍務都察院右僉都御史楊、監察遼海朝鮮軍務兼巡按山東監察御史陳效, 議照, 本[20b]官職專邊備, 則保障居民, 使無失所, 斯於職守無虧, 而才力足稱也. 乃昨者, 大虜入犯遼瀋, 大城、大堡, 雖各保全, 而羊昶等寨, 則被損傷. 執是而課其不及, 擬以降調, 誰曰不宜. 卽本官亦累累乞休, 欲離地方, 然臣等爲地方熟計, 則決不可使其去. 蓋本官不止禦虜, 兼管備倭. 使其禦虜也, 勢可乘而委靡不振, 其備倭也, 事當行而玩愒不前, 臣等方將以白簡議其後, 何敢再爲强留.

今查, 遼藩孤懸塞外, 三面受敵, 在昔士馬全盛, 尤苦難支. 況加[21a]以節年之消耗, 東征之抽調, 地方空虛, 而大虜以十餘萬騎, 雲擁而來, 非該道竭力支撐. 東眄西顧, 則遼藩不知爲何狀, 豈止羊昶等寨堡之荼毒已也. 是地方雖有失事, 實出於勢不可爲而力不能支, 其情固有可原者. 是以臣等前疏, 不憚於同口一詞, 爲本官求寬也.

且東征大事, 其命脈全在遼陽, 而朝鮮之軍火、器械、兵馬、錢糧, 無巨無細, 何者非該道所處辦督發. 卽糧餉一事, 雖有山東、天津之運, 急不得到. 而自秋徂冬, 朝鮮四五萬官軍[21b]之所支給, 强牛出與[7]該道之所經營. 然其輓運也, 買騾馬, 僱車牛, 處草料, 計工食, 均勞逸, 審貧富, 置鞍置袋, 計入計出, 紛紛千頭百緒, 衙門如市. 其打造也, 料物、夫匠、廩糧、工食、指授、考覈、催督、般運, 經數番乃成. 其發兵也, 審年貌, 註腰牌, 造冊籍, 處應付, 補器械, 每次兵過, 衙門通爲武場. 一切簿書期會, 晝夜無休. 本官之苦勞, 有難縷悉. 今一旦更易, 縱有新補之官, 不知何時可到, 卽到、卽賢, 然就中機括肯綮, 未必卽得心應手, 而酬處不爽也.

[22a]今攻取之後, 芻糧急缺者, 器械損失者, 非遼陽莫辦. 臣等方在責成措置, 彼東征諸務, 不可一時歇手, 本官豈可一日離地方乎. 況本官原擬降調, 終須除補. 臣等謂卽降補本道, 使功使過, 防虜防倭, 是謂一擧兩得, 計無便于此者. 且臣等與文武各官, 無不共知其賢, 無不共惜其所處之不

....

7   영인본에는 與이나, 이는 於의 오기로 추정.

幸.

惟是不檢武弁買糧督運, 觙法居多. 該道有犯卽懲, 毫不假借. 與夫地方豪右、衙門積猾, 往往恃其黨與城社, 從來官司不敢派一役、給一差. 該道當軍[22b]與輸輓之時, 不恤怨謗, 執法平施, 與庶民同例. 是以獨此輩不樂, 恨不得本官卽解綬去. 然群小之所怨, 正臣等之所取.

及查, 本官自到任以來, 正值海防缺人, 跋涉朝鮮, 創造草昧, 建置頗多, 而半年之內, 運過江東米豆五六萬有餘, 運製過大小器械、火箭、大箭、鉛鐵子等件, 將以百萬計. 與夫造船、造筏, 種種可紀. 今日東征大獲奇捷, 所賴于本官之力甚多. 故臣等以爲降而留之, 此與覲典、東事, 并行不悖也.

伏乞[23a]勅下吏部, 將張登雲, 以原官, 仍降一級, 以昭考察之大典, 姑留用本地, 以裨邊海之大計. 中間迎新送舊, 所省費不貲, 而熟路輕車, 所濟急不淺, 地方幸甚, 臣等幸甚. 等因.

奉聖旨, "遼陽禦虜征倭, 用人正急. 你每都說, 張登雲苦勞執法, 文武各官共知其賢, 如何又考察降調, 公論安在. 張登雲, 准以原官留用, 著他策勵供職. 吏部知道." 欽此. [23b]

4-5

催發續調兵馬疏　卷4, 24a-31b

題爲催發續調兵馬, 以濟東征急用事.

案照, 萬曆二十五年十二月初七日, 准兵部咨, 爲恭報過江日期, 幷隨征兵馬實數, 再豫計來春兵糧, 以防不虞事.

覆臣題內稱.

查得, 東征兵馬, 除見在朝鮮者, 四萬二千外, 若浙兵四千, 福建、吳淞、狼山各水兵之次第在途者, 共六千八百餘名. 續調福建、浙江、廣東水陸兵, 共一萬二千有餘, 俱非虛數. 川兵一萬, 亦挨次而發. 惟自梁天胤水兵五[24b]千, 麻勛沙兵三千, 彭翼化土兵四千, 係自報獻, 未委如數. 合再行各該督撫, 儘其見有若干, 上緊選發.

及查, 南贛營兵三千, 已先行精選一千, 委官訓練聽調. 合行該巡撫衙門, 亟挑選精壯堪戰者, 不拘一千、二千, 責原領將官統押, 赴朝鮮, 聽候進征.

宣、大東征兵馬, 已該督臣題議, 盡數召補. 縱不備虜而倭平無日, 卽豫儲數千以備續用, 未爲不可. 合移文該督、撫, 每鎮各于數內挑選二千, 聞調卽發.

至于浙江[25a]儲兵處所, 仍行破格議處錢糧, 再募陸兵四千, 以待調遣. 薊鎮另募兵六千, 爲防海專兵. 若倭奴倂力釜山, 亦可那助東援. 至如天津撫、鎮, 許其號召精壯, 儻內地無事, 不拘水陸, 聽其取道策應.

等因.

節奉聖旨, "進剿倭奴, 時不可失. 必須兵充餉足, 陸續接應, 乃能收功萬全. 這在途未到各兵, 你部裏便嚴限, 行與督、撫, 上緊催發, 務要歲裡俱到. 續議備用的, 也都着上緊整束待調遣. 本到卽日啓行." 欽此. 欽遵, 備咨到臣.

爲照, 倭奴自蔚山大挫[25b]之後, 雖未敢輕動, 然日事修築, 爲經久之計.

清酋銜此重恨, 必然赴關白請兵, 以圖報復. 況春深風便, 兩旬可到. 萬一狡酋水陸幷犯, 則在我隨地戰守, 見在朝鮮四萬數千之衆, 何能遍處分布. 故臣于去年十月, 恭報過江日期, 疏請十萬之師, 亦逆慮倭奴非旦夕可滅, 以待今日之用也.

今該兵部委曲籌算, 多方設處, 見調者嚴限催督, 不足者分投抽調, 合已到未到之數, 陸兵可得七萬有餘, 水兵可得二萬有[26a]餘. 果能一時齊集, 水陸分布, 亦可足戰守. 但今春續到者, 止浙江藍芳威兵四千八百, 已發公州駐防.

川兵一萬, 時將抵遼陽, 許國威福

兵一千, 將抵開城. 其餘, 陸兵若廣兵五千、南贛營兵一千五百, 水兵若吳淞二千、福建一千、南京二千二百、浙江三千、廣兵三千、狼山一千五百梁天胤三千, 俱各在途, 不知何日可到朝鮮. 而尙有已經調取, 尙未起程者, 一萬四千有餘. 在途之兵, 雖有先後, 皆可計日而至. 未發之兵, 各有遠近, 何能如數而來.

[26b]儻去冬臣等膠柱, 不乘時先發, 以四萬餘衆坐食王京, 直待今歲四五月兵齊而後舉事, 此時新者力尙疲, 而舊者氣已怠. 況盛夏非用兵之時, 在我糧餉虛費, 在倭修備益固. 以今觀昔, 則去冬之進兵, 似是得策矣. 前項未到官兵, 若不及今催取, 不特今春不敷分布, 而將來大舉, 又將誤事. 已該臣于正月內, 咨行兵部, 分投催促, 而該部料已行文各處促之矣.

但臣愚以爲今日之征倭, 當遲速之局幷持, 戰守之計疊施. 如天時地利不得, 則且[27a]耕且築, 且戰且守, 使倭進不得掠, 退不得田, 以倭之所以老我者老倭. 如南北之兵旣齊, 東西之隙可乘, 則水陸夾攻, 分道幷下, 使倭東西莫顧, 首尾不應, 收一鼓蕩平之功.

第臣自去年四月間, 卽調兵催餉, 至今一年矣, 尙爾兵不得齊, 糧不得繼, 致遲速之間, 不得應手. 是以不厭煩瀆, 不得已再請. 伏乞勅下兵部, 將續調吳淞、福建、浙江、廣東、狼山, 幷梁天胤各兵, 已報起行者, 馬上差人分投催促, [27b]速赴朝鮮. 仍將南贛、廣東、浙江、宣、大、薊鎭續議選取進征聽調之兵, 嚴限催促, 俱令近者四月以裡, 遠者五月終, 務抵朝鮮.

但查, 薊鎭原無防海專兵, 難以如數盡調. 況新設六千, 皆以北兵爲步, 止可防守信地, 未可置之戰陣. 合無將六千之內, 以三千, 行順天撫臣, 差官赴浙, 改召南兵, 卽付副總兵吳廣統領, 前來進剿, 而以三千, 仍留防海, 庶兩地皆得實用, 亦是權變濟急之法. 至于宣、大聽調兵馬, 如數督發, 卽以臣近日[28a]題取該鎭將領王國柱、師道立, 統領前來. 其天津新設水陸官兵, 亦應行撫、鎭, 將見有者, 以一半留防本地, 以一半督發前來, 聽候調發進征. 庶兵力足, 而島夷可靖, 屬國可保矣. 等因.

奉聖旨, "兵部知道." 欽此.

該兵部覆議.

爲照, 兵家以全取勝, 必兵力充足而後, 其全可策也. 據督臣所議, 征倭之兵, 水陸共計九萬有奇, 除已到外, 有在途未到及調而未發者尙多, 要分別遠近, 勒限前來, 以備大擧. 幷議, 薊鎭、宣、大、天[28b]津之兵, 一幷督發.

查得, 續到陸兵內, 陳璘所統廣兵五千一百名, 已於三月二十一日, 由張家灣起行. 傅良橋所統南贛營兵二千二十二名, 該巡撫李題報, 於正月初九日起程, 今報已到天津. 浙江續調四千, 該巡撫劉題, 以原任副總兵張榜募統. 本部覆奉欽依, 定限五月終旬, 抵朝鮮矣.

水兵內, 吳淞二千名, 近以李天常代領, 報二月二十四日出洋. 南京二千二百八十名, 萬邦孚統領, 二月二[29a]十八日到天津. 福建一千三百二十名, 白斯淸統領, 已駐天津, 俟船完出洋. 浙江三千一百五十四名, 沈茂統領, 於去年十二月二十六日起行, 今報已過德州. 廣東三千, 張良相統領, 亦已起行在途. 狼山一千五百名, 福日升統領, 該鳳陽巡撫褚容報, 正月二十六日, 船至山東靈山衛境上候風. 梁天胤沙兵三千名, 於正月二十日, 從外出海前進. 此皆在途實數, 陸續馳催去訖.

彭翼化土兵四千, 係自報效, 因催促支吾, 業已報罷, 無容再議. [29b] 惟是宣、大二鎭, 原議各豫備二千, 聞調卽發. 據議催調, 應行該鎭督、撫, 卽便照數選擇, 責令王國柱、師道立, 各以原官統領, 速赴薊遼經略總督軍前聽調. 薊鎭原係督臣專轄, 新設六千, 聽於內改召南兵三千, 卽以吳廣統領赴敵. 俱本部箚令, 欽遵任事.

以上各兵, 除浙江續募四千, 已奉有欽限外, 其餘俱限本年五月內, 抵遼過江, 不得稽悞. 至於天津增募水兵, 尙未有完數報部. 合聽該撫臣, 查照完日, 應督發出洋者, 卽便督[30a]發, 應留防要害者, 隨宜留防, 臨期具奏.

再照, 今日之役, 以計徵調, 不爲不多, 以供戰守, 不爲不足. 乃其用衆用寡之妙, 可水可陸之奇, 其機不在兵, 而在將領. 今三帥陸地幷馳, 已成鼎峙之勢, 而各營副協, 亦不乏人. 獨水營, 雖有周于德總之, 然協守未備, 終非完局. 先該督臣, 於楊文患病之後, 久議擇人以代, 奈未有當者. 蓋近來將官, 宜於陸者多, 宜於水者少, 人各有其長, 未可強用其短耳.

頃據取到聽用原任副總兵鄧子龍稟稱, "生平慣於[30b]水戰, 立功半屬鯨波. 且有橫海搗虛, 誓不與賊俱生之志." 以補楊文員缺, 似屬相應. 合將本官, 仍以爲事官戴罪, 管旅順等處水營副總兵事, 移文總督、撫、鎮衙門，責選精堅兵士、船隻，著令本官統領出洋，便宜掃穴截糧，扼衝邀擊，與陸兵互相夾持，務收除兇雪恥之功，以副朝廷破格使過之典．合用旗牌，照例請給．

又據浙江管領水兵，原任遊擊沈茂稟稱，"奉文取用，順領船兵．"及稱，"平生涉[31a]歷山林川澤，陸地決鬥，似稍優於水戰．"則本官之技能長短，大都可知．但未經本部面詰，遽難改擬．近該經略督臣議討南將一二員，置之標下，以待不時之需．本官正其選也．應併行天津海務撫臣，俟沈茂督兵到鎮之日，再加面試，果無長于樓船，而長于陸技，即改從陸用之，責令星夜馳赴經略標下，聽撥陸兵管領．應得職銜，定議咨部，以憑奏請．所有順領船兵，即以付之鄧子龍，亦一便也．統候[31b]命下，臣等通行遵奉施行．

等因．

奉聖旨，"東征事，近日如何久不見信息．戰守務保萬全，勿墮倭奴狡計．你部裡行文與督撫知之．各水陸兵未到的，上緊差人催促前去．宣、大豫備兵，准調發，薊鎮新設兵，准改召南兵一半，俱要依限過江，不許稽誤．鄧子龍，准以為事官管旅順等處水營副總兵事，戴罪出洋，從便殺賊．其餘俱依擬．"欽此．

4-6

題陳同知乞休疏　卷4, 32a-37b

題爲宿疾愈重，不能供職，乞恩休致事.

准經理朝鮮軍務都察院右僉都御史楊會稿.

　　據整飭遼陽寬奠等處海防兵備、山東布政使司右參議兼按察司僉事梁祖齡呈.

　　蒙總督軍門、監軍察院并職批，據朝鮮備倭管糧同知陳登呈前事，俱行本道查報. 依蒙，隨行據備倭通判陶良性.

　　查得，備倭管糧同知陳登，年五十八歲，山西太原府淸源縣人. 由恩貢，萬曆四年二月二十四日除授陝西延安府[32b]鄜州判官，歷陞直隸河間府同知，任皆衝繁，積勞成疾. 正請告間，奉調今職.

　　本官義急軍需，不遑寧處，力疾星馳. 於二十五年四月內，直赴朝鮮，置備運艘，創建廠倉，督運芻糧，拮据案牘，心勞盤錯，力竭調停. 兼之露宿野棲，衝寒冒暑，因而侵淫筋骨，羸瘦肌膚，拘攣怔忡，內外交病，加重於前. 歷請醫官張世芳、嚴期周，朝夕調藥，不能見效. 又見軍興錢糧重大，難以臥治，不得不行呈乞放歸. 情節是實.

　　除取具醫官張世芳、嚴期周各不扶結狀附[33a]卷外，爲照，備倭管糧同知陳登，歷任二十餘年，薦獎百十餘次，隨在著有勞績，無人不頌賢良. 今渠魁未殲，義旅再興，本官滅賊之念雖殷，而病勢阽危，半爲殘廢. 此其力實有不逮者.

及查, 上年本官考滿, 蒙督、撫會本保留, 擬加運同職銜. 奉聖旨, "吏部知道." 欽此. 向以馳驅外國, 未送由冊, 致延未覆. 今又適值蔚山奏捷敍功之際, 本官例應優敍, 而邊有乞歸養病之情. 似應量加正四品職銜, 准其致仕, 以酬二十年賢勞, 所[33b]遺員缺, 另行推補.

等情. 回報到道.

看得, 同知陳登, 心思細密, 才幹老成. 理餉則錙銖毫忽, 出納必明, 任事則巨細精粗, 綜理悉當. 異國之勤勞稱最, 諸司之倚藉方殷, 時下論功, 正擬優敍, 而病日深重, 委難強留. 合無念其勞苦功高, 連前擬陞運同併加正四品職銜, 准令致仕, 以示優異而勸忠勤. 所遺員缺, 另行推補.

等因. 到職.

會稿, 到臣.

該臣會同經理朝鮮軍務都察院右僉都御史楊, 監察遼海朝鮮等處軍務監察御史陳效, 議照, 同知陳[34a]登, 操履最端, 規爲尤練, 臣等俱悉其賢, 是以昨年因其報滿, 爲之題留加銜. 既經奉旨下部, 蓋欲終藉其勩勤之力, 期共收乎勘定之功也. 本官亦感遇, 竭忠力疾任事, 匪躬匪懈, 愈久愈勞, 漸致右手不仁, 半身欲痿. 臣等屢憐而慰之, 本官始吐不可療之症, 不敢辭之情. 而今據該道勘其病勢甚眞, 勤績獨懋, 議加正四品職銜致仕.

臣等覆查得, 本官馳驅朝鮮, 前後已歷一年, 催辦過軍餉五十餘萬[34b]石, 馬草五百五十餘萬束, 督造過新船四十三隻, 創建過廣梁、江華、彌串堡等處倉房一百五十餘間, 收支過功賞銀十萬餘兩. 其他隨委隨辦, 事事調理者, 不勝記, 又安得不傷劇而難支哉.

目下敍蔚山據功, 過江文臣方議, 以本官居最, 而乃撝謙恬退, 先事乞休.

蓋其微言細行, 動依準繩, 始終表裏毫無矯飾, 實有君子之德, 又不但給於才也. 委宜憫其疾容, 令致仕回籍, 以便調養, 錄其勞, 特加知府職銜, 以示優異. 將見風勸所被, 不止東征[35a]將吏, 皆欲奮身滅賊, 卽中外庶官, 咸思盡瘁報國矣.

再照, 外域督辦糧草, 非才不濟, 軍前出納銀兩, 非守不清, 奔走籌畫, 非富年力, 具心計者不周. 而干戈搶攘, 事變不測之處, 非兼膽勇曉兵機者, 恐亦未易稱也. 臣等又查得, 見任三河縣知縣韓初命, 兼擅前長, 且兩任多年, 屢膺薦獎, 相應就近陞授河間府同知, 速來接管朝鮮糧餉事務, 俟有成績, 破格擢用, 庶乎軍興不悞, 兵政有資, 久爲便宜. 伏乞[35b]勅下該部, 再加酌議, 如果臣等所言不謬, 覆議請旨施行. 臣等不勝翹企俟命之至. 等因.

奉聖旨, "吏部知道." 欽此.

該吏部覆議.

查得, 本部見行事例, 凡自願告退官員及有疾者, 不分年歲, 俱准致仕.

又查得, 嘉靖四十四年九月內, 該本部題, "今後遇各衙門乞休官員, 如果勞績久著, 輿論僉孚, 照進階與陞職例. 如尋常守官, 謹愿無過, 照原職例." 等因. 奉世宗皇帝聖旨, "今後乞休官員, 俱如所擬分別行." [36a]欽此.

又查得, 萬曆二十四年六月內, 該宣、大總督、撫、按題, 直隸河間府管宣鎮同知姜一鳴, 患病乞要, 擬陞職銜, 或加散官服色緣由, 該本部覆奉欽依, 加給四品服色致仕.

又查得, 萬曆二十五年三月內, 該宣、大總督、撫、按題, 大同府東路管糧同知, 今陞秦府左長史王良佑, 患病乞要, 仍以同知或新陞職銜, 加給四品服色緣由, 該本部覆奉聖旨, "王良佑, 着以新陞職銜, 加四品服色致仕."欽[36b]此.

今該前因, 爲照, 乞休陞職, 乃國家彰勸特典. 歷查府佐等官, 多止於加服色, 而不加職銜者, 蓋其愼也. 但備倭管糧同知陳登, 委身遼遠之域, 拮据水陸之輸, 盡瘁不敢告勞, 一疾幾至殘癈. 前三年任滿, 已經督、撫題留, 擬加運同職銜, 特以由冊未至, 未及覆請. 與姜一鳴安常守職, 王良佑已陞王僚者, 大不相同.

見今東陲用兵之際, 乃文武致命之時, 宜特獎勞勤之臣, 以示激勸. 本官旣經督、撫、[37a]巡按諸臣, 會題前來, 相應覆請. 合候命下, 將本官准加正四品, 以知府職銜致仕. 其遺下員缺, 亟行銓補.

等因.

奉聖旨, "是." 欽此.

又該本部覆議.

爲照, 三河縣知縣韓初命, 歷俸二年有奇, 尙未及應陞之期. 但倭事非常, 有不可以例拘者. 旣經督、撫、按諸臣, 具題前來, 相應覆請. 合無將韓初命, 陞直隸河間府同知, 恭候命下, 本部給憑, 行令速赴朝鮮, 專管一應備倭錢[37b]糧事務, 聽督、撫、司、道等官, 稽覈差委. 其他省直, 不得援以爲例, 以開倖端. 遺下三河縣員缺, 另行銓補.

等因.

奉聖旨, "是." 欽此.

4-7

議三路屯守疏　卷4, 38a-殘缺

題爲狡倭旣挫，據守益堅，謹議分屯戍、專責成，以圖制禦長策事.

准經理朝鮮軍務都察院右僉都御史楊會稿.

　據海防兵備參議梁祖齡呈.

　　蒙總督經略軍門憲牌.

　　　照，今倭奴蔚山之敗，雖遭大挫，而行長、淸正等酋，尚雄據全、慶，負山依海，聯絡堅城，以緩局老我. 在我亦當對着而應，且城且守，且耕且戰，爲經久之圖，以次南逼，使倭奴不得如前肆然耕築搶掠，彼計自窮. 此今日緊要之着.

　　　但京南各 [38b] 道，東西綿亙千里，地方遼闊. 而南北四大將，比肩雁行，兩不相下，偏將從傍觀望窺伺，望勢而趨. 兼之馬步水陸軍兵，渙散參差，使大將不定路，偏將不定屬. 畫地專守，分任責成，柄兩持則爭，權不一則亂. 議論多而成功少，內修何日完，而滅賊在何期. 中間監視、稽覈、承行、料理，非各分一道一府，亦無以督察而考成. 前已有行查議，合再細開酌議.

　　　爲此，牌仰本道，卽便會同提督總兵官，督同各文武與朝鮮陪臣李德馨、李原翼等，查議京南各 [39a] 道應分爲東中西三路. 水路各在極東極西，不相聯屬. 西路兵船俱便，東路該國雖有兵船一二，名有實無，俱不可不處. 在各大將，除董一元係本部院原題，專在標下參贊，不領兵，不豫地方事外，如麻貴應在東路，劉綎應在西路，而中路尚缺一將.

今雖有陳璘, 然每路征剿, 俱馬步相兼. 陳璘舊守天津, 極熟于水戰, 或于北兵亦不甚相習. 西北海道迂遠數千里, 風濤叵測, 如總統一大將顧前失後, 首尾亦難相應. 本部院欲分爲上下路, 自鴨[39b]綠以西爲下路, 屬之周于德, 專司防禦, 仍聽令調征. 鴨綠以東爲上路, 屬之陳璘, 專司征剿. 各分管水兵, 而中路仍應議將幷守.

三大將分駐三路, 某應駐箚某處, 各立界限, 路內所屬州縣一一細開.

一、三路旣設三大將, 又分布偏將, 各照信地戰守, 此可免爭持、推諉矣. 至于應援一節, 所關甚重, 亦當分任責成. 如東路有急, 中路作何應援, 西路有急, 中路作何應援, 中路有急, 東西路作何應援. 各路聲勢重大, 本路無賊, 隣境大將作何親統精[40a]銳應援. 旣分有責成, 儻臨時有逗遛不援, 及雖赴援而緩不及事, 以致有急地方失事, 應援將官一體論罪. 在大將從重參處, 偏將卽行斬首. 如全羅先取, 賊衆盡驅而東, 則西路之兵, 又當挨次東發, 中、東先取, 亦照此例行, 俱應議定以便行法.

一、三路分隷三道, 從以三府, 有事無事, 各在某路某處駐箚, 應用何道何府分管.

一、築城自北而南, 某路某處先築, 某處次築, 某路布兵幾處, 某將駐某處, 當首衝, 某將駐某處, 當次衝, 某兵或一半築, 一[40b]半戰. 高麗某將、某陪臣, 各領兵夫若干, 貼某處守, 貼某處修.

一、某營將護某州縣居民耕耘.

一、某處水旱荒田, 應某將營兵, 一半田、一半戰. 牛糧子種, 如何曲處.

一、東西兩水路, 大將偏將停泊何島, 分布傍海何州縣駐箚, 以護海岸州縣耕耘之民, 以扼水路戰守之衝, 應否如陸將修築屯種.

一、屯兵之處, 務令各兵起營房居住, 以避風雨, 且不擾居民.

一、水陸應運糧餉, 某路應令該國某大臣、某陪臣總督分督, [41a]中國應派何官總督分督.

逐一細加酌議停妥, 通詳本部院及經理都院、監軍察院, 以憑會題施行.

蒙此.

又蒙經理都察院憲牌.

案照, 先該本院自蔚山回兵, 已行該道, 于全、慶、忠淸等處, 議擧屯田、設站、築堡、戍兵等事. 准軍門咨議, 續行陪臣李德馨, 畫圖開款到院. 除朝鮮自應屯田處所、子種、牛具, 幷設站道里、戍兵地方, 俱有句管員役, 詳細揭帖, 又發該道, 覆議覈查.

去後, 而我外防兵士, 方隨在成聚成屯, 東西沿海, 亦各處造船加備, 形勢似開張[41b], 規模若粗擧矣. 然頃者, 出戍各營, 間有因糧就食者, 非盡阨險也. 後來川、廣兵至, 南北錯居, 非盡有統也. 監院曰[8]故有以全、慶地方, 分任之二提督之說.

近見邸報, 廣東陳副將, 已加總兵職銜, 而說者謂, 陳之才尤長水戰, 宜與劉提督, 水陸相望於西. 如此則全羅勢壯, 自可無

───────

8 영인본에는 曰이나, 이는 曰의 오기로 추정.

虞. 惟是慶尙地方, 東西遼闊六百餘里, 賊巢極多, 殘破尤甚.
向以洛東江, 分左右界, 近又咨國王, 左道屬觀察使尹承勳, 駐
義城, 專理之, 右道屬都事趙濈, 以觀察使名色, [42a]駐星州,
專理之矣. 我之兵將在慶尙者, 亦應否以左右道分屬, 與全羅
道鼎立爲三鎭.

擬定水陸兵馬, 酌派駐泊地方, 而各以司、道, 監督府佐, 分理
之, 以專責成, 使屯築戰守, 交爲倚依援應, 哨防互相聯絡, 庶
乎事權有統, 責成不紊. 倭雖狡, 以戰不能長驅, 以守不能久
持, 退而却之, 似爲長策.

爲此, 牌仰本道, 照依節行牌案事理, 作速酌議妥當, 通詳經略
軍門、監軍察院, 以憑會題施行.

蒙此.

又蒙監軍陳御史憲牌.

案照, 先爲[42b]桀酋被困, 因援撤圍等事, 該本院已具疏題知,
內稱, "大兵雲集, 糧運爲艱, 合於全、慶、忠淸之間, 稷山、鳥
嶺、任實、迎日等處, 開屯設險, 一護鮮民農種, 一使知我持久.
又計賊營, 東括慶尙, 西呑全羅, 勢甚猖獗. 王京城池, 不堪防
守, 議以麻提督節制東路兵馬, 劉提督節制西路兵馬, 董總兵
專住王京 防練, 遼鎭李總兵, 提兵江干策應." 各一節. 該兵部
覆議, 節奉聖旨, "還行與總督, 熟計調度, 以收全勝." 欽此.

然大段雖具, 節目未詳, 合就備行酌議. 爲此, 牌行[43a]本道,
照依題准事理. 除董總兵已隨經略軍門防練外, 其東西二路分
派大將, 應于何處緊要適中地方, 駐劄調度, 彼此有警, 如何援
剿, 居常修守, 作何巡閱, 務使聲勢聯絡, 意氣流通, 用成犄角,

至于分布副、參、遊、備兵馬, 尤當酌地衝緩, 量才責成, 要見某地首衝, 合派某將部兵扼守, 某地次衝, 合派某將部兵屯防. 仍各搭草房居住, 不得擾害民家. 須速會京南各道節鎮陪臣, 逐查各該地方拋荒田土約有若干, 合抽[43b]兵夫若干, 及時開墾, 子粒牛具, 從何處給, 應委何官分理.

兵馬久屯, 設險為上. 查勘某地原有舊城, 堪以修葺, 某地無城, 另須建柵開塹, 合用兵力更番休養. 該國土兵不妨兼事畜鍤, 且練且耕, 以守為戰, 遇調進剿, 步步為家, 務得反客為主之形, 坐握以逸待勞之算.

倭卽狡桀, 覆巢無難. 是在該道加意斟酌. 他如見在江華水兵, 與調到周總兵、陳總兵、遊擊許國威各處舟師, 一併查議, 統屬責任、據泊處所報院, 仍通詳總督軍門、經理撫院, 以[44a]憑會題. 毋得延緩簡略未便.

蒙此.

遵依, 俱移文廐總兵, 幷咨朝鮮國王查議.

去後, 今准國王咨稱.

遵照咨案事理, 督令李原翼、李德馨、金晬, 照依款件, 逐一酌處停當, 務使不惧春耕. 仍將酌處過緣由, 備行開報外, 竊照, 各部院及本道, 為小邦勞費神念, 必要處置得宜, 着實舉行, 當職尤切感戢.

又據陪臣李原翼、李德馨、金晬, 各呈稱, "職等蒙部院分付, 着令會議屯田、設站、造船、築城等各項事宜. 又面蒙本道[44b]條列指授, 敢不盡心."

因照款登答前來, 內開.

慶尙道, 共種水田九千三百六十畝, 該稻種四百一十六石, 旱田一千一百七十畝, 該豆種七十八石. 檢管委官, 金汝崒等八員.

全羅道, 共種水田一萬三千五百畝, 該稻種六百石, 旱田一千五百畝, 該豆種一百石. 檢管委官, 洪昌世等一十一員.

忠淸道, 共種水田七千五百六十畝, 該稻種三百三十六石, 旱田一千七百一十八畝, 該豆種七十六石五斗. 檢管委官, 李逢等十員.

每水田十畝, 用耕牛[45a]一隻、人夫四名, 旱田五畝, 用耕牛一隻、人夫四名. 同水田十畝三次除草, 應用人夫三十名, 旱田五畝三次除草, 應用人夫二十名.

農牛已經募收各處, 分送慶尙、全羅、忠淸三道者, 通共八百五十餘隻.

此外又令本道, 派定各邑物力稍裕而耕種多數者, 應用牛或二十隻、十五隻、十隻不等, 殘破而耕種少者, 應用牛或五六隻、三四隻不等. 各邑借民牛耕墾, 民力除草者, 量減本戶應差徭役, 從願計日以施. 每牛一隻用五日耕, 每夫一名赴十[45b]五日役. 農器亦依農牛一例派分. 各邑自備穀種, 各邑隨所有播種, 宜於土產而本邑急乏者, 將他邑所儲移給播種. 近據全羅觀察使黃愼報稱, "該道麥種乏少, 已將畿甸江華等處麥種五百石, 運入分給."

農軍又令別邑調出, 不赴防老弱軍兵, 使赴農作. 若流民募入者, 亦令團聚耕作. 而此則專仰官糧, 穀熟之前, 繼給無策, 一面賑貸救活, 一面使備作顧食. 日後查驗流民來占多少, 以爲賞罰. 濱海各邑, 使之募集鹽戶煮鹽, 以資農糧. 慶州, [46a]大丘、陜川、南原、羅州等留兵屯守處, 除哨守精軍, 調出餘兵農作, 時下未有定數.

等因.

及議, 於王京以南, 量道里遠近, 設有館站, 以通往來. 與夫築城、造船, 併監督委官職名, 開送到道. 該本道一面移咨國王, 嚴督諸路陪臣, 趁時料理, 務使不悞春耕, 一面覆加酌議呈報間, 今復蒙前因.

隨會議得, 倭奴泛海而侵朝鮮, 利在速戰, 今乃深溝高壘, 扼險自固. 蓋因蔚山敗衄, 防守倍嚴, 意謂王師遠來, 勢難久駐, 故堅壁老我, 漸爲蠶食之謀耳. 我若急[46b]攻, 適墮其計, 正宜示以持久, 反客爲主, 庶幾不戰而屈之.

前項屯田、築城、造船、設站一切修守事宜, 委係目前要着. 但倭奴蟠踞沿海一帶, 東自蔚山、機張, 西至順天、興陽等處, 連營九百餘里. 王京南面, 無處不當敵衝. 我若以偏師禦之, 則我備其東, 賊出於西, 我虞其左, 賊掩其右. 不惟人馬疲於奔命, 且屯種何所保障, 修守漫無責成, 滅賊無期, 非計也. 今議兵分爲三, 各以大將統之, 一以分賊勢而固藩籬, 一以一將權而絶觀望, 策無善於此[47a]者. 查王京以南, 惟三路最爲緊要. 一路自竹嶺、龍宮、安東, 抵蔚山, 屬慶尙左道. 一路自鳥嶺、聞慶、咸昌、尙州, 抵泗川, 屬慶尙右道. 一路自全州、南原, 抵順天, 屬全羅道. 此三路, 皆賊所必犯, 而我之所必守者.

但自王京, 距賊巢, 皆七八百里. 中間地方, 固多殘破, 然亦有人民蓄産, 賊每垂涎. 今如駐兵太遠, 是捐而與之, 示敵以怯. 如太近,而後應不繼, 恐爲敵所乘. 意謂, 不如前後相連, 首尾相應, 勢如長[9]山之蛇, 乃爲得策. 至於駐箚, 首衝須擇謀勇出[47b]衆南北將各一員, 領馬步兵二枝, 協力防守. 其餘挨次屯兵, 以備應援. 大將必出鎭要地, 庶便調度.

如東一路, 惟永川、新寧之間, 南距慶州之衝, 不可不守, 應於此地, 修築城柵, 命參將王國棟、降級副將吳惟忠守之. 其東五十里迎日近處, 爲兄山江, 倚山傍海, 可通舟師, 應命遊擊許國威, 領福建水兵二千, 幷未到王元周、李天常吳淞兵二千, 以控蔚山、機張之勢. 提督麻貴, 應駐箚安東府. 本路地方, 若義興、義城、安康等處, 俱聯絡留兵, 而以原[48a]任副將解生, 原任參將楊登山、遊擊陳寅、頗貴、擺賽、陳蠶, 都司薛虎臣等, 各管領之, 幷聽麻貴節制分布.

西一路, 若南原、谷城、求禮、雲峰俱衝, 而南原爲最, 有城可葺, 應命原任副將李芳春、遊擊藍芳威守之, 以控順天、倭橋之勢. 其餘地方, 俱聯絡留兵, 而以副將曹希彬、原任參將李寧、遊擊司懋官、牛伯英、傅良橋、王之翰等領之, 幷聽劉綎節制分布, 而劉綎當在全州駐箚.

中一路, 惟高靈、星州之間最衝, 應於此處修築城柵, 命遊擊茅國器、原[48b]任遊擊盧得功守之, 以控晉州、宜寧之勢. 其大將應擇在事謀勇出群者陞用, 駐箚尙州地方. 若聞慶、善山、咸昌等處, 俱聯絡留兵, 而以副將張榜、原任副將李寧、遊擊郝三聘、師道立、葉邦榮等領之, 幷聽大將節制分布.

....

9　영인본에는 長이나, 이는 常의 오기.

諸將既有分地, 各審形勢, 如安東、義興、全州、尙州等處, 宜於城者, 督率軍士, 上緊修築. 其餘卽不可城, 亦內列寨柵, 外加壕塹, 務要憑高扼險, 有裨戰守. 各兵俱照節行禁諭, 行令起蓋草屋居住, 不得占奪民房. 境內田土, 除有[49a]主者, 聽憑朝鮮自種, 其拋荒之地, 盡數查出, 俱派給軍士, 計畝而耕, 以資軍食. 一切農具、牛、種之類, 應如遊擊藍芳威已行事例請給, 至秋稽驗所入多寡, 分別勸懲.

朝鮮兵馬不多, 又皆脆弱. 其在全、慶三道者, 聽各大將分布貼防, 或令幫築城池, 節我兵力. 布置既定, 各照所轄界至, 設撥傳烽. 如前途有警, 則後兵挨次前進, 併力拒剿.

三路權雖分屬, 而誼寔同舟. 如賊犯東路, 則中路遣兵馳援, 西路揚兵搗巢, 以牽之. 賊犯西路, 則中路遣兵馳[49b]援, 東路揚兵搗巢, 以牽之. 賊犯中路, 則東西二路, 或遣兵馳援, 或揚兵搗巢, 以牽之. 果聲勢重大, 則隣境大將, 親統精銳, 往來策應, 務要同心戮力, 合計共謀, 庶成臂指之勢. 如逗遛觀望, 不行赴援, 卽赴援而後期失事者, 一體論罪, 大將從重參處, 偏將卽行斬首, 庶法令肅而人不敢違.

至於海道, 應以鴨綠以西爲下路, 屬總兵周于德管轄, 統南京水兵二千二百與天津一帶水兵, 駐箚旅順, 以控內地. 鴨綠以南爲上路, 改總兵陳璘, 統領季金、[50a]張良相、沈茂、福日昇、梁天胤等營, 于群山島、珍島等處住泊, 相機進剿. 其原領廣兵五千, 聽自擇部將分領, 卽于近岸羅州屯營, 以助氣勢, 東爲三路聲援. 倭謀雖狡, 慮我躡其後, 決不敢揚帆直入矣.

竢我城守既完, 糧餉充足, 安東大將進駐慶州, 尙州大將進駐晉州, 全州大將進駐順天, 各路兵馬鱗次而進, 直逼賊壘, 以蹙其勢.
賊若分兵來迎, 則我亦分道擊之, 舍堅攻瑕, 乘虛出奇, 賊首尾救
應不暇, 自然傾覆. 若奔聚釜山, 我之西路水兵, 乘[50b]勢徑取閑
山, 陸兵從傍夾攻. 閑山一復, 則由安骨島而東, 東路水兵, 進襲蔚
山, 由西生浦而南, 期會釜山之後, 以撓之. 賊腹背受敵, 勢必狼
狽. 萬全之算, 諒不出此.

第所憂者, 糧耳. 蓋運船由廣梁, 入江華, 僅可達王京、忠州. 此外
陸運艱難, 常苦不給. 先該陪臣李德馨開報, "全羅道米豆共二萬
八千餘石, 慶尙道米豆共六萬九千七百餘石, 俱收貯傍縣." 故前議
分兵就食, 此是權宜. 今旣各有信地, 必須設法搬運, 以資戰守. 近
據該國咨稱, "添委陪[51a]臣兵曹參判朴弘老、刑曹參判洪履祥、
副護軍禹俊民, 分投催督." 俱有原委經歷吳瑞麟、守備白潢等, 兼
管支放.

至於造船, 先據經歷王觀生查報, 各道共得船三百五十七隻. 又
經本道詳允, 於平安道造三十隻, 黃海道造五十隻, 江原、慶尙二
道共造十五隻, 移咨國王, 專委陪臣柳根、韓孝純等料理. 復行州
判沈思賢、典史黃三台監造, 刻日報完. 東海船見有把總于承恩監
造, 再令遊擊許國威, 督同左道觀察使伊[10]承勳, 幷力速造, 庶不
悮事. [51b]

若兵馬往來, 不免宿食, 如無館站, 何所依棲. 今議計里設站, 每站
置一朝鮮通官, 數站加一中國委官, 通其語言, 平其交易. 如騷擾
害事, 以三尺繩之, 足矣.

········

10 영인본에는 伊이나, 이는 尹의 오기.

以上各項稽查工程、兵馬, 催償糧料、草束, 每道應設府佐一員, 以分理之, 庶便責成.

若夫總彙監臨, 責在司、道, 而事繁務重, 兼攝爲難, 須一路專設一道, 聽于所屬地方, 隨便駐劄. 在全羅一道, 兼管水兵, 一切戰守事宜, 與大將計議而行. 最喫緊者, 尤在[52a]三道同心共濟, 以圖成功, 庶三帥不致彼此爭持, 而諸將亦免秦越相視.

　　等因. 到職.

會稿. 到臣.

該臣會同經理朝鮮軍務都察院右僉都御史楊, 監察遼海朝鮮軍務監察御史陳效, 議照, 倭奴浮海而侵朝鮮, 我兵渡江而救朝鮮, 一彼一此, 皆客形也. 而倭則盤據已七年之久, 膠結有三窟之固, 又似客中之主. 我則進不能速戰, 退不能久持, 又似客中之客. 若不等其勞逸, 何得較其勝負. 故知倭之所以難拔者, 惟在於憑阻繕壘, 首尾有衝突[52b]之虞, 則知我之所以制倭者, 不出於設鎮開屯, 水陸成犄角之勢也. 是故武牢營而鄭人懼, 東陽戍而萊子服, 五城開建而吳之資奪, 三受并築而虜之路塞. 率略旦夕之近利, 卒收攘定之多功.

今該道議分慶尚道與全羅爲三路, 東西海附各路爲兩脈. 大將并樹旗鼓, 偏裨各守要害, 監司專道稽察, 府佐分疆展錯, 而又鄭重應援, 叮嚀共濟, 劈畫最周密, 皆臣等熟思詳計所同然者. 除兵馬見已部署, 屯築見在舉行外, 惟是大將有當一其名[53a]號, 而後事權有歸.

(이하 원본 殘缺로 번역 불가)

如……津登萊之……

……仍守部銜……王士琦遙帶四川職……

而爲主戰亦因勢以成逸與之爲無窮持之……日窘日蹙漸懈漸疲然後伺釁……不灰滅而殲當瓦解而遁此……時宜脫兔利用疾雷妙……遲者固不可以先圖矣……速請……切竢……陸兵馬

……絡內保屬……陞改用其餘……後議爲照倭奴……險而居勢已比……我方間關險阻趨利……必然之畫終虧全勝之……局主客勞逸之情總督撫……目而慮聚族而籌也據議水……協理戰守之隨警互援耕築之因人■■調停劈畫具見苦心業已欽奉

明旨亟應遵行除分布兵馬屯築等事見在修舉……司道府佐官如庶貴劉綎周于……齡吳良璽李培根徑自聽其部……琦之改銜徐中素之陞職……吏部議覆外李如梅素……之名雖未敍功而遽……東西相望而鎮……是資該督撫……奉有……防禦地方

……回奏本官務……不負諸臣爲……激發愛形永永之忠若……而謀臣勇士殊當着力其……平秀吉之情機不可不明兵……己者百戰不殆再照三軍之令貴出於一兩貴不能相事矧今不止兩貴乎

故督撫諸臣惓惓三令五申誠慮之也夫重……敢推諉重隣援之罰誰復觀……

---

11 殘缺 부분은 원본의 쪽수를 확인할 수 없어 쪽수 표기를 생략함.

望……撫臣提挈其大監軍往來耳……於總督以制其命功罪不……速之
機惟其相而用之……度之虞哉獨惟千……事非輯和不安……邇寇則奸
細……微曖非間諜……不善又在當

……等因

奉……兵官寫勅與……行. 欽此.

此又該吏……尙書邢等題稱乞……右參政王士琦改隸山……參議梁祖
齡兼屬右道而……畫徐中素量陞兵備僉事職……運同吳良璽宜隸監軍
道于西同知李培根宜隸海防道于中左道缺官將

原任蓟州知州今降廣西潯州府通判黎民……赴朝鮮隸新設兵備管左道
事……改山東布政使司……之全羅右參議……吏司主事徐……左道事
務運……李培根隸海

……知州今降……職改赴朝……設兵備管左……管事遺下兵部……通
判各員缺另行……

(이상 원본 殘缺로 번역 불가)

4-8

恭謝欽賞疏　卷4, 殘缺-60b

(이하 원본 殘缺로 번역 불가)

奏……事.

該監察遼海朝鮮……陳效題報官兵……緣由, 節奉……奮勇以致將……
邢玠賞銀一

……犒賞將士欽……十一日該永……領望……難應物歷遊四塞叨
昌……戎旃尺寸莫效於軍旅暨……復承……簡命……力微才已窮於五
技.

(이상 원본 殘缺로 번역 불가)

時促勢急, 備未周於萬全. 固識人事之未齊, 實慮天時[60a]之易失. 乃誕
布乎皇武, 實仰憑於廟謨, 仗列聖之神靈, 奮六師之篲撻, 霓旌擧而堅城
屢破. 雖窘狡兔於穴中, 風雨摧而禍本未除, 尙漏呑舟於網內, 賊遺君父
方憂結局. 未期賞頒尙方, 豈意恩褒逾望.

是役也, 伐謀則宣猷構會, 智畢諸賢, 鼓勇則超乘先登, 功在衆將. 臣愧因
人而成事, [60b]何敢貪天爲己功. 仰大賚之洪施, 眞隕躬之無措. 湛恩汪
濊, 歡呼徧洽於三軍, 帝澤弘敷, 寵榮尤增乎百倍.

臣敢不竭其犬馬, 誓剪鯨鯢, 勵其初心, 勉圖後效, 冀成安攘之績, 以酬
萬一之恩. 臣無任激切感戴之至. 等因.

奉聖旨, "該部知道." 欽此.

4-9

題擺遊擊恤典疏 卷4, 61a-66b

題為有功驍將, 陡病身亡, 乞賜破格優恤, 以勵人心事.

准經理朝鮮軍務都察院右僉都御史楊會稿.

　據海防兵備參議梁祖齡呈.

　　蒙本院憲牌.

　　　　准提督麻總兵手本內稱, "遊擊擺賽, 撥發居昌等處, 剿殺零賊, 染病身故. 合無將本官東征勞績應得恩典, 移恤其子, 存歿霑恩." 等因. 除將該管兵馬, 已經牌行原任副將解生, 暫代統領外, 備仰本道, 即查已過遊擊擺賽, 偶患何病, 的于何月日, [61b]於何地方身故, 本官有無實職, 自調東征以來, 曾於某處有何功績, 應照何例優恤, 逐一查明通詳, 以憑會題施行.

　　隨查, 已故擺賽, 原任大同右衛右所實授鎮撫, 歷任遊擊, 於萬曆二十五年三月內, 奉調征倭. 本年八月內, 倭犯全羅, 將逼王京, 蒙督、撫分發, 本官與原任副將解生等, 統兵堵截, 大戰稷山. 又與參將彭友德等, 追倭至青山等處, 對敵有功, 倭方退遁, 王京保全. 十二月內, 進剿蔚山等寨, 本官首先誘敵, 致收[62a]奇捷. 二月初八日, 旋師王京. 至二十八日, 因報居昌等處, 零倭竊犯, 又會發本官, 同解生等領兵, 前去防剿. 三月初一日起行, 初八日至忠州, 感患痰火, 不能前進. 二十六日回至振威館身故.

　　為照, 本官身殞旅館, 既與陣亡者不同, 且去戰期三月, 又與回營身故者不類. 備查條例, 原無恤典. 但本官從征異域, 戮力沙場. 其戰稷山也, 當狼奔豕突之勢, 而奮勇衝鋒, 使狂夷不敢長驅而深入. 其攻蔚山也, 於龍潭虎穴之中, 而爭先挑鬪, 致我師得[62b]以夾擊而成功. 時下敍功, 方擬超擢, 豈期未沐天朝之寵, 先棲異域之魂. 雖裹革效忠, 固人臣之素志, 而報功示勸, 尤聖主之殊恩. 合無俯賜具題, 厚加贈廕, 庶死者得瞑目於黃泉, 生者益矢心於白日矣.

等因.

會稿. 到臣.

案查, 先據提督總兵官麻貴稟報, "遊擊擺賽, 撥發居昌剿賊, 行至忠州病故." 等情. 已經牌行海防道, 委官收殮, 及以文祭之, 幷查議恤錄. 去後, 今該前[63a]因, 該臣會同經理朝鮮軍務都察院右僉都御史楊, 監察遼海軍務巡按山東監察御史陳效, 議照, 國家勸激之典, 莫重於軍功, 功成者, 有及身之榮, 有延世之賞. 卽不幸畢命沙場, 例無不錄其後嗣羽林恤孤, 從古然矣.

然豈必戰陣之時, 斃之鋒鏑之下, 或驚於流矢飛石, 事後而身殞者, 始曰陣亡足紀乎. 夫兩軍相接, 萬衆交馳, 有退而死者, 不必有捐軀之志, 有進而死者, 不必有克敵之功. 而憫其亡, 不察其所[63b]由, 恤之猶必準令甲. 況奮跡虜中, 馳聲域外, 方乘朝氣, 遽掩夜臺. 如遊擊擺賽者, 雖死於病, 非死於敵, 乃勤事而死, 而捐軀之志, 與克敵之功, 又彰彰在人耳目, 安忍不重爲之優恤乎.

查得, 本官原係大同鎮歸順夷丁, 從征火酋有功, 陞所鎮撫, 從征孛賊有功, 加守備, 陞都司. 其遊擊職銜, 則昨年領兵東征題加者, 原未有祖父實職. 頃稷山、蔚山前後累捷, 所在著名, 衆推其勇. 撫臣正月回兵安東[64a]時, 已派留本官, 駐防安城之衝矣. 提督麻貴曰, "是驍將而有功者, 不可不令一入王京, 見監軍與於宴犒之列." 迨入王京未一月, 又有居昌之役, 至忠州而病, 病兩旬而歿.

臣與撫臣, 痛心怵志, 臣以文祭之, 按臣又爲文以哀之. 蓋嘉其趫敢善戰, 不類恃舌劍脣鋒, 多華而少實者, 眞鬪將也. 方在擬敍優陞, 仍類終淯釜穴, 俯仰之間, 化爲異物, 傷哉.

撫臣撫其尸, 視其棺殮, 問其家丁, 以遺言曰, "獨恨未滅賊." 又惓惓念其子, 如不需其子息以一命, 何[64b]以妥其魂魄於九泉. 旣經該道查議前來, 似應錄其累戰多功, 憐其委身海角, 量行追贈, 仍從優廕其一子世襲, 以酬勞績. 東征將士, 當無不曰, "皇上待死者如此, 生者可知, 待夷産如此, 漢將可知." 相率而奮於忠也. 不亦礪世磨鈍之道與.

至於該營之兵, 已委原任副將解生管攝, 見駐安東. 而解生稷山堵截, 其功居最. 兵營城, 又破柵先登, 例該陞二級者, 已在議敍. 今旣攝事, 應卽起授副將職銜, 專領大同兵馬, 庶[65a]乎事權有歸, 軍務可理矣. 伏乞勅下該部, 酌議覆請, 行臣等遵奉施行. 等因.

奉聖旨, "兵部知道." 欽此.

該兵部覆議.

　爲照, 行間之事, 衆戰固藉群力, 身先必須將領. 是以有必勝之將而後有必勝之兵也. 擺賽出身降虜, 夙號驍雄. 其在西塞也, 無警不赴, 其在東征也, 無戰不先. 最喫緊者, 稷山衝鋒之役, 最猛烈者, 蔚山挑戰之功. 方俟勘明優敍, 詎意陡病身亡. 以需將方殷之日, 失此爪牙勇士, 此諸[65b]臣所爲深嗟痛悼, 而請恤之無已也.

　查據條例, 雖恩厚於陣亡, 制限於病故. 然至死王事者, 未嘗不破格處之. 夫封內猶得恤典, 況客死異域, 如擺賽者乎. 勤事猶食厚報, 況立有首功, 如擺賽者乎. 臣等復採之公評, 無論東征所向無前, 卽西陲數年勞勩, 鎭撫、守備之陞, 皆未足稱報. 安得以降夷而掩之. 旣當憐其死之情苦, 又當計其生之功倍. 若非[66a]優異迥特, 無以彰德意而勸有功也.

既經會題前來, 相應覆請. 合候命下, 將遊擊擺賽, 贈副總兵職銜. 仍照, 所鎮撫陞本所正千戶世襲. 如有未盡, 候功次勘至之日, 幷議加優. 且此一行也, 可藉以激發東征將士之銳念, 可藉以歆動將來封疆之忠思, 關係頗鉅. 故臣部絕不敢與督、撫、監察之見而少涉異同焉. 及照, 解生既委領大同兵馬, 應起副總兵職銜, 以便行事. 合用[66b]旗牌, 照例請給.

等因.

奉聖旨, "是. 擺賽著贈副總兵職銜, 兒男陞本所正千戶世襲." 欽此.

4-10

買補東征馬匹疏　卷4, 67a-75b

題爲東征日月已長, 營馬倒損數多, 亟議買補, 以速蕩平事.

准經理朝鮮軍務都察院右僉都御史楊鎬.

　據海防兵備道右參議梁祖齡呈.

　　蒙軍門憲牌.

　　　照得, 各營馬匹, 自去歲調來, 雖當大暑大寒之時, 久歷登山涉水之苦, 異國風土, 死傷難免, 然節據報到倒死數多. 訪爲各軍旣不用心餵養, 而將官又不肯稽驗. 非盡係水土不服, 時疫流行之故. 若不設法嚴查, 將來營伍一空, 緩急何藉.

牌仰該道, [67b]嚴查各營馬匹, 原來若干, 沿途倒死若干, 臨陣死傷若干, 回營病死若干, 王京住守倒死若干, 派全、慶兩道, 設伏設誘, 倒死若干, 務要盡數查出. 毋得隱匿遺漏. 今當作何買補, 以後將官如何定例參罰, 軍人如何分別責究, 逐一查議報奪.

等因.

又蒙本職憲牌前事.

查得, 各營軍兵馬匹, 自去年五月過江以來, 稷山之後, 未曾屢對大敵, 島山之圍, 皆係步下仰攻. 而據節報倒死損失者, 爲數頗多, 豈盡水土不服, 瘟疫流行. 訪有軍兵不肯餵養, 將[68a]官不勤檢飭, 故有立而視其死者. 若不亟行清查, 設法定例, 將來倒失殆盡, 戰守何資.

爲此, 牌仰本道, 即便會提督衙門, 備查東征各營馬匹, 要見某營某營原來過江若干匹, 某年月日病死若干匹, 陣失若干匹, 今應作何處補, 某營某營即今見在若干匹, 行令作何餵養. 至于騎操年月久近, 倒死分數多寡, 仍須少倣邊鎮事例酌議, 照等定罰呈報.

等因.

蒙此, 遵依行會廠提督查議. 去後, 續准手本, 回稱.

查得, 各營原調東征正馱馬騾, 共二萬[68b]七千六百三十九四頭. 自萬曆二十五年五等月過江, 至十一月終止, 比因奔走數千里長途, 兼朝鮮水草不服疲病, 又稷山、靑山追逐, 全、慶兩道哨探、伏防, 晝夜不休, 草料不繼, 倒死者, 計六千九百六十一匹頭. 自十二月進攻蔚山、島山等寨時, 值冰雪寒凍, 山嶺崎嶇, 沿途往返兩月, 走傷倒死者, 二千一百三匹頭. 在陣旬日, 彈傷倒死者, 二百一十三匹. 今歲二月以後, 寒煖不時, 瘟疫盛行, 倒死者, 共計四千八百九十六匹頭.

及查, 節次征剿[69a]得勝, 馬兵之功, 已有成驗. 一年之內, 倭賊時時衝突, 馬匹日日奔走, 兼以缺草缺料, 外國風霜, 死傷難免. 兹東事未完, 征伐方殷, 馬兵無馬, 反步兵之不若矣. 若不亟爲議補, 一遇衝鋒破敵, 軍丁何所資賴.

等因. 回復到道.

准此, 該本道看得, 破倭之法, 攻城設伏, 必用步兵, 至於衝鋒追敵, 非馬兵不可. 今據提督開稱, 馬匹倒損數目, 或死於長途, 或死於哨探, 或死於瘟疫, 或死於堵剿. 兼之異國風氣, 水草不時, 倏忽一年, 倒死數多, 亦勢所必至. 惟[69b]是時下用兵, 需馬爲急, 北兵無馬, 與無兵同. 合無速賜題請, 發價買補, 以備征進. 至於據倒損之多寡, 參罰將領, 計騎操之久近, 究治軍丁, 見會提督議妥. 回復至日另報.

緣由. 呈報到職.

據此, 看得, 弓馬爲中國之長技, 橫鶩飆馳, 風雨驟至, 勢非倭之跳躍踴躪者所能支. 此不特稷山之堵截, 青山之追逐, 蔚山戰克, 歷可指數. 近日賊之首鼠, 而不敢出, 出而無不殲者, 皆以馬之力. 而屢[70a]獲生口自供, 倭所深畏, 而不敢前者, 亦惟馬耳.

乃越國遠征, 旣不能服其水土, 又不時其蒭牧. 無怪其駢首就斃於槽櫪者, 反多于沙場鋒鏑之骨也. 東事尙無止戈之日, 寧惜市駿之金乎. 相應請會.

為此, 合行移咨前去貴部院, 煩將前項倒死馬匹, 念其勢不容緩, 時不可失, 作速處補萬餘匹, 或收買於薊、遼近邊, 或抽取於原來營伍. 應用價值, 一面隨處借動, 一面題請補給, 嚴限分催, 精選押解前來, 分給各營, 以補[70b]其不足, 庶乎驍騰之氣可壯, 蕩平之勳可速矣.

等因. 備咨到臣.

為照, 東征之役, 原擬馬步幷用. 蓋山徑崎嶇, 水田泥陷, 則馬不如步. 而瞬息東西, 追奔逐北, 又步不如馬. 今經理撫臣, 得於目擊, 知馬兵之得力而為倭所畏, 則馬誠征倭必用者.

但各營馬匹, 調自各鎮, 遠者五六千里, 近者三四千里, 原來之數又率多老弱. 當陸續督發之時, 適天氣炎燕之日, 長途暑雨, 兼程疾趨, 勞憊已極. 于是, 有未及過江, 而沿途倒死者. 又自去秋以來, 稷山、青[71a]山追逐堵截, 幷全、慶兩道, 各路之擺撥、哨探、設伏、設誘, 或奔馳於高山深澗, 或居宿於積雪嚴霜. 又水草不服, 瘟疫交作, 頸脖一腫, 即膘壯馬匹, 數日亦斃, 無日不報倒死. 臣不得已咨行國王, 立馬神廟以禱之. 及島山之攻城, 皆晝夜群羈, 雨雪中旬餘不得餧養. 入春乏於草料, 時氣盛作, 又無日不報病報死. 此節次損傷已多.

況清正素稱桀驁, 今遭此大挫, 必圖報復. 節探本酋修城築寨, 漸集兵船, 料必伺隙狂逞. 至於行長, 雖與清正不和, 然[71b]二酋脣齒相倚, 狡詐難測, 恐其勢不得不合. 今倭之所畏, 既在于馬. 如不及今買補, 若一旦幷力竊發, 出奇迎擊, 分道追襲, 不無自失長技. 委應速為議處. 既該經理撫臣咨報前來, 相應題請.

伏乞勅下兵部, 箚行太僕寺, 作速差官, 公同該道, 于府、州、縣寄養馬內, 選兌精壯者一千匹, 差的當官員先行押解前來. 一面行宣、大兩鎮, 各買一千五百匹, 通限六月以前, 各先解一千匹, [72a]八月以前, 再各解五百匹, 以憑卽分給該鎮馬兵之用.

其馬價銀, 望卽給發前去. 旣用價銀平買, 須要壯大堪用, 仍委昌平道, 就近點驗, 不堪者卽行發回, 堪者造冊附報, 以憑收用. 仍乞再酌發馬價銀兩, 容臣分發順天、保定、遼東各撫、鎮衙門, 責成各道協將, 差官分投, 作速選買四千匹, 立限解送前來, 先兌給軍人正馬.

其駄馬幷正馬不足之數, 臣等已咨行朝鮮國王, 于各山搜取野馬, 幷量給價銀, 搜買民間之馬充用. 如搜取、收買不足, 容[72b]再行題請.

其買馬、解馬之官, 一切收買解送之法, 仍令各道, 詳悉查議. 完日, 將用過銀數, 奏請開銷. 其買馬、解馬委官, 有無稽遲違誤, 及以老弱充數, 幷沿途瘦損, 聽各道稽查, 報各撫臣, 分別賞罰. 各官效有勤勞者, 容臣事完敍錄. 仍行令海防道, 以後查倒損之多寡, 爲將官罰治之輕重. 其軍有非因戰陣, 不行用心喂養, 以致倒死者, 照例查其年限久近, 分別追椿責治, 庶馬壯兵强, 而倭患不足平矣. 等因.

[73a]奉聖旨, "兵部知道." 欽此.

該兵部覆議.

看得, 征倭馬騾, 各鎮及寺給, 共計二萬七千六百餘匹頭, 庶幾馬步兼用矣. 今督臣題稱, "倒死一萬四千餘匹", 而楊元南原陣喪失馬三千四百, 不與焉. 是倒死已過半矣. 以難得之戰騎, 而盡塡之溝壑, 良可惜哉.

不惟臣等處給之艱, 在督、撫亦已艱于區畫. 玆欲斬而不發, 則督臣又稱, "馬爲倭奴深畏, 追襲賴以成功." 殆不得不然者. 欲隨請而給, 則復稱, "不服朝鮮水草, 入[73b]春乏于草料." 是多與之而無益. 當此兩難之際, 惟將寄養召買, 各行量給, 而專求彼國土馬, 又嚴立作踐剋減之法, 差可耳. 旣經具題前來, 相應酌議覆請.

合候命下, 箚付太僕寺, 差委勤愼寺丞一員, 於寄養馬內, 選調幼齒膘健者一千匹, 調至通州, 候浙江新募南兵參將張榜到日, 兌給各兵順帶, 前往總督軍前, 交兌騎征. 其經行路遠, 移咨戶部, 轉行沿途餉司, 照例給與草料, 催令速[74a]進. 當炎蒸暑雨之候, 本官督兵, 加意調息, 如有作踐倒死, 責令賠償. 仍於常盈庫借動銀內, 支發二萬七千兩, 以一萬八千兩兌給委官本部辦事進士韓國藩, 解至宣府巡撫衙門, 買馬一千匹, 以九千兩兌給委官本部辦事進士穆天顏, 解至保定巡撫衙門, 買馬五百匹, 俱責令各道、協, 行委廉幹官員, 選收身高齒幼膘壯大馬, 不得侵價, 將駑馬搪塞. 定限六月內, 各先解一半, 八月內通完. 如有剩餘銀兩, 造冊報部, 留抵別用.

各差官押解, 每[74b]馬二匹, 撥遞運所夫一名牽送. 其沿途料草, 亦於餉司計程支給. 在宣、大買馬, 赴昌平兵備道選驗, 保定買馬, 赴薊州兵備道選驗, 必精壯堪戰, 方印雲字火烙, 給批解發. 買馬、解馬各官, 馬好解速, 查無侵冒, 聽督、撫咨部, 轉咨吏部紀錄. 違者, 參究.

遼東見買本鎮馬匹數多, 應免召買. 督臣移咨朝鮮國王, 諭以上國馬匹, 不服水草, 令其搜買於各道民間, 幷羅取山間野馬, 調習馴順, 俱照例估給價值. 再有不足, 查將先兌給步兵營馬, 照總兵陳璘[75a]營例, 每兵一千, 止給馬三十匹, 其餘悉給馬軍騎征. 仍查照本部先咨事理, 備查各營馬剋料作踐倒損多寡, 將領等官, 罰其廩餼, 官丁軍兵, 分別責治, 量追樁銀, 俱留彼國買馬支用, 造冊報部查考. 其大同順天各巡撫, 買馬價銀, 伺咨寺外解銀兩至日, 另行題發.

等因.

奉聖旨, "是." 欽此. [75b]

4-11

題董總兵回籍整帶丁馬疏　卷4, 76a-79b

題爲聞命思報, 丁馬未備, 懇■查照原委回鎭, 整帶兵馬, 以圖補報事.

據[12]標下參贊總兵官董一元呈.

切照, 職原以患病乞休, 奉旨回籍調理, 自分休養林壑, 以終殘年. 故一切隨征親丁、戰馬, 遺散無存. 不意, 家居未及二年, 忽蒙本部院題奉欽依, 以職備員參贊, 隨帶東征. 此時, 雖舊疾少瘳, 而湯藥未離, 卽欲控詞陳乞, 但念[76b]國難方殷, 君恩優渥, 不敢不勉强就道. 且以參贊無兵馬專責, 又因去秋倭患緊急, 蒙差人守催, 勢如星火, 是以未及收拾量帶家丁, 星夜馳赴轅門.

今蒙本部院差往宣、大, 催兵買馬, 幷召集本職家丁, 勒限前來. 乃途中忽接邸報, 該遼東撫院張題報, 李總兵襲虜陣亡. 節奉聖旨, "員缺著李如梅, 星夜來代. 李如梅缺, 著董一元就彼交代." 欽此. 又蒙本部院發箚, 行令到任.

職聞[77a]命驚惶, 進退維谷. 夫職以病瘵之餘, 蒙恩簡擢, 卽捐軀靡報. 但思職身爲主帥, 獨當一路, 與標下參贊不同. 必身先將士, 方可以衝鋒破敵, 必得親信家丁, 方可以鼓勇當先. 今職一無所藉, 卽輕身而往, 亦何濟于事. 況中路兵馬, 分布已定, 見在固守屯種修築, 進兵之期尙早. 且提督總兵麻貴, 見在地方, 劉綎已經過江, 俱可以兼攝. 職合仍照舊委, 星夜前赴宣府, 簡選本鎭兵馬, 幷將職昔年隨征親信

12　영인본에는 글자 오른쪽이 대부분 마멸되어 있으나, 맥락과 표점본에 따라 據로 추정.

家丁、膘壯馬匹, 分投召取, 盡數收拾前來, [77b]庶職得死士之力, 外
而可以征剿倭奴, 內而可以彈壓眾兵. 此中機括, 所關甚大. 職卽勉強
回任, 然空手搏虎, 職之一身不足惜, 恐惧事因而惧國, 死亦何贖.

等因. 到臣.

據此, 案查, 本年三月內, 該臣等題議, 分布三路兵馬, 戰守及屯種、修築,
而中路以李如梅, 陞總兵官統領, 已經奉有明旨. 又查得, 該臣題續調宣、
大兵馬四千, 又擬於兩鎮, 題買馬三千, 以補該鎮原在東征倒死[78a]馬匹,
恐無專官選買, 未免雜以老弱.

臣自在王京起行, 已箚委標下總兵官董一元前去, 并收集本官家丁. 茲以
遼鎮大將李如松, 襲虜陣亡, 奉旨以李如梅代, 李如梅員缺, 卽以董一元
代. 夫李如梅敢戰知兵, 用之防虜, 而董一元老成宿練, 用之禦倭, 仰見皇
上知人善任、注意邊海之切. 臣隨卽遵旨, 行令二臣, 各星夜任事.

但董一元, 原係臣標下參贊, 無戰守之責, 一應家丁、戰馬、衣甲, 原帶
[78b]不多. 今既簡用中路, 則數百里賊巢盤據之所, 大酋首出沒之地. 非
大將身先士卒, 何以克敵制勝, 非有親信家丁、膘壯馬匹, 不惟難責蕩平
之功, 且恐寥寥一將并虎賁之眾, 亦不能彈壓. 況本官前委, 亦係喫緊要
務, 令其就近回鎮, 事亦兩便. 且三路見在修守, 進兵尚早, 而提督麻貴、
劉綎, 東西分守, 亦可暫攝. 監軍御史、部、道, 同口語臣, 謂此行決不可
已.

應俯從所請, 代為具[79a]題, 行令到鎮之日, 作速收拾丁、馬外, 宣鎮兵
馬, 如尚未起行, 挑選完日, 卽便先來, 限六月終, 到朝鮮任事. 其中路軍
務, 卽委劉綎代署, 亦不悮事.

伏乞勅下該部, 行宣府巡撫, 將本官家丁、馬匹、安家、行糧, 作速議處,
起發急來, 事完, 將用過錢糧, 咨部題請, 開銷補還施行. 等因.

奉聖旨，"董一元，准回鎮整帶兵馬，依限赴朝鮮任事．該部知道．"欽此．
[79b]

補統領廣兵副將疏　　卷4, 80a-83b

題爲廣兵主將，已派水路，本營兵馬，統有專官，伏乞實授改屬，以便征
剿事．

卷查，先該臣題，爲催發續調兵馬事．將薊鎮新召兵六千，于內改召南兵
三千，付副總兵吳廣，統領前來．已該兵部覆，奉欽依，通行欽遵訖．
又查得，該臣等題，爲狡倭旣挫，據守益堅，謹議分屯戍、專責成，以圖制
馭長策事．議以海道，應以鴨綠以西爲下路，屬總兵周于德管轄，南京水
兵二千二百，與天津[80b]一帶水兵，駐箚旅順，以控內地．鴨綠以南爲上
路，改總兵陳璘，統季金、張良相、沈茂、福日升、梁天胤等營，于群山、珍
島等處住泊，相機進剿．其餘領廣兵五千，聽自擇部將分領．而臣以廣兵
陸兵也，急不得相宜之將，故暫屬陳璘統領，而仍以書達部，再加詳擇相
應之將代之．如有將，異日仍當屬之劉綎．
本月十八日，接見邸報，見兵部一本，題爲廣兵挾餉群聚等事．奉聖旨，"廣
兵遠來安靜，何爲到關挾餉．如有隱情，著[81a]順天巡撫，速委司、道，查
問處置．陳璘着策勵供職，吳廣准協同行事，分領各將，着督、撫議處委
用，務要體恤軍士勞苦，不許侵剋．若軍士還有橫恣要挾，訪拏眞正倡率
爲首的，軍前盡法處治．"欽此．

除群噪情由, 聽順天撫臣查明具奏, 查有橫恣, 臣等以軍法處治外, 該臣會同經理朝鮮軍務都察院右僉都御史楊, 看得, 部兵挾餉, 毆辱總帥, 大干軍紀. 使因而易將, 是太阿之柄, 握之自兵, 端豈可開. 但查陳璘, 臣等已先派在水路. 今廣兵既已委有專將, [81b]則以陸兵歸屬路帥, 亦甚相宜.

查得, 吳廣原係粵將, 素與此兵相習, 合卽以本官, 充統領廣兵副總兵. 查照原議, 赴朝鮮全羅地方, 改屬總兵劉綎, 節制調遣. 陳璘令其速赴鴨綠以南, 統領水兵, 直至原派信地群山島、珍島等處住泊, 相機進剿. 所有原派吳廣原領薊鎭新召南兵三千, 聽順天撫臣, 委官赴浙, 召完到薊之日, 卽令原召官統領, 至朝鮮, 聽臣分發.

又查, 葉邦榮營, 原止浙兵一千六百, 應再添撥一千四百, 陳蠶營, 原止二千一百, 應[82a]再添撥一千六百. 各合營征剿, 不必另行設將. 如薊鎭有見在南兵, 卽令陳蠶帶來. 伏乞勅下兵部議覆, 行臣等遵奉施行. 等因. 奉聖旨,"兵部知道." 欽此.

該兵部覆議.

> 爲照, 廣兵未出關之日, 督臣議改陳璘水帥. 先經覆奉欽依行訖. 尋因兵衆噪糧, 題令吳廣, 協同行事者. 正以陳璘既改水營, 而此兵非廣不可將, 蓋其習也.

> 今據題稱前因, 相應行令陳璘, 卽便遵依原派群山、珍島信地防剿, 吳廣充統領廣兵副總兵. 原議悉有分布事宜, 惟兵行以[82b]律. 師克在和, 果能同心合謀, 而又分奇以用, 則何往不臧. 倘跡同情異, 勢比事馳, 非徒無益, 反不若各效其能之爲勝矣.

> 今欲合川、廣爲一家, 當聯心志爲一體, 祛偏係之私, 明節制之宜, 戮力協謀, 正合奇分, 共襄成功. 是在綎、廣之各秉赤衷而已. 如生嫌窒

能, 致悞軍機, 自有軍令, 諒督、撫、監軍, 必據實重劾.

至於新募浙兵三千, 原係督臣調赴朝鮮協防, 亦應移咨順天巡撫衙
■,[13] 查照所議, 另委謀勇廉幹官, 召完之日, 領至朝鮮, 聽候督臣分
布. [83a]若薊鎮見有南兵, 卽令陳蠶帶往, 亦爲兩便. 恭候命下, 臣等
遵奉施行.

等因.

奉聖旨, "是." 欽此. [83b]

4-13

土兵喧嚷議處各將申飭處置事宜疏　卷4, 84a-101b

題爲土兵混毆副將, 旋卽正法底定, 謹請議處各官, 并申飭將來, 以息釁
端事.

據分守遼海東寧道右參議張登雲呈.

據管自在州事府同知王狹吉, 會同遼東都司經歷司經歷吳文載, 查過
川兵打馬副將緣由, 到道.

案照, 本年四月十九日, 蒙總督經略軍門批, 據協守遼東東路副總兵
馬棟, 呈前事. 蒙批, "各兵爲何起此兇狀. 據馬副將中軍佟鳴鳳揭報
謂, '因都司李茂功責打川兵, 啓釁.' 今又稱, '南[84b]兵錢糧, 有無干

....

13 영인본에는 글자가 흐릿하지만 맥락 및 표점본에 따라 門으로 판단.

涉, 此中必有情故.'仰分守道, 會同丁主事, 速查的確飛報. 各兵漸不可長, 首惡, 會同劉總兵, 拏解軍門正法. 此繳."

本日, 又蒙本部院批, 據遼東管局都司李茂功, 呈爲川兵平空, 打傷將官事. 蒙批, "據呈, '劉提督統兵三百, 赴馬副將, 執狀告討錢糧, 因而毆打.'夫副將, 非管錢糧之官, 總兵反赴副將討糧, 事體不通之甚. 據劉提督呈稱, '李都司兩次責打川兵, 因赴馬副將告訴, 副將不與處分, 因而亂打.'此何者爲眞. 仰分守道, 會同丁[85a]主事, 幷查究報."

本日, 又蒙本部院批, 據提督漢土官兵禦倭總兵官劉綖, 呈爲軍務事. 蒙批, "仰分守道, 會同丁主事, 查勘的確具報. 將首惡重處正法. 此繳. 速詳速詳."

本日, 又蒙本部院批, 據代遼陽中軍事千總指揮佟鳴鳳揭稟, 馬副將被川兵打傷, 馬副將揭批, "據呈, 李都司責打川兵, 川兵何以亂打副將. 此中必有啓釁實情. 仰分守道, 會同丁主事, 作速查審明白, 幷將爲首, 解軍門行法. 此繳."

本月二十日, 又蒙本部院憲牌.

> 爲軍務事. 備仰本[85b]道, 卽便會同贊畫丁主事, 嚴查各兵啓釁根由. 要見原係某將官、某千、把總下某兵某人, 因何故致都司責打, 後各兵旣泣訴于副將, 因何反將副將毆打, 的係幾兵某人某人動手, 有干兵衆, 嚴究首惡, 反覆詳審, 務使眞確. 幷該管中軍、千、把總, 一幷參呈究報, 以憑行法施行.

本月十五日, 蒙巡撫遼東地方右僉都御史張憲牌.

> 爲軍務事. 備仰本道, 卽查南兵的係某官所統之數, 共有若干, 于某日時, 在于某處, 因爲何事, 輒將馬副將打傷. [86a]門下人役, 亦被毆傷許多. 南兵因何噪變. 該管將領、中軍、千、把總某人某人,

緣何不行嚴束, 有無通同情弊, 查究明白, 據實招參詳報, 以憑立
等具題施行.

本月十九日又蒙本院批, 據協守遼東東路副總兵馬棟, 呈爲川兵聚衆
喊噪平空, 打傷副將事. 蒙批, "仰分守道, 照前行, 一倂查明詳報. 此
時虜警甚急, 地方缺官, 仍令馬副將, 照舊供職. 繳."

本日又蒙本院批, 據遼東管局都司李茂功, 呈爲川兵平空, 打傷將官
事. [86b]蒙批, "據呈, 川兵無故毆傷本鎭將官, 兇橫不法, 殊可駭異.
在中國猶然如此, 朝鮮其能堪乎. 此無異以水救溺, 以火救焚, 將益甚
矣. 甚非東事之利. 仰分守道, 嚴查干礙職官, 一倂參詳, 繳."

本月二十日, 又蒙監察遼海朝鮮等處軍務監察御史陳效批, 據協守遼
東東路副總兵馬棟呈, 爲川兵聚衆喊噪平空, 打傷副將事. 蒙批, "分
守道, 查明速報."

本日, 又蒙本院批, 據遼東管局都司李茂功, 呈爲川兵平空, 打傷將官
事. 蒙[87a]批, "土兵萬里勤王, 歷蜀、楚、兩河、燕、趙郡、縣、衛、所,
驛遞不啻數百計, 皆不聞秋毫有犯, 而抵遼始見無狀. 卽夷類不知法
度, 而遼人亦滅天理矣. 提督與協守何讐, 副將於糧餉何與. 白紙告
訴, 夷人常態, 此係受屈而求伸于該管者也.

李茂功無端作威, 致啓釁端, 遣傷副將, 猶然捏飾申抵. 若不相干, 將
誰欺. 欺天乎, 欺人乎. 馬副將呈文, 與中軍不同. 該司呈文, 又與副將
迥別. 一事而二三其辭, 其不情可知矣. 兇夷固當盡法, [87b]釁端亦
須追求. 分守道, 查審明確速報."

本日, 又蒙本院憲牌.

　爲軍務事. 備行本道, 卽便移會劉提督, 宣諭朝廷威德, 務令釋怨
　感恩, 殺賊報國. 其倡衆犯兵, 雖經軍法綑打, 猶未盡辜, 聽候總督

軍門處分, 仍嚴戢部曲, 肅隊前進, 聽令分布防剿, 毋容濡遲騷擾,

致生事端. 仍密諭馬副將, 以夷性犬羊, 切勿苛責啓釁, 在該道善

調停之.

本月二十四日, 蒙經理朝鮮軍務右僉都御史楊批, 據遼東管局都司李

茂[88a]功, 呈爲川兵平空, 打傷將官事. 蒙批, "仰分守道查報."

蒙此, 隨會行丁主事, 幷牌行同知王猰吉、經歷吳文載查勘. 去後, 今

據同知王猰吉等呈.

　　查得, 本年四月內, 有都司李茂功, 因苗兵在街攙道, 因與軍牢相

嚷, 委實將一兵, 打訖十棍. 衆兵因前日小劉兒與黃克舉等相打,

失落衣物, 都司不曾追給, 衆兵不忿, 歃血告狀. 意欲先赴提督告

過, 方赴協府聲告.

　　不意, 于本月十一日, 遼陽副總兵馬棟, 奉撫院明文, 調署廣寧鎮

守事務, 於卯時分, 起行. [88b]至鐘樓逈南, 忽有不知名苗兵千餘

人, 一擁喊叫前來, 攔住馬副將轎乘, 手執白紙數十張, 口稱, "李

都司無故打我兵人, 故來告稟." 馬副將卽問, "你們因爲何事. 不

要喧嚷, 從容說來, 與你處分." 當有隨跟官夜見得, 不由分說, 亂

嚷叱呵, 苗兵不忿, 卽用飛石棍棒, 如雨打來, 遂將馬副將, 鼻脣

打腫, 打折當門下齒二塊, 又打動上面四齒, 至今動搖, 血流遍體,

昏迷倒地. 當有不知名市民數十人, 急拖救銀匠室內, 所坐大轎一

乘, 卽打粉碎. 又將本官[89a]跟隨官夜鄭廷印、韓國相、張見、顧

望、羅敬、李四十九、金琰、魏邦信、郭文信、李繼先等十人, 因遮護

伊主, 各被打傷有證.

　　比時, 監軍道王參政, 于三月二十九日, 自遼陽先押第一運兵馬, 渡

江前去. 遼陽分守道張參議, 于四月初二日, 東巡鎮江, 查勘城堡

兵馬, 未回. 本管苗兵曹副將, 有病臥床, 已十餘日. 變將起于頃刻, 幸有贊畫丁主事在城, 聞知卽親至相毆之所, 出牌曉諭安禁, 以此各兵始散.

看得, 此事釁端, 起於李都司之打兵, 難辭其責. 先[89b]將攙道, 或拏送本管將官, 或待以無知而不較, 安得有此事耶. 彼時劉提督, 先將爲首四人, 各綑打一百訖, 後奉本部院牌行, 將首惡苗兵李見, 斬首以徇, 旣已盡法. 曹副將久病臥床, 中軍官亦卽時將首從惡兵, 綁縛轅門, 稟提督處分. 至於本管千、把總官, 不能鈐束, 致兵毆打副將, 責似難逭. 但千、把總, 已從曹副將過江去訖, 本州無憑查報, 合行本營將官, 查開申報.

再查, 各兵錢糧, 與馬副將毫無干涉, 蓋借口之詞. 其平日, 亦未凌虐彼兵. 又[90a]查, 小劉兒同周三、王舟、馮六, 原與黃克舉、黃三相打. 李都司, 將黃克舉、黃三倂主家雷三, 各責十五板, 未曾追與所失銀物. 曹副將呈於丁主事, 批自在州, 將黃克舉二人, 問擬不應罪名, 已將銀衣等項, 照數追給領去訖. 又查, 苗兵何保與屠戶相打, 原未赴告于李都司.

切照, 各兵鼓噪, 雖起于李都司責打彼兵十棍, 然亦非大事. 乃因馬副將不接白狀, 遂行亂打. 況劉提督斬一人, 綑打三人, 似已盡法. 馬副將亦應安心供職. 其李都司行杖之[90b]人, 相應究罪, 李都司聽候本院處分.

緣由, 到道.

本道隨准贊畫丁主事手本回復, 開稱.

夷兵之鬨于十一日也, 其釁起于都司之妄責, 其變激於從役之趕打. 苗兵夷性, 拋磚相抵, 而協守唇齒之傷, 或無心而誤擊之, 是未

可知也. 然據協守自稱, "先持白紙擁跪, 後拋亂磚擊打." 夫協守
豈肯飾言. 而綑打四人, 梟斬一人, 軍法已正, 無說詞矣.

曹副將傷寒重病, 方在生死之間, 豈能下榻約束歃血之兵. 而中軍
又安能逆睹夷兵之變, 而遏止之. 若曰[91a]鉗束不嚴, 此在責之素
習之兵將則可, 乃千總管領數月, 奔走道路, 卽兵士面目, 尚未識
眞, 何得一兵一官而身隨之.

且遼陽城隅停集萬兵, 當官者執事所過, 豈能鬮人. 李都司稍有
智量, 遇兵撞道, 不問可也, 問而執之, 發中軍官可也, 送曹副將可
也, 遽加重責, 腿破血流, 則刑罰已自不中. 又況小劉兒等, 爲黃克
擧等打搶, 傷痕臟證分明. 在前曹副將不自審處, 押送都司, 正爲
遼人各有所屬. 乃都司不責克擧, 反責川兵主家, 而兵士之忿, 有
[91b]由來矣.

法者, 天下之公. 夷兵、遼兵、蔡人、吾人, 今死者不復生. 倘生者,
再負屈, 則明明人非, 幽幽鬼譴. 是親所見聞者之罪也. 況兵各有
統, 而事起有因. 兵而鼓噪則斬, 兵而搶奪則斬, 有因而斬, 則法之
行. 官而起釁, 則失在官, 官而激成, 則失亦在官.

今夷兵已斬、已綑、已打, 而千總坐以鉗束不嚴, 量加罰治, 則法盡
之, 盡無可加矣. 都司居上不寬, 處事失宜, 伏候本部院定奪, 而行
杖之人, 加責加罪, 以洩死者之憤, 以息生者之喧, 庶法平情平, 將
安[92a]兵安, 斯大公至正之體也.

等情. 到道.

又該本道查得, 川兵毆馬副將之日, 本道出巡鎮江, 查勘城堡兵馬, 未
回, 原未目擊其事, 而身親面諭禁定各兵者, 則丁贊畫也. 中間情節,
俱已明析. 除馬副將, 原無相干外, 今本道參看得, 將官土兵, 與都司手

下, 無一是者. 夫闒轎小事也, 而都司卽令撻之十棍, 亦非重刑也. 而
各兵歃血告之. 使千、把總有一人曉諭各兵, 或聽贊畫、聽提督, 或聽
本道回城, 自有處分, 土兵何遽至此. 馬副將不過以空白狀紙, [92b]不
爲受理, 亦無大罪. 何各兵輒遷怒于馬副將, 而毀傷其齒面耶. 都司不
應打土兵, 土兵何可打副將.

年來大兵屯住遼陽者亦多, 本道時加勸諭調停, 俱各相安. 不意, 本道
出巡數日, 偶有此事. 況本部院已牌行, 斬首惡一人, 劉提督又綑打爲
從三人矣. 其中軍、千、把總官, 合無姑從免究, 伏候批示, 將李都司行
杖之人, 重責究罪. 其李都司候本部院處分.

等因. 到臣.

案照, 先據提督劉綎、副將馬棟、都司李茂功、千總佟鳴鳳, 各呈前因. 該
臣一面[93a]批行分守道, 查確詳報, 一面牌行總兵劉綎.

查得, 征兵擾害. 奉有屢旨嚴禁. 今苗兵, 卽被都司責打, 只宜訴之鎭、
道, 豈宜擅毆副將. 法紀何容. 各兵旣啓釁於遼陽, 應卽於此正法.

牌仰本官, 將見監首惡, 覆審無冤, 卽斬于市. 仍曉諭各兵云, "本部院
在川中, 稔知各兵忠勇可用, 萬里調來, 視如赤子. 玆副將無干, 被毆通
衢, 卽欲寬宥, 法亦難容. 但首惡旣已正法, 餘兵不必再究. 各將領頭
目, 諭令各兵, 以後安靜守法. 如有冤情, 卽訴[93b]之鎭、道處分, 不
得再聚衆行兇. 如再違犯, 定行分別梟斬綑打不恕." 仍將頭目, 倂以
軍法從事, 將查審遵行過緣由, 呈報查考.

隨據本官回稱.

各兵行至遼陽, 造冊候領糧餉, 忽忽旬餘. 續奉總督軍門, 諭以朝鮮原
無出産, 行令各兵就便添置腦包、綿甲, 業已將備, 遂發前二營矣. 適
有廣寧之變, 虜警交馳, 丁贊畫豫呈軍門, 暫留川兵, 遙爲聲勢.

節據各將領、中軍、千、把總稟稱, 先有兵小劉兒, 往井邊挑水, 被居民黃克舉等, 爭先取水, 統衆亂打傷[94a]重, 壞小劉兒一目. 具狀赴告李都司, 將黃克舉, 偏護不究, 反將兵打出. 又兵何保, 被居民打落牙齒, 亦赴李都司叫訴, 不容進. 又兵湯速, 在街買布, 李都司擺道, 嗔不迴避, 擒拏毒打. 是積怨原在于李都司, 而無禮偶犯於馬副將. 當將首事兵李見, 綑打一百, 張忠、王正禮、王祖, 各綑打六十. 續奉本部院牌, 將李見, 梟示正法.

等因. 在卷.

今據前因, 看得, 遼陽土兵之變, 在都司則稱, "劉提督統兵三百, 赴馬副將討餉, 因而打傷副將." 在馬棟又稱, "各兵[94b]聚衆千餘, 手執白紙, 不言何事, 無故打傷." 在千總佟鳴鳳則稱, "禍因李都司, 而故打副將." 在提督劉綎下各將則稱, "屢次被都司責打, 赴訴馬副將, 又被下人驅打, 因報復下人, 悞中副將." 大略在地方官欲甚各兵之罪, 則過訴其兇狀, 在領兵官欲薄各兵之罪, 則盡諉于啓釁.

今據該道之呈詳, 丁主事之斷案, 而參以累日之訪聞, 則土兵積忿於都司之屢責, 而求訴於副將, 副將不與伸理, 而從人又責逐之, 因而拾磚亂打. 此啓釁之因而釀亂[95a]之實也. 然律以正法, 各兵卽抱屈, 亦止應訴之上司以求伸, 乃傷及無干之副將. 此違法干紀, 罪不容誅矣.

該提督, 當將首惡四人綑打, 續奉臣牌行刑, 李見以妻子托之提督, 俛首就法. 提督以廩銀, 厚其棺殮, 仰天而悲, 各兵卽沿途哭泣, 亦寂然無譁. 此先時後事, 法令儘伸, 而總兵威令之素行, 恩信之素孚, 亦從可知矣.

監軍王士琦, 押兵過江, 在先遠不及聞, 俱無庸別議. 曹希彬, 該部、道旣稱偶感重病, 變起倉卒, 難以苛求. 及查, 該營中軍王[95b]名世, 土千、把總劉啓明等, 不先時覺察, 早爲約束, 罪自難辭. 及照, 土兵夷人也, 性原驕悍, 使其擾及地方, 委難輕縱. 若止一撞道小節, <u>李茂功</u>可以無責也. 既而長跪訴告, 猶知法紀, <u>馬棟</u>可以無拒也. 乃都司責打于先, 而副將左右, 又赶逐鞭撻於後, 致被夷性行兇. 是釁自我激. 非總兵<u>劉綎</u>、主事<u>丁應泰</u>, 親至曉諭正法, 幾釀大變, 均難辭責. 但<u>馬棟</u>辱非己召, 所當免究. <u>李茂功</u>釁自彼起, 所當重罰.

臣嚴行鎮、道, 申嚴號令, 整肅隊伍, 不許秋毫擾[96a]害, 陸續東發. 首惡<u>李見</u>, 已經梟示, <u>張忠</u>等三人, 俱已綑打. 土千、把總<u>劉啓明</u>等, 臣提解, 以軍法綑打. 其都司行杖之人, 行該道責究發落外, 伏乞勅下兵部, 將<u>李茂功</u>、<u>王名世</u>, 各重加罰治, <u>馬棟</u>、<u>曹希彬</u>, 各姑免究, 仍令策勵供職, 庶法紀正而驕卒知警, 衆心安而釁端自絶矣.

再照, 兵之擾也, 其釁端有二. 蓋兵衆而悍, 如將領不爲約束, 而恣其情之所欲, 是縱之擾也. 約束嚴矣, 而地方官不爲調停料理, 而强其情之所[96b]不堪, 是激之擾也. 今川兵自<u>蜀</u>之<u>楚</u>, 歷<u>河南</u>、<u>兩直隸</u>, 以抵<u>山海</u>, 迢遙萬里, 不爲不遠, 所經過州縣驛遞, 不爲不多. 據各將所齎送府、州縣"并無騷擾"印信結狀, 不下數百紙, 沿途俱稱安靜.

蓋臣于調兵之時, 即爲騷擾之慮. 故徵兵疏內, 請以總兵官<u>劉綎</u>爲提督, 以參政<u>王士琦</u>爲監軍, 以一萬分爲三營, 每營三千餘名, 以一營分爲三運, 每營以一將官、一中軍、一府佐, 沿途管押. 申嚴號令, 整隊肅行, 嚴加鈐束, 秋毫勿[97a]擾, 以各兵之擾不擾爲各官之功罪. 其經過地方司道、有司, 亦無以秦越視之, 將所用米鹽、柴薪、居趾、交易等項, 亦以料理之妥不妥爲功罪. 該兵部覆奉欽依, 備咨到臣.

隨該臣備咨<u>湖廣</u>、<u>河南</u>、<u>順天</u>、<u>保定</u>、<u>遼東</u>各巡撫衙門. 又爲白牌二面, 一提督總兵<u>劉綎</u>, 一監軍參政<u>王士琦</u>, 大約謂, "各兵之擾, 多半起於飲食、交易、住居、爭持. 故以鈐束把目, 禁戢兵士, 責之將領. 如各兵有强買一米、一菜, 幷恃衆群毆良民者, 卽行綑打. 如搶[97b]掠財物, 强入民間內室淫辱婦女者, 卽綁赴旗牌之下, 斬首示衆. 將官隱匿偏護者, 先將中軍綑打, 將官聽參. 以料理安置, 責之地方, 令各有司等官, 豫將兵用食米, 責令行戶, 辦列于兵過處所, 聽各委官, 平價易買. 住宿處所, 先儘寺觀、廟宇、公所, 各容若干, 書帖於門, 領兵頭目, 照數點入. 開店之家, 收拾前房, 某家可容兵若干, 亦書帖於門, 照數點入. 如有爭競, 會同領兵官, 各爲處分. 該道必親詣交界監督, 仍令縣正官, 挨程押送料理. 各該行戶, [98a]不許臨時躱避, 高騰物價. 如有違犯, 亦以軍法治罪. 務使各兵萬里遠涉, 調停得所, 潛消其騷擾之端. 如或州、縣正官, 秦越相視, 仍不遵行者, 聽該道指名參呈, 卽以違誤軍機, 拏問參處. 該道仍將某州、縣, 正、佐官某人職名, 押過某營兵數若干, 某月某日出境, 兵士有無騷擾, 幷諸事有無處分, 交與挨程州、縣官員去訖, 緣由, 揭報前來, 以憑甄別功罪. 俟東事凱完, 一體敍錄參罰."等因.

夫禁兵擾害, 奉有[98b]嚴旨. 而臣爲之調停處置者, 亦已曲盡其法, 各省皆遵行料理. 故市不擾而兵不苦. 乃出關而東, 沿途皆軍衛. 旣不知料理, 而各邊時有警報, 該道又不得親隨, 故各兵之食米車馬, 每每坐困. 甚至一二分之物, 賣至五六分者.

各兵初至遼陽, 該提督、監軍道稟稱, "分守遼陽道, 平交易、解紛爭, 民頗相安, 欲遵臣牌, 在此置辦衣甲." 乃該道以查邊公出, 不數日而有此事. 況往者西兵之擾在遼, 而川兵之擾亦在遼, 何各兵不擾于關西, 而獨擾于關東乎. [99a]且各兵斬首者斬首, 綑打者綑打, 各已正法. 而以後激之擾者, 不早爲豫杜, 何以平兵將之心.

今川兵過江, 皆聯幕露宿郊野之外, 而城中安堵, 若不聞有兵. 此臣與監軍御史, 文武百執事所共見者. 義州陪臣, 且爲文以贊參政王士琦. 臣過堂點兵之時, 麗民每飯二碗, 賣銀三四分. 各兵垂泣秤銀, 不敢出聲, 亦可憐矣. 以此待兵, 卽孝子順孫, 亦安能久受此屈乎.

臣已有牌, 傳行前途, 嚴禁官兵, 不許騷擾, 朝鮮陪臣, 各爲調停. 以後有無違犯, 雖[99b]難豫必, 臣亦惟有三尺之法, 必不肯假耳. 但各省之兵, 尙未過完, 而將來回軍, 尤費區處. 臣不患已過之川兵, 而深患後來之別兵, 不慮今日之去軍, 而深慮將來之回軍.

地方官如仍前不爲料理, 釁終難免. 故以後各兵居食無缺, 交易無虧, 別生事端, 則罪兵, 而將領與之同罪. 如居食不爲區處, 交易故爲虧抑, 許各兵赴訴上司, 則罪民, 而有司亦與之同罪. 如兵不赴訴, 擅起禍端, 則民治以啓釁之條, 兵仍處以騷擾之法, 庶兵不敢生事, 民亦[100a]不敢起釁, 兵、民豈不兩便哉. 文武皆朝廷之官員, 兵民皆朝廷之赤子. 兵受萬里之苦楚, 民受數日之辛勞, 皆分義應得之事. 此當兩責而兩任之, 斯爲公平正大之體. 倘文武兵民, 各懷平恕之心, 共守此約, 借曰再有事端, 臣不信也. 此臣所以不得不復有此請也. 伏乞勅下兵部, 再加查議, 通行領兵官員經過省分, 遵守施行. 等因.

奉[100b]聖旨, "兵部知道." 欽此.

該兵部覆議.

爲照, 川兵毆辱副將, 先該遼東巡撫具題, 本部覆行查勘, 務得起釁情由. 去後, 今該前因. 所據都司李茂功、中軍王名世, 一則偏護失刑, 一則鈐束無法, 各加罰治, 庶足示懲. 副總兵馬棟、曹希彬, 或辱由意外, 或病感時災, 酌量原情, 委當免究. 各兵首惡, 業已正法. 其餘姑免苛求, 以後申嚴紀律, 殫厥恩威. 將領之責尤難他諉.

至於各兵應調而來, 必當事竣而往. 始旣可鑑, 後更當防. 而保之於徵調之時, 尤當保之於[101a]回鎮之日. 督臣倂議, 良有深思. 旣經各題前來, 相應覆請.

合候命下, 將馬棟、曹希彬, 各姑免究, 仍令策勵供職. 李茂功、王名世, 各重加罰治. 及通行湖廣、河南、順天、保定、遼東、廣東、應天、鳳陽、山東、福建、江西、浙江各督、撫衙門, 查照題議事理, 如遇調兵往返, 一應薪米食物, 責令所屬道、府、州、縣, 豫爲措辦, 兩平交易, 嚴禁兵擾, 深戒民勒. 而各官之賢能與否, 即于此註. 違者, 一照督臣 [101b]今議, 分別究處, 而一切俱如所議.

等因.

奉聖旨, "是. 馬棟等, 各姑免究, 着策勵供職. 李茂功等, 各罰俸四箇月." 欽此.

經略禦倭奏議 卷六

6-1

補回兵將領疏　卷6, 1a-4b

題爲急缺回兵正將, 酌議陞補, 以資彈壓, 以杜亂萌事.

照得, 兵猶火也, 不戢自焚, 衆而無統, 勢必致亂. 況回軍之際, 人心易玩, 苟無正將統之, 未有不費區處者. 東征諸將, 或陣亡, 或緣事, 中間員缺, 固非一人. 然有兵歸原伍, 而他將可以代領還鎭者, 有兵宜解散, 而不必另議將領者.

臣不敢瑣[2b]瀆, 以滋多事外, 該臣會同巡撫宣府等處地方贊理軍務都察院右副都御史王, 查得, 原調宣府舊遊兵營入衛薊鎭兵二千, 原係都司馬呈文統領東征. 今本官以中路失事擬死, 所遺前兵應在撤回之數. 而該鎭未經議有專領之將, 兵撤將行, 難以久候.

除一面委官, 沿途管攝外, 該鎭、道稟稱, "暫攝之官, 難以遠赴宣鎭." 當急于宣鎭中, 查一官題補, 作速迎接前來, 不惟回鎭卽便, 且係本營專官, 亦便約束.

該各官公擧得, 見任靖胡堡守備黃[3a]鉞, 彎弧九矢無虛, 馭士一塵不染.
利兵繕甲, 已試上谷長城, 躍馬揮戈, 允堪薊門鎖鑰. 況以本地之將, 管領
本處之兵, 尤爲相習, 相應陞補前缺, 令其不必候代, 星夜迎來, 接押前
兵回鎮.

伏乞勅下兵部, 將黃鉞卽陞宣府舊遊兵營入衛薊鎮遊擊, 統押前兵. 合用
勅書, 照例請給, 行令欽遵任事, 庶回兵有專領之將, 而邊鎮亦有裨益矣.
等因.

奉[3b]聖旨, "兵部知道." 欽此.

該兵部覆議.

> 爲照, 宣府舊遊兵營兵馬, 原係入衛薊門. 先該總督邢議調, 都司馬呈
> 文統赴東征. 本官以債師擬辟, 員缺正在候補. 今據題稱, "該營兵馬,
> 已議撤回, 代署之官, 終難管束." 議將守備黃鉞, 坐名會題, 陞補前
> 來. 無非爲官擇人, 以便彈壓之意.

> 相應覆請, 合候命下, 將黃鉞, 量陞署都指揮僉事, 充宣府舊遊兵營入
> 衛遊擊將軍, 不必候代, 星夜迎至中途, [4a]接押前兵回鎮. 本部備查
> 原擬責任, 請勅一道, 齎付本官, 欽遵行事. 合用符驗旗牌, 照舊交代
> 收用. 遺下員缺, 另行推補.

等因.

奉聖旨, "是." 欽此. [4b]

題科部會勘未竟疏　卷6, 5a-35b

題爲科、部查勘已畢, 會審未竟, 先行官軍久候, 人心驚疑, 謹直敍行勘始末大槪, 以明觀聽, 并請早賜催勘, 以遏亂萌, 亟行罷臣, 以息兇謀事.

本月二十五日早, 贊畫主事丁應泰投棄辭臣, 大槪爲朝鮮有一呪文而去, 科臣徐觀瀾次日亦行. 夫科臣係特遣之官, 應泰乃原奏與勘之人. 當玆多官親歷各路查勘甫畢之日, 正是非功罪昭明之時. [5b]二臣稍待二三日, 文武齊集, 再一會問, 則勘事可完矣. 今感于朝鮮一呪詞而行, 則此事何日可結. 外國十萬之衆, 度日如年, 安能久待乎.

及查, 應泰於去年六月至今, 已上者五疏, 未上者三四疏, 皆刊刻成帙, 傳入倭營, 而陷穽機檻, 內應外合. 臣與東征文武呼天不應, 叩闕無門, 含冤受辱, 蒙謗被窘至極. 如和黨謀成, 朝鮮必陷, 遼東、山東必危, 再進而陵京震動, 臣亦止以鴨綠江中爲投身之所矣.

臣[6a]初意, 欲冒死陳訴. 第以奉有嚴旨, 毋得彼此參論. 是以臣日慰諸臣, 靜待科臣持平而理, 且悉心以圖倭賊, 已不敢致辯. 但應泰, 自去年八月過江, 途中參論朝鮮君臣, 通倭招釁一疏. 該國君臣, 以此切齒, 每聚衆數千, 赴臣并撫臣、勘科、監院、諸道、府各衙門, 執詞號呼. 而京北文武經過者, 與科院各道京南點軍所至, 臣民悉具文赴訴, 勢若不與俱生也. 臣等每以聖恩安慰之, 又以大義曉諭之, 幸無他故.

自九月[6b]初三日, 應泰馳抵王京, 科臣尚未到, 將各營識字三四十人, 差跟隨亡命于中夜, 拏禁本衙門, 先鞫以嚴刑, 後犒以酒肉. 又數日賞以銀各三錢、鞋一雙. 又令丘一復備猪羊, 押赴南門外, 歃血不許變口. 色色刑迫, 賞誘開導等項, 臣不能一一盡述. 卽臣標下寫字, 以二鼓拏, 撫臣標下寫字, 以三鼓拏, 大概要與原奏之數合也. 而差人不體泰意, 旁及無辜, 如搶奪故官王澧等銀物, 又乘許國威行李搜拏之後, 差人亂嚷, 欲遍搜各官丁行李. 以致[7a]滿城人東般西那, 臨敵諸將人人自危, 王京人情皇皇不安.

臣恐激而成變, 馳請勘科速來. 勘科至, 而泰守逼各識字, 已照原奏稿, 將冊造完, 遂差伊同鄉坐營識字丘一復等, 連人押各識字, 赴勘科投遞首狀. 又票行管糧知縣趙汝梅, 每日動支好白米, 票行朝鮮館, 日送好酒肉, 柴炭, 以供各役朝夕, 羈在衙之旁舍. 臣見事體攪亂不堪, 亦將實情訴之科臣.

十一月初一日, 科臣南發, 次贊畫, 次按臣, 相繼而去. 泰於未去之先, 又迫科臣, 將撫臣[7b]原拏犯贓官識周陞、熊良相、丘一復等, 將按臣訪拏搶奪兇犯杜文舉等, 同衆寫字三四十人, 携之同往, 朝夕不離. 且二臣與陞等, 晝夜衙中出入無禁.

至東路, 見將官投冊, 與識字在王京所造不同. 泰又同陞, 立爲剃眉之法. 嚴寒隆冬, 面上加水, 風來成冰, 陞先動刀刮之, 甚至有夙嫌者刷之, 皮破血流, 軍人殊不堪也. 人情洶洶欲變, 按臣多方安撫, 科臣因出示曉諭. 臣聞之, 亦一面出牌安慰, 一面馳書鎭、道勸止, 幷愼加防範, 幸而無事.

至中[8a]路, 又同周陞, 立爲剪髮之法. 軍人頂門各剪髮一綹, 軍人遂于通衢大嚷, 又拋磚擲石, 帶匿名帖於吳運同衙內, 且夕欲甘心勘者. 總兵董一元忙甚, 遂喚標下家丁, 再三撫慰, 以不可爲我惹禍. 各丁因搥胸號泣, 將髮剪訖. 各營兵見標兵已割, 亦垂泣而割之矣. 而三軍遂成不可解之恨. 幸而臣先有牌科、院、鎭、道, 多方安撫, 變亦未成.

至西路, 不知又欲立何法, 而苗兵發言甚惡, 謂"割我一刀, 我割他十刀."

旋見部文, 止令勘島山功罪, 因而中止. [8b]

二臣始於正月初十日回王京, 泰欲先行, 科臣亦欲行後, 因泰止, 科臣亦止. 不數日, 泰又迫科臣, 邀臣與撫臣會勘. 臣答以監軍御史未至, 衆將未集, 無人可勘, 欲稍候之. 泰卽促科臣起身, 欲繳勅印不勘. 臣同撫臣鎮、道、府官, 公同叩門懇留, 又因泰來辭面留之. 泰止, 而科臣亦止.

先因在東路懸賞軍丁許告將領, 而奸惡光棍, 乘機挾制營官投狀者, 數百人. 又將各丁, 留不發審, 許放入關. 各丁因隨二臣, 自東徂西以抵[9a]王京, 迂遞二千四五百里, 沿途亂支糧餉, 騷擾館站, 勢若狼虎. 從此營伍人心大亂矣.

各兵恐後又赴理, 周陛等恐勘完仍當收監, 各識字又恐將領到日對冊不合, 關關欲先進關. 督、撫、鎮、道略一言相問, 則泰惡語相加, 府官奉舊行一問, 則科臣嚴牌以爲抗旨. 罪犯投一狀, 卽如持赦書, 諸人不敢問. 此數百人日在科、部衙門, 猶如驕子. 而二臣亦諄諄爲此輩庇護也, 遂沿街放肆益甚. 科臣與贊畫, 亦不能安插, 泰不得[9b]已又促科臣發牌欲行. 臣於二十一日雪夜三鼓, 同撫臣、鎮、道、府官, 赴科臣懇留, 又鎮、道復往泰寓留之, 泰止而科臣又止.

至二十二日, 泰促科臣赴武場會勘. 臣欲不去, 又恐以臣爲阻撓也, 及同至武場. 科臣出原在各路所審口詞, 摘數款問之. 時有二三將領茅國器等, 赴訴既不服, 而泰又以原審口詞爲未足. 科臣欲執冊送泰批點, 謂如允者請圈, 不允者請駁批於冊. 臣因僭言, 謂科臣既赴各路, 同監院、各鎮、道、將領, 審問已明, 只可候監[10a]院回日, 與撫臣集衆將, 持平從實剖斷具題. 恐原被之心, 不能兩狥, 因而散訖.

至二十四日, 臣循舊規, 請贊畫、鎮、道衙中一飯. 不意, 是日城中亂傳高麗五人, 持碗口大字呪詞一紙, 貼於關王廟大門外壁, 尚有人看守. 臣因命人去抄一紙, 內云.

　　朝鮮國者老軍民閑良人等, 謹頓首獻言武安聖王關老爺之神. 天朝大

　　奸丁應泰, 黨倭忌戰, 誣陷我國王, 天下之罪人, 其在本國實不共戴天

　　之讐也. 我百姓痛心切齒, 誓不與此賊俱生. 惟念乃是[10b]聖天子差

　　遣之人, 隱忍接待以送. 神明有知, 亟降誅罰, 無俾此賊生渡鴨綠江,

　　再汚中國地土. 衆誠昭格, 庶其鑑哉.

等情. 臣見之, 卽嚴行國王, 禁拏去訖. 贊畫聞之, 將呪詞揭去, 以告科臣.

科臣遂發牌於遵化左右營副將李芳春等, 各備夫馬四十名匹送泰. 泰於

二十五日早, 赴臣衙門前, 投柬而去. 辰時, 科臣亦發牌欲行. 臣與撫臣又

於二鼓公同懇留, 已許候監院至日, 共議裏大事. 乃二十六日早, 聞泰差人

來催, 科臣卽潛發扛而行. 臣與[11a]撫臣, 携盒酒追送, 至西門外, 隨科

臣轎後行一里許. 時按臣已到京南五里, 亦差人留之, 俱不會而去.

夫贊畫與科臣, 無論沿途, 卽先後, 在王京月餘, 或以四鼓約, 或以五鼓

會, 差人或中夜袖書, 或晨昏曳束, 潛往潛來. 凡有商確, 悉屏人密語, 蹤

跡殊覺曖昧. 卽科臣亦對臣, 以爲形迹覺密, 不得不如此.

凡泰欲行也, 科臣卽行, 泰欲止也, 科臣卽止. 泰怒一人, 科臣卽欲投之

井, 泰喜一人, 科臣卽欲登之天, 嚬笑步趨, 毫不相違. 泰之束縛科臣, 不

可[11b]方物, 東征文武、朝鮮君臣, 無一不訝、不笑. 又科臣見人情洶湧,

疑臣有疏參之, 每會撫、鎭, 謂可急勸軍門, 勿動別意, 如參贊畫, 贊畫必

然纏我, 何以當之. 及會臣, 又數次勸臣. 臣答以地方幸未成變, 事在可

已, 原未有疏, 二臣始終不信也.

臣度科臣胸中涇渭甚明, 如此舉動, 必大有不得已之情. 或者欲盡如泰意

指, 則十萬官兵耳目難掩, 欲稍就公道, 則應泰狂鋒難當. 或恐別有挾制,

不得不凜凜待命於泰也. 且泰在王京, 先愚科臣, 參一總兵、[12a]三偏將,

及公同查勘, 則麻貴之陣亡一千、棄米三萬, 與西路之損軍一千三四百, 俱無着落.

又愚科臣報捷參官, 四路戰將皆爲罪人, 大失人心. 疏稱, 點軍四營, 陣亡二千, 皆屬懸擬裝點, 爲泰先疏照證. 及科臣見麻貴、董一元、劉綎茅國器等, 無不認錯告罪, 但前疏已誤, 勢難挽回, 以故不得不合於泰, 諫臣體面, 亦爲泰損壞盡矣.

沿途做手, 如發陳寅營哨官王文, 帶兵徐泰等二十餘名, 暗向中路投替陣亡, 使臨點首出以實其言, 則軍丁王得 [12b]勝, 海防道執之, 審出眞情, 送該科, 責發着伍. 如賞福兵銀一兩、馬票一張, 使訐告許國威, 則軍人林明等, 監軍御史執之, 審出眞情, 泰强縱進關.

如密囑東路總兵, 以蔚山少報陣亡, 推於總督, 主使總兵, 方得無事, 則麻貴在武場, 向撫臣、科臣、衆文武對質甚詳. 如既捏劉綎之言, 以激陳璘, 又捏陳璘之言, 以激劉綎, 欲使彼此相讐, 陰壞戰功, 二帥可問. 其他設謀設計, 千態萬狀, 以造作謗陷者, 屈指難悉.

且對鎭、道揚言, "我挤一官, 使東征任事之 [13a]人、閣部議事之人、科道建言之人, 決要扯他同去." 此在王京諸人, 皆能言之. 蔚山諸臣功罪, 科院公同贊畫、鎭、道、將領, 已審有登答文冊. 而陣亡冊數, 仍是應泰之所自造、自定者, 諸將紛紛具辯, 謂各識以威逼而亂造, 無論以病故、逃亡、汰革作陣亡, 且以生爲死者尙多. 科臣見公論如此, 臨行不得已將冊發道, 道發府. 諸臣以科部冊案, 已自定數目, 卽發道發府, 誰敢增減. 況軍馬已散, 誰再調審. 捧冊如負芒抱火, 日向臣訴, 又苦之甚矣.

若臣 [13b]處此, 苦而又苦者, 扣剋科斂, 盜支誑騙, 贓私巨萬, 如犯官周陛等. 打詐劫奪, 如軍犯杜文學等. 盜支錢糧, 嚇詐官丁, 如惡識周國相等、王朝印等、丘一復等. 擅離信地, 串走營伍, 如軍丁王尙武、徐太等. 臣一語不敢問.

卽監犯逕行提放, 錢糧逕票支領, 而陳寅官兵逕批進關, 許以擢用, 一字不以相聞. 臣知而阻之, 尙以爲恨. 此朝鮮八道君臣, 東征十萬官兵, 皆有口可問. 臣所深慮者, 人心已驕, 軍紀掃地, 恐虎狼許許, 留者難留, 撤者難撤. 而剃眉、[14a]割髮之軍兵, 蓄忿未已, 被誣含冤之屬藩, 懷恨甘心, 將來不知釀成何變. 臣一思欲死矣.

夫臣三尺劍, 非不可行於軍中. 顧勘者見臣一動, 則欲繳勅而走, 聞臣一查, 則欲攘臂回京. 君門萬里, 安得知此情狀. 中外和黨伺隙側目, 正欲甘心于臣. 倘科、部二臣, 再以抗旨阻勘加臣, 以危言急語, 聳動上聽, 臣寧有死所乎.

昨見科臣姚文蔚, 以剃眉之事, 咎臣不言、不止, 激變之時, 安所逃責, 尙可[14b]稱奉公憂國、仗節死義之臣. 不知臣不言, 尙欲以阻撓加臣. 臣再言、再止, 益不可解. 科臣遠在都門, 亦安能知此中之光景也.

至於犯官周陞等、犯軍杜文擧等、寫字丘一復等、告軍王尙武等數百人, 二臣公然帶之長行, 不顧王法, 不畏公議, 此或中華所未有之事. 其和黨先後種種兇謀隱狀, 臣且不敢詳言以傷雅道. 科、部二臣旣行, 臣不得不述其始末行勘大概, 以明觀聽.

臣又有言焉. 倭奴盤據朝鮮, 縱[15a]橫七年, 朝廷興師萬里, 動兵海外. 況當中外和黨千方百計敗壞阻撓之日, 東征大事, 十人而九, 知其必壞也. 仰賴皇上英明獨斷, 令臣一意進剿. 皇上神武遠播, 福德齊天, 鬼神默佑, 頓使朝鮮八道一倭不留. 無論斬殺焚溺, 卽生擒倭將、倭奴, 不下四五十人. 與得獲酋長首級及座船、金頂、金扇、器械、盔甲等項, 不日解京, 非可假飾. 時朝鮮君臣, 歡呼動地, 中外臣民, [15b]慶幸不已. 當南北諸夷觀釁思逞之時, 皇上神武威福, 亦借此可以傳示四夷, 消其邪心. 乃和黨必欲貶損中國之武烈，揚厲日本之威風，灰將士之心，遺朝廷之辱，臣愚不知其解也.

昨科臣語撫臣萬云，"四路功成，中外歡喜，勘事已完，處亦不難. 但贊畫恐舊撫臣再做官報復，又恐督臣仍修舊怨. 惟令舊撫臣削籍永不敍用，督臣不念舊惡，諸事可了."臣謂泰之恨，雖首在撫臣，然撫臣已罷，獨臣尚未斥耳，而所不置念[16a]者，實在臣也.

況今日全捷、全功，皆皇上之斷、皇上之福. 臣原不敢貪天功爲己力. 且臣身病親老，原不敢久戀淸途，以塞賢路. 獨念東征將士，羈身絕域，委命鋒鏑，草行露宿，食不充口者，行將二年，披堅執銳，身不解甲者，已踰兩月，苦楚至極. 乃有功將領，無一不被指摘，日囚首待勘，而受苦軍丁，查勘不結，死者不得恤，生者不得敍. 再令久羈窮荒，既恨剃眉、斷髮之慘，又懷故鄉父母之思. 倘奮臂一呼，臣[16b]死不足惜，恐官軍不竄入於倭，則甘心爲亂，國家蕭牆之禍，不減於倭也.

撤兵善後敍錄事宜，臣不敢不與撫、按、鎮、道諸臣，悉心計議. 惟願皇上早賜罷臣，放臣歸里. 臣原有罪無功，願將皇上金幣之賜，收回成命. 臣一功不敢妄居，一恩不敢妄徼. 仍勅該部，日後敍疏，卽上無一字及臣，則和黨之心快，應泰之心息，臣之晚節得全，掛冠固有餘[17a]榮也.

幷乞勅科臣，速會撫臣、監軍御史，早爲勘結，以答將士之急望，以消國家之隱憂，庶日後邊疆有事，尙可用人. 不然，臣一日不去，和黨必然醜言捏誣，巧計誣謗，不盡敗壞戰功，以中臣、逐臣，不已. 是爲臣一人而反傷國體，故臣以爲早罷臣便也. 臣瀝血披誠，一字一句，皆實事實情. 惟皇上鑑察，天下[17b]國家幸甚，東征文武幸甚. 等因.

奉聖旨，"吏、兵二部，會同府、部、九卿、科道，一幷看議來說."欽此.

該兵部會集府、部等衙門，於東闕會議.

在後軍都督府掌府事定國公徐, 揭稱.

督臣邢所論, 不啻數百言. 歷歷皆丁應泰激變生釁之事. 剪髮、剃眉, 已非至願, 大書呪語, 更爲怨深. 且招亡用事, 歃血會盟, 欲何爲哉. 果爾則三尺之法, 必不容赦矣. 徐勘科奉命查勘, 只宜速行奏報, 不當循情稽遲. 方今朝鮮[18a]八道旣已蕩平, 釜山諸島潛倭盡去, 惟論功行賞, 覈實輕重, 班師振旅, 以還朝廷. 一則休息各路戰兵, 一則省節轉輸糧餉. 量議防禦, 以備不虞, 此今日之急務也. 何得嘵嘵多論, 以紊宸聰哉.

又該本府僉書武定侯郭, 揭稱.

總督、經理所奏贊畫、勘科遽出王京, 勢雖復回, 各營點核旣畢, 未完者但會審一事, 似當付之監軍, 虛心體勘, 自可完卷也. 況倭奴旣以蕩平, 急宜班[18b]師行賞, 以慰將士數載之勞. 不可久暴異域, 致生他虞. 贊畫心雖忠憤, 舉動乖張, 激怒鮮民, 有辱國損威之失. 當令回朝, 聽候聖斷. 勘科原爲東事去就而遣, 今已結局, 亦宜作速復命. 其諸善後事理, 悉宜責之總督、經理、監軍, 酌議上請. 然在事諸臣, 義當任怨任勞, 毋得彼此掣肘, 貽[19a]笑外邦.

又該左軍都督府掌府事武進伯朱, 揭稱.

督、撫二臣奏疏, 前後數千言, 大略謂倭氛蕩平, 將士久戍, 早行勘明, 得以結局. 看得, 自倭奴犯屬以來, 七載於玆. 皇上日厪東顧, 發帑募兵, 輸餉浩巨. 且昔日欽命往封, 而猶然不退. 矧今一旦盡遁, 一倭不留, 實仰賴皇上天威, 祖宗默佑, 將士用命, 兵勢嚇然之所致也.

今海上宴然, 屬藩無恙, 正當雲集將士, 公同查勘. 有[19b]功者, 卽宣揚其功, 以爲鼓舞. 有過者, 當面責其罪, 以服其心. 若遷延歲月, 則十萬之衆, 久戍異國, 今旣收功, 不無思歸之念. 況兵屯則糧費, 奈何以國家有用之財, 而爲延糜之費乎. 伏望天語叮嚀, 當事科院諸臣, 早爲結勘, 上舒皇上東顧之憂, 下慰將士寧歸之望.

再照, 贊畫主事丁應泰, 查勘時, 剃眉、割髮, 三軍聚怨, 妄詆朝鮮, 呪語切齒. 若使復履其地, 倘再行異外之法, 萬一人心生變, 禍起不虞. 應泰一人不[20a]足惜, 而於國體何.

又該右軍都督府署府事彰武伯楊, 揭稱.

邢、萬二疏, 大率多因丁應泰奉命無狀, 誣衊在事臣工, 激變人心, 殊傷國體. 合無與勘科, 俱准令回京, 不許爭擾. 其督、理、將領功過諸凡事宜, 專責監軍御史, 悉心查勘詳明, 作速具奏回報, 庶公論昭而紛紜息矣.

又該中軍都督府掌府事靖遠伯王等, 揭稱.

倭奴爲患日久, 今已蕩平. 東征之[20b]績, 已爲完局. 所望者, 勘明功罪耳. 但供事諸臣, 心志不一, 或逞私攻詰, 務以求勝爲心. 其于朝廷大事, 不無有妨, 殊不知公論有在, 自不容泯. 合無令其各以朝廷國事爲重, 虛心平氣釋去偏私, 查明功罪, 速行奏報, 而將士之心慰, 使雲集之衆, 息肩有期, 而糧餉之費省, 大事畢矣. 豈容私意其間乎.

又該前軍都督府掌府事永康侯徐等, 揭稱. [21a]

朝廷擧十萬之師, 置之外藩, 仰仗天威, 將吏協心, 今已蕩平矣. 其諸將士功罪, 速宜勘明回奏. 今丁應泰, 不候會勘先回, 致使督、理難以展布. 惟當體朝廷大事爲重, 亟圖善後, 以固藩籬, 而國家之繁費可息矣.

又該吏部尙書李等, 揭稱.

倭寇遠遁, 屬國盡復, 皆仗皇上之威靈, 告廟獻俘, 此國家之大體
也. 功疑惟重, 罪疑惟輕, 奉有[21b]明旨, 又激勸之微權也. 乃贊
畫丁應泰, 復爲深求, 似有成心. 勘科徐觀瀾, 不卽速完, 料有掣
肘, 以致人心疑畏, 惡語相加, 國體傷矣. 及今宜令贊畫早回, 以安
人心, 勘科速勘, 以省糜費. 至於朝鮮人民, 橫出惡呪, 雖有所激,
亦非事體, 仍行國王查明戒之.

又該太子太保戶部尙書楊等, 揭稱.

倭奴盤據釜山, 肆螫屬國, 天朝興救援之師, 六七年間未易蕩平.
此其志豈在小哉. 乃今鯨鯢屛跡, 海徼廓淸, 實賴[22a]皇上神武
獨斷, 一意進剿, 用能奪關酋之魄, 而成不世之功. 若謂納賄五千,
可使之悉衆以去, 恐理所無. 功疑惟重, 罪疑惟輕, 大哉王言, 足爲
千古斷案矣. 朝鮮恭順之邦, 恥被不韙之名, 卽有呪詞, 當置勿問.
第數萬之衆, 鱗集待勘, 科、部二臣, 不待竣事而歸, 撤兵無期, 糜
餉不貲, 何以結完局, 而慰聖心. 總督、經理之疏, 似非得已.

合無嚴勅科臣, 遵照明旨, 早爲會勘具奏. 儻遠離王京, 往返耽延,
監軍[22b]御史原有紀勘功罪之責, 令速勘結亦可. 倂勅督、撫諸
臣, 亟圖善後良策, 尅日班師, 無致久羈朝鮮, 重困中國, 爲今日計,
無先於此者.

又該禮部左侍郎兼翰林院侍讀學士余等, 揭稱.

功疑惟重, 罪疑惟輕, 所以慰安將士之勞, 振揚朝廷之威者, 聖意
已定. 然必特遣科臣查勘者, 亦以功罪明而後, 可以議輕重. 且令
提功罪之衡, 操輕重之權者, 在上, 不在[23a]下也.

據督臣、撫臣二疏, 則科臣徐觀瀾已回矣. 夫呪詞乃呪丁應泰者,
與科臣無干, 何爲而遽回哉. 且呪詞不揭於贊畫初奏之時, 而揭於

會勘之日, 科臣不回於久居王京之日, 而回於會勘之時. 此其中必有緣故. 但事在異國, 勢難遙斷. 科臣雖回, 亦當不遠, 似宜仍令科臣, 隨所駐之處, 會同總督、經理、監軍諸臣, 各秉公心, 勿執偏見, 速爲勘明具奏. 至於有功, 當從優敍, 有罪, 當以功贖. 宜靜聽皇上處分, 無滋煩議, 以耽日時, 則人心自服, [23b]國體不褻. 士馬蚤得解散, 免致他虞, 朝鮮蚤得安全, 無所顧慮矣.

又該刑部右侍郎董, 揭稱.

東師已奏蕩平, 朝鮮一倭不留, 航海諸軍尤多斬獲. 此天地祖宗之靈貺, 而皇上之聖武布昭, 以全獨克者, 亦大可見. 卽告成於郊廟, 昭示於四夷, 而垂旐光於千古可也.

凱旋、論功, 宜在今日. 乃贊畫主事丁應泰, 倡爲賄倭[24a]之說, 以破全勝之功, 在聖明已洞燭之矣. 唯是朝鮮小民, 揭一神呪, 走二勘官, 致總督、經理一時兩疏. 悵僉謀之未同, 憂勘■[1]之無日. 有不勝其憂讒虞變之■,[2] 其設心亦良苦矣.

夫將士雲集王京, 完勘殊易. 乃因一呪, 曾不少留. 此其中必自有說. 乃功疑惟重, 罪疑惟輕, 皇上之所以制賞罰者, 已昭示中外矣. 玆東征之師, 功在不疑. 卽中有小挫, 而功足以贖. 是在必信行之而已矣.

倘謂勘未報竣, 無以服人, [24b]則監軍猶在師中, 便於責成. 無已則令勘科, 暫住境上, 少待班師至日, 仍與總督、監軍, 公同一勘, 卽可完事. 若丁應泰者, 前經部院會議撤回, 似應仍照原議撤回,

....
1 영인본에 글자가 불분명하나, 잔획을 근거로 論으로 추정.
2 영인본에 글자가 불분명하나, 잔획을 근거로 思로 추정.

以候處分爲妥.

至議善後之計, 以防狡倭之侵, 酌戍守之兵, 以濟朝鮮之弱, 由是
亟行班師, 以省餉餽, 是爲今日上計. 若猶然暴師海外, 恐多留一日
之兵, 是增朝鮮一日之擾, 少須一日之勘, 卽多中國一日之費, 而勞
者不得休, 死者不得恤. 功[25a]罪之際, 迄無甄別, 或釀他虞, 非
帝王恤屬弭患, 鼓舞一世之道也.

又該太子少保工部尙書楊等, 揭稱.

賛畫丁應泰之疏, 大抵不以血戰爲功, 惟以損軍爲罪. 事在彼中,
難以遙度. 但區區之見, 以爲倭奴盤據釜山, 縱橫七年, 朝鮮被其
殘破, 幾乎淪胥爲倭. 賴皇上英斷, 命將東征, 一旦蕩平. 雖未必盡
係將士之力, 較之沈惟敬之初議, 加之以封爵, 與之以金幣, 不能
使之去, 而此能使之, 一倭不留, [25b]其功似亦足多. 其間縱有委
曲解散之情, 似應置之不問. 昔漢帝出黃金四百萬斤, 與陳平恣所
爲, 不問其出入, 千古以爲奇計, 平豈賣國者耶. 何應泰執迷不悟,
而勘科不能諒之, 以心亦惑矣. 節奉明旨, "七年狂寇, 豈五千兩
銀, 能買其退敗." 大哉皇言, 昭如日星, 誠不能出於聖斷之外也.

又看得, 總督邢、經理萬二疏, 大率謂丁應泰百計阻撓, 敗壞東事,
勘科徐觀瀾偏聽其言, 致灰將士之心. 其事之有無, [26a]亦難憑
信. 但所爭者, 只論陣亡軍士多寡耳. 臣查大明會典, 內載, "凡奮
勇迎敵, 殺敗虜賊, 雖斬級數少, 官軍陣亡數多, 仍須論功陞賞, 不
許妄引損軍律例." 又開載, "將領官軍, 如果深入虜營, 衝鋒陷陣,
致有損傷, 不坐將領之罪, 止出格優恤死事之人."

邇者, 倭勢猖獗, 更甚於虜. 諺云, "殺人一萬, 自損三千." 以十萬之
衆, 交鋒對敵, 安能保其無所損傷. 縱如丁應泰所訐之數, 而倭寇

已平, 功浮於罪, 情有可原. 正[26b]明旨所謂, 功疑惟重, 罪疑惟輕. 彼吹毛求疵, 因小害大, 不足聽也.

謹按, 洪武初, 倭寇兩浙, 遣湯和、徐輝祖等練兵, 又遣楊文等出戰, 於海巡倭, 皆上公亢侯、謀臣宿將, 且遲數年, 未得寧息. 復遣南雄侯趙庸、招兵員外郎李淵宣諭倭奴, 迨至二十五年以後, 而海上始得安靖.

今倭寇作亂, 取海外三十六島, 勢如破竹, 朝鮮已半爲倭有, 賴我兵征戰, 保全屬國. 此皆我皇上神武遠振所致, 於[27a]太祖有光. 宜催勘科, 復回王京, 同監軍御史, 盡去成心, 秉公會勘, 據實刻期具奏. 告廟宣捷, 量功行賞, 以慰三軍之懸望, 以揚一人之威靈, 以寒四夷之心膽, 利莫大焉. 仍令總督、經理, 務于釜山, 設立總兵鎮守, 量留精兵一萬, 督率朝鮮, 屯田演武, 以圖善後, 使倭夷永不敢侵疆, 是職等所至願也.

又該都察院左都御史溫等, 揭稱.

國家之舉事, 當惜大體, 軍功■³論賞, 須棄微瑕. 是故搜尋太過, 反爲多事之擾, 攻訐太煩, 必[27b]傷和平之體. 自倭寇蕩平, 大小臣工, 方仰頌皇上威德, 海內可幸無事. 乃各官角勝不已, 殊傷國體. 故今日唯早班師, 乃可以結局, 亦惟早結局, 乃可以止爭.

今將卒方俛首待勘, 乃勘科徐觀瀾、贊畫丁應泰, 徑掉臂西歸. 是班師無期, 而結局無日也. 徒令萬死一生之士卒, 久稽異域, 無論傷戰士之心, 亦恐生意外之變. 大凡事在可疑, 必須行勘, 今東事已顯然無疑.

....

3　영인본에 글자가 불분명하나, 문맥상 之로 추정.

近捧誦綸音, 一則曰, "軍中必血戰, 乃能成功, 不以損傷爲[28a]拘." 一則曰, "自古功疑惟重, 罪疑惟輕. 朕今參酌事理, 獨斷於心, 還從優敍錄, 不必苛詰, 以示朕慶賞德意." 大哉王言. 已洞識軍機, 明見萬里.

惟責監軍御史, 仰奉皇上德意, 着實奉行, 計日奏報, 便可結局. 一面行總督邢, 留水兵數千名, 其餘酌量道里遠近, 徑給路費, 令其陸續回衛, 以待陞賞. 事完奏知, 不必往返再議. 蓋早撤一日, 則省一日之費, 早撤一月, 則省一月之費. 是不費之惠, 息爭之[28b]道也. 若謂勘科、贊畫, 不可不與, 待監軍御史點完軍士, 俱赴遼陽, 會議報完, 未爲不可.

又該通政使司通政使范等, 揭稱.

忠於謀國者, 當先大體, 遠於經世者, 宜順人心. 朝鮮一倭不留, 封疆如故, 人民復業, 是爲有功乎, 無功乎. 我師萬里遠征, 日費不貲, 各懷鄉土, 此時當撤乎, 不當撤乎. 七年不克之狂寇, 謂以五千金買回, 有是理乎, 無是理乎.

及今不議敍功撤兵, 善後凱旋, 徒聽細人之言, 般算是非, 通達[29a]國體者, 恐不應若此也. 矧罪疑惟輕, 功疑惟重, 從優敍錄, 勿得苛求, 上緊班師, 以省勞費. 奉有明旨, 大快輿情. 當事諸臣, 只宜仰承德意, 各釋成心, 作速奉行, 刻期結局, 以慰將士之望, 以全國家之體, 以光皇上安攘之大烈.

又該大理寺左少卿甘等, 揭稱.

贊畫丁應泰賂倭之說, 聖鑑已明, 無庸別議. 及據督、撫邢、萬疏稱, [29b]"科、部二臣, 種種疑忌, 及以呪詞, 故突去王京, 不肯會勘." 果爾將互持異議, 未有已時耳. 竊謂, 天下事宜存大體, 無執成心.

今既一倭不留, 屬國盡復, 便當宣布朝廷威德, 優恤將士勞苦, 其他不必過爲苛求. 伏讀明旨, "功疑惟重, 罪疑惟輕." 二語, 諸臣可以洞然矣.

丁應泰既爲朝鮮痛恨, 必不敢復入王京. 而勘科徐觀瀾原奉特遣, 如蔚山功罪, 自當公同勘報. 萬一勢難久待, [30a]則諸路兵馬, 業經各衙門分投點覈, 應卽令經理、監軍, 就彼虛心一審, 移會該科具題. 倘中間微有異同處分, 聽之聖斷可也.

若勘敍近日四路戰守功次, 與倭退來歷, 則監軍御史宜專任之. 其撤兵善後機宜, 自是督臣之責, 亦當會同撫、按, 上緊計議奏報. 總之, 在蚤圖收拾, 勿更耽延, 不惟坐耗錢糧, 且或釀成他患. 諸臣愼之.

又該吏科等科都給事中等官趙完璧等, 揭稱.

督臣邢、撫臣萬二疏, 大約謂丁應泰, 因朝鮮耆民[30b]抱冤告神, 內不自安, 不待會審, 先離王京, 致勘科亦相隨而西. 嗟嗟, 此應泰之自致也. 識者已憂其所終矣. 豈惟鮮人. 卽東征之士, 誰不欲割刃其胸中者. 應泰之生入遼陽, 幸也.

據朝鮮詛呪之辭, 所深恨在贊畫, 而不在勘科, 則勘科可不必還. 卽還, 亦可復往. 銜命以出, 方在查覈, 潦草報罷, 謂朝廷專差之意何. 丁應泰被此惡名以返, 勢不可復往. 且各營事體, 俱經科部會查, 此時所欠者, 會問一節耳.

伏望[31a]明旨, 促令勘科, 卽回王京, 與督、撫諸臣, 眼同硏審, 仍定以欽限, 使之刻期奏報, 不得照前稽延, 致朝廷賞罰德威, 久格不行. 非所以重國體, 非所以安衆心也.

又該兵科都給事中張輔之等, 揭稱.

> 狡倭盤據朝鮮, 已歷七稔. 屢封復來, 決非五千兩銀可買使去. 聖
> 鑑已明, 無容再議. 惟是贊畫丁應泰, 自奏自勘, 多方造作, 牽合原
> 疏. 至朝鮮素稱恭順, 亦誣通倭, 以故國王具疏, 控籲[31b]君父,
> 通國官民, 泣告神明.

> 應泰去住失常, 良自有故. 若徐觀瀾係特遣科臣, 又與應泰不同.
> 前疏曾盛稱朝鮮忠順節義, 則人情可知. 相應速勅, 星夜再往王
> 京, 將勘過蔚山功罪, 遵旨公同會審, 使萬死一生將士, 不至久爲
> 異域羈囚, 則薄海戴皇上寬恤之恩, 而神人愷悅, 史冊昭垂, 豈非
> 臣子之上願哉. 至應泰傾危奸險, 惟冀聖斷處分.

又該浙江等道監察御史趙士登等, 揭[32a]稱.

> 國家之拯剿倭寇也, 七年經營, 一朝淨掃, 聖心嘉悅, 中外具慶. 使
> 當事諸臣, 同心體國, 早爲勘結, 慰九重宵旰之懷, 答薄海踴躍之
> 望, 釋將士久羈之苦, 省輓輸難繼之財, 豈不共成盛美有光大烈也
> 哉.

> 乃竟以苛察, 致犯公議. 如贊畫主事丁應泰, 及遣勘科臣徐觀瀾
> 者, 且于將次會審之際, 適有耆老呪文之榜, 應泰既不待畢事而歸,
> 觀瀾亦遂爲接踵而行. 不成結局, 何復[32b]欽命. 良可訝也.

> 既經總督邢及經理萬, 各參論前來, 委應議處. 據稱應泰既犯衆
> 惡, 似宜先令回籍, 聽候處分, 以安衆心. 徐觀瀾既離王京, 亦難責
> 令復往會勘. 但其所勘, 原係島山等處功罪, 及隱匿陣亡等項情由.
> 今經查勘已畢, 當亦業有次第, 所少者一會審耳.

> 合無行令本官, 止將前項勘過文冊, 移文督、撫及監軍御史知會,
> 同爲題奏, 以憑宸斷. 其九月以後倭退擒斬功次, 已經督、撫紋題

者, 悉令監軍御史, 就便覈實具奏. 至善後撤[33a]兵事宜, 幷責督、撫, 作速從長議覆施行, 則事局早結, 浮議自息. 蕩平之政, 不外是矣.

各等因.

所據諸臣參詳督、撫二疏, 各矢公評, 具有前揭. 大都以國體軍情爲重, 竣事班師爲急. 臣蕭等, 旣職掌與議, 竊謂主事丁應泰往年之初疏也, 非盡無因, 其在于今, 堅執求勝之私意, 遂致羅織之太苛. 將士旣已離心, 屬國復爲滋懼, 倉卒馳歸, 殊駭觀聽. 諸臣謂其損傷國體, 臣等亦以爲然. 若令仍復會勘, 未免掣肘[33b]耽延. 或令回籍, 或令回京, 仰聽聖明處分. 其勘科徐觀瀾, 奉有查勘蔚山等處功罪專勅, 會勘已完, 所少者一公審耳. 責任重大, 豈應泰所可牽引.

查據本官移書撫臣, 內云, "暫移數舍, 恭候明旨. 儻遂所請, 便馳車西邁. 不然, 文移往來, 恃主盟, 速畢王事." 是科臣尙在凜凜候命, 未嘗不以完勘爲事也. 或者果爾量移, 以便淸[34a]理文冊, 皆不可知. 且蔚山等處功罪, 旣經親勘, 或回王京, 或就近處, 隨便會同監軍御史陳效, 各秉虛心, 從公確議, 馳奏還朝, 方爲不負特簡.

其九月以後四路功罪, 與夫善後留撤兵將等項事宜, 俱應嚴行督撫、監軍等官, 作速勘處, 毋徒滋議, 以致虛糜. 此皆諸臣條議之所及, 臣等曷敢有異同焉.

及照朝鮮受誣一事, 其國君旣急於自白, 其國人又急於爲其君以求白, 至告之神明, 不少避忌. 雖情實憤激, [34b]而體或非宜. 第念東征七年, 本以存恤寡小, 不必過爲責備. 唯是陪臣逡巡恐懼, 待命日久, 仍祈俯檢臣等前議, 亟下勅旨, 馳慰王心. 俾曉然告戒國人, 共仰皇上日月之明, 不爲人言所惑, 擧國安心, 共圖善後, 毋得仍前疑畏, 妄生怨

詛, 自蹈無知之罪. 庶幾於始終字小大義, 稱完局矣. 臣等區區之愚如

此, 統候聖裁, 臣等遵奉施行.

等因.

奉[35a]聖旨, "覽. 卿等今次會議, 各出公論詳明, 更無異詞. 國是方定,

人心方服, 如何前議止以數言了事. 豈朕委託之意. 國體軍情, 皆朝廷大

事. 朕豈以一小臣私忿妄訐, 不念將士久戍勞苦, 與屬國軍民泣籲苦情.

丁應泰, 舉動乖謬, 威制勘科, 幾誤大事, 姑着回籍聽勘. 徐觀瀾奉有專

命, 還赴王京會勘, 務須秉公持正, 以稱任使. 一面着督、撫詳別四路功

罪, 善處留撤事宜, 星夜馳奏. 勿得妄懷憂疑, 稽留軍事. 朝鮮王, 你部裏

移咨慰諭, 俾知朕始終字恤德意, 仍令戒諭國人, 益堅[35b]恭順之節."

欽此.

6-3

奏辯東征始末疏 卷6, 36a-66b

奏為賊臣黨和賣國, 謀殺戰臣, 懇乞天恩, 亟行查勘正法, 并先賜罷臣,

以救東征文武事.

本月初十日傳到贊畫主事丁應泰揭帖一本, 為賊臣賂倭賣國, 邪臣橫詆

怙奸等事.

大概以今日四路掃蕩、一倭不留之全功、大捷, 皆歸於和, 以臣因中路失

事, 授意史世用, 令茅國器斂鹽菜銀, 賄倭.

又云, 撫臣差史世用之子, 一帖諭國器擔[36b]當, 一帖諭正成, 許以陪臣, 而正成得假官, 爲質以五千金作面皮, 反遺米二千五百包、馬五百匹倭刀一百二十把、金圍屏二架, 其餘器械無算. 西路水陸, 亦有質有賄.

又該左給事中徐觀瀾一本, '爲竭忠報國, 受侮辱命等事.' 首辯剃眉之事, 三軍悅服, 未曾喧噪.

夫剃眉有何可悅. 此不通之甚, 瀾何敢於上前, 說謊如此. 至謂臣授意茅國器, 與倭講和, 賄以五千金, 倭酋遺酒、米、刀、馬而去. 總之前後[37a]語意, 全宗應泰之疏.

夫倭至狡也, 至貪也. 往年朝廷以寶册、金印, 特遺勳臣, 遠至其國. 而當事者私帶名馬、珠玉、宮錦、彩粧, 何止數萬計, 而釜山一倭不肯撤. 今據二臣所言, 各倭以一二假官、數千金面皮, 不候陪臣, 輕棄四路大險而去. 且所遺米糧、馬匹、器械無算. 是所得不償其所失, 恐倭不如是之愚也.

況中路大酋在水中, 死者死, 擒[37b]者擒, 死者有級, 生者有人. 若石酋首級之眞假, 臣不得而知. 但生擒倭將、從倭與石酋之姪, 計孝窩一、門子窩二十數人, 先在全州, 後在王京教場, 每見酋級, 卽環跪而泣.

且向解功遊擊王元周, 告討牛酒, 沐浴而祭之, 問級爲誰, 僉曰, "石曼子." 此督、撫、按、道、總、副、參、遊數萬官兵, 所共聞共見者, 臣等亦安能強使別作一人. 況見在解京, 臣據撫、鎭節有塘報, 皇上令府、部、科道, 公同一審自知. 若曰石酋未西[38a]救行長, 又曰陳璘止殺守島倭級百餘, 多殺鮮人報功, 則副將鄧子龍、朝鮮總兵李舜臣, 爲何而死.

而鮮之南海士民不下萬餘, 與陳總兵, 爲詩詞歌章四五十道, 沿途焚香接待. 豈以報其殺人之讐乎. 況見獲倭將、從倭, 皆爲石曼子一路者. 若劉綎創始誘殺行長, 襲取倭橋, 一日而奪大險二百里, 行長僅以身免, 講和者, 固如是乎. 觀瀾非倭族類, 何昧心苦苦爲外夷掩敗, 爲諸將沒功也.

夫水陸斬級一千餘, 燒船七八百, 生擒賊首從倭, 以數[38b]十計. 器械、旗幟, 以千餘計. 八道蕩平, 一倭不留, 卽講而得此, 亦爲奇捷. 茅國器之功, 更當首錄矣. 奸臣賊子卽千百其口, 以翻天覆地, 無論中外文武難欺, 卽五尺之童, 亦皆笑而罵之矣.

不意靑天白日之下, 魑魅魍魎, 敢於作亂也. 至於指藍芳威爲證, 泰至星州, 以盟弟帖請威, 一連七次, 中夜懇求作證, 爲芳威所鄙, 按臣、鎭、道諸將所笑. 威千總萬國鼎, 談之甚詳, 而挐擊揭辯. 按臣與衆文武會審, 全然不聞此等. 瞞天大謊, 敢欺[39a]君父, 是可忍也, 孰不可忍也. 泰繼又捏臣饋送許許, 又不明指動何銀送何人. 凡外而戰將、義士, 內而閣部、科道, 正人君子, 皆指爲邪, 鑿空駕虛, 以聳天聽, 欲一網打盡. 不畏公議, 不顧衆證, 喪心塗面, 欺天罔人, 無賴一至於此.

又曰, "關白七月已死, 正成歸心甚切, 欲討一箇面皮, 卽日收拾渡海", 此尤不通. 夫關酋死於七月之初六日, 順風旬日可傳倭營. 此時我未進兵, 正可討面皮之時, 何七月不去、八月不去、九月不去、[39b]十月不去、十一月不去.

且淸正九月修城, 行長十月修城, 又新建樓房十七間, 似爲久住計. 乃忽然王子不候, 陪臣不候, 紬、米不候, 擒其大將不救, 殺其島主不救, 舍其輜重不顧, 狼狽而去. 此何以故. 蓋四路攻圍已兩月, 雖中路失事暫停攻打, 而圍逼照舊. 且陸兵衝其前, 水兵撓其後, 柴薪、水漿俱缺, 朝鮮之糧不供, 舊蓄之糧已焚.

又恐水兵斷其歸路, 絕其糧道, 而東南風起, 返舟爲難. 賊籌之熟矣, 安得不退. 若以倭欲歸爲易與, 則十月初二[40a]非關白死之第四月乎. 而中路喪師數千謂何. 是倭果以關白之死生爲去留、強弱乎. 泰等不過借此以掩其戰功也. 泰謂知倭欲歸, 何不一候其自去. 賊臣啓口, 皆爲倭作說客.

使依泰計, 九月不進兵, 賊將朝鮮一年之糧, 再收拾去, 我何所因以圖賊, 賊何所忌憚而肯去乎.

且泰旣云, "四路各敗歸信地." 若謂倭退之日, 我無一兵與戰矣. 又曰, "各有斬獲." 則斬之者又何人. 旣曰, "西路水陸各差官, 送行酋渡海." 若謂兩路倭賊, 各講而退矣. 又曰, "水[40b]中斬獲更多." 則殺之者又何. 故夫亦應泰方寸潰亂, 本欲加臣以和, 又不覺講成戰功乎.

且行長差倭將要時羅, 清正一差倭將舍生門樂信大, 再差倭將化叱大里小如文, 俱來講和. 臣悉行監禁, 將一年矣, 今俱擬解京. 臣旣監其人, 又與講和, 有是理乎.

觀瀾初至平壤, 見原任同知鄭文彬曰, "戰者無識, 啓釁到底, 講和爲便." 見臣滿口稱首揆之盛德高見, 又云, "儻和可講, 生願擔當." 臣直詞拒之曰, "和可講, 沈惟敬當先爲之矣. 何待今日." 又對[41a]同知通判韓初命、陶良性等言, "朝鮮安能常爲戌守. 仍當講和, 不可輕戰." 言之不置. 及中路失事, 逢人曰, "戰已不成, 急當改局, 能講和者, 可任他去做."

又云, "史世用曾入倭營宣諭, 如和事做得來, 亦叫他去做." 臣見伊意指不好, 因行一牌於兩監軍道, 訪拏出入倭營之人. 蓋爲史世用曾入營中宣諭, 恐受其愚而別講也. 此牌亦抄一紙, 送觀瀾及陳御史. 觀瀾何不言臣拏世用, 而曰受意用之乎. 此等言語情狀, 王京文武無不知之. 不知是臣受[41b]張位意指講和乎. 抑觀瀾受志皋意指講和乎. 蓋瀾出都門, 已受皋指授, 與泰結爲死黨, 昏夜往來, 形跡不避. 人謂, 應泰之初疏, 皆志皋、觀瀾等同謀共議, 各有遺書, 爲泰所執.

泰在王京, 見觀瀾一牌不投, 卽對丘一復云, "我一盤說出去, 大家俱了不得." 此瀾之所以畏泰如虎, 不敢不聽其驅使也. 皇上試看觀瀾前後章疏. 曾勘完某路, 確有定見定議, 以報[42a]皇上乎. 不過聽應泰播弄, 作踐將官敗壞戰事, 而末後一疏, 全是泰稿, 人言嘖嘖, 謂爲泰所做. 且隨泰東則東, 西則西, 朝夕不離, 無言不從. 至遍地與三路大帥、偏將, 認錯認罪曰, "我誤聽人言, 願舍我一官, 爲各官剖白." 此與麻貴、董一元、監軍道梁祖齡、監軍陳效、將官解生、王國棟、許國威、茅國器等多人, 於點兵時, 在公所, 對萬餘人面講者. 後回見臣, 亦自認不是.

又云, "初不知西路之大捷, 後始知之, 悔亦[42b]無及. 然亦賴有監院一疏說明, 小疏不足爲重輕也." 以上言語, 乞皇上召諸臣赴京, 會九卿、科道面問之, 瀾敢不認乎. 撫臣萬, 固同鄉之相知者, 苦口開導諫正, 瀾無言可答, 止云, "恐泰纏我, 顧不得了." 又對海防道云, "吾兩人勢不能分, 願與同壞." 此何等語也. 夫觀瀾奉旨特遣, 當中立不倚, 秉公勘事. 乃與原奏應泰渾[43a]爲一家, 且敢扶同以欺皇上, 此何以服人心而副簡書.

至于向來和黨逆天奸弊, 應泰撓亂根由, 臣久欲一言上聞, 又恐大傷國體. 此諸黨所以猶得搖唇鼓舌, 縱橫欺罔也. 臣受辱受窘至極, 實不能忍矣. 請爲皇上悉數之.

倭賊之始寇朝鮮也, 怯于平壤之一挫, 方求所以緩我、愚我者, 不可得. 乃有沈惟[43b]敬出, 倡爲和議. 適値碧蹄之敗, 議論蜂起中外, 任事之臣不敢言戰, 而惟敬之術始售. 乃輔臣趙志皐深信其說, 而主持于中, 樞臣石星深信其說, 而擔當于內. 惟敬于是引類呼朋, 布滿中外, 相與爲奸矣. 惟敬入告于樞臣、輔臣者, 倭止求一封已也. 而敬之所以許倭者, 止一封而已乎. 樞臣、輔臣入告于皇上, 亦曰, "倭止求一封已也." 而二臣之許惟敬者, 亦止一封而已乎. 去年二月內, 淸酋島山困[44a]後, 差倭將送一書, 與副將吳惟忠. 本官通抄送各衙門, 內云.

一. 日本大閣[4]殿下, 向大明而更不乞封也.

．．．．．．．

4　영인본에는 大閣이나, 이는 太閣의 오기. 이하도 동일함.

一、七年之前征伐朝鮮之時, 淸正擒朝鮮王子兄弟也. 其時沈惟敬爲大明之勑曰, "罷兵, 赦還王子, 則萬般之事, 可從大閤殿下之命令焉." 以是王子雖不可赦還, 依大明勑而赦還王子者也. 其時有大明日本和平條件五件也. 其一曰, "割分朝鮮之地, 屬於日本之事." 二曰, "王子一人渡於日本, 謝恩、謝罪之事." 三曰, "迎[44b]大明"云云.

詞語悖甚, 臣不忍言, 蓋指和親之事.

四曰, "朝鮮國王之權臣, 題盟書誓, 詞永不可畔於日本之事." 五曰, "金銀、米穀, 歲送於日本, 幷官船、商船往來之事." 此五件一亦不從. 此大閤殿下之命也. 大閤殿下大動怒, 丙申歲九月, 送書於大明曰, "是大明僞而如是乎. 朝鮮僞而如是乎. 若朝鮮僞, 則可征伐也." 其書回書丁酉三月以前可回報之旨, 言之. 雖然, 竟回書不來也. 因玆丁酉年[45a]再發兵, 征伐朝鮮也. 南原之事亦此意也. 大閤殿下命此五件也. 五件若調, 則和事可成. 自今以後計和, 五件至要也. 此五件者, 六年前五月天使往於日本之時, 大閤殿下之命也. 此五件達於大明乎, 不達乎.

等語. 臣見之不覺怒髮上指, 恨不得一時盡啖狂酋與和黨之肉. 因兩次將其使監禁, 至今未放.

又憶丁酉三五月, 沈惟敬正在調劑, 明言倭之再犯, 責朝鮮不遣王子[45b]陪臣稱賀. 又明言朝鮮舊有紬、米與倭, 而今不與. 夫所云, "王子稱賀." 卽王子謝恩之事也. 曰, "陪臣渡海." 卽永不畔於日本之事也. 曰, "舊有紬、米." 卽金銀、米穀, 歲送日本之事也. 而獨於割地、和親兩事, 則諱言之. 不意惟敬等之諂媚倭奴, 敗壞國體, 取笑外藩, 遺羞後世, 眞萬段不足贖者.

又憶是時守關主事張時顯, 搜獲當事者差官齎送彩幣、宮錦幷金玉、綾羅等物, 而以堂官體面, 難發其事, 止叱阻而回. 未令出關, 臣至[46a]關, 又與張主事相約謂, "倭最狡, 奸細遍地, 沈惟敬之黨, 且出入爲奸, 宜嚴加關防." 乃有一監生汪鳴和者, 背包馳至該關, 主事審其言語張皇, 因索其箱, 得書二十餘紙, 皆沈惟敬之黨, 如陳雲鴻、沈懋時、錢士魁等之書.

或述首揆之語, 或述本兵之言, 或欲動餉銀以媚行長, 或令惟敬上本以求旨意, 或爲行長置買藥材, 或爲行長備抄倭情章奏邸報. 自輦轂以至釜山, [46b]朝廷一舉一動, 行長無一不知. 仍將其人譴叱而去, 而內閣、本兵, 以此深恨時顯. 時顯遂不安其位, 引疾而去矣. 時顯見在可問, 卽此而知五件者不特惟敬許倭, 而二臣亦且許敬矣.

敬以此輕許, 而倭亦以此日望. 臣固的知, 倭非一封與紬、米之所能退也. 封使甫回之時, 倭已潛伏二十萬衆於對馬島. 沈惟敬知之而不肯報. 且日報正成自日本來, 必然撤兵. 及正成來而兵不撤, 敬對楊元云, "事成不得了."

又見[47a]明旨罪責本兵, 遂率營兵二三百人, 赴宜寧, 與平調信講話. 調信果以兵五百來迎, 蓋原有密約而逃也. 此賊中國虛實動靜, 何所不知. 臣恐其一入倭營, 不特洩我虛實, 抑且授倭方略, 潰且不止於外藩, 禍將蔓及於中國. 故臣先以計撤營兵, 以剪其羽翼, 後執惟敬, 以絶禍本.

麻貴遂將敬解臣, 甫抵平壤, 而又爲蕭應宮所留. 首揆猶然遺書撫臣謂, "惟敬, 可復用否. 朝鮮人口傳, 不知可信否. 惟敬[47b]如至今有異心, 愚亦甚矣. 倭地豈其藏身之所也. 恐必不然. 何遽執拏之. 壞事之人可恨也. 惟門下於總督公處, 力調停之. 仰望不淺." 等語. 是惟敬執, 而志皐之恨臣, 日深矣. 幸皇上英明獨斷, 下樞臣於獄, 置惟敬於法, 命臣等一意用兵.

然志皐日惴惴懼以此敗, 謂必壞戰事, 方可復修舊約, 日在窺伺而無其由者. 而贊畫丁應泰又怨臣、恨臣, 求所以害臣而無其主者. 蓋臣初任事時, 都中縉紳舉以泰之制行、心術, 僉言於臣, 謂難[48a]與共事, 不惟禍人, 抑恐禍國, 當早易之. 及至密雲, 泰已知都中之有議, 託密雲道布政王見賓、管糧郎中梁祖齡, 進言於臣求解.

臣尚未知應泰之爲人, 因致書都中爲之解. 泰始終爲懼, 日在猜疑. 及至山海關, 都中之議復起, 蓋訝臣之留用也. 本官又知之, 且垂首喪氣, 形神銷鑠. 臣知本官之終難共事, 議將山海關主事張時顯, 補贊畫, 而以應[48b]泰補守關. 疏已成, 而時顯稱病中止. 不意, 應泰聞之大怨矣. 應泰所怨者在臣, 志皐所恨者在臣. 兩人相得, 如魚投水.

臣執惟敬時, 泰移書於原任海防道蕭應宮, 有曰.

昨具小啓, 報謝明公, 已附舊人一語, 蓋指惟敬也. 玆拜大書之辱, 特言, 惟敬當憐. 仰見明公, 至虛至明, 天高地大, 日照月臨, 則明公今日之謂也. 惟敬之執也, 不肖不能解, 近疏之發也, 不肖不能聞. 蓋是時不肖已至廣寧, 而制臺尚在前屯、寧遠之間也.

及見廠戎報執惟敬, 不肖[49a]對客拍案叫苦, 已知倭情之必變. 然不謂閑山遽失, 南原遽圍也. 彼元庸冑將謂執一惟敬, 便是奇功, 而制臺遂有近疏也, 則奈何.

明公保狀到之日, 制臺面語部、道, 似難許可. 不肖從旁倡言云, "海道大見老成, 長慮非漫. 然舉動者, 既有印保, 責有專任, 卽以惟敬付之, 何憂何慮." 及今日公見制臺, 又慮其從之多而變之起也. 諸公似以爲然. 不肖又倡言之, "惟敬既無羽翰, 安能沖天. 何變之有. 而海道定有籌策也." 制臺乃以其主留平壤, 而以數[49b]僕左右之, 餘衆似欲解也. 第其主既在, 用以通事, 便可措手. 此明公不以劄敎, 而不肖自然仰體台意也. 此字乞卽投之水火, 則大幸.

等語.

此則應宮錄以送撫臣, 借泰言以見公論, 欲釋惟敬者. 指證甚明, 則泰爲敬之死友可知, 尙謂不相識乎. 是志皐所用事之人, 卽應泰所保留之人. 而臣顧執之, 安得不日謀所以害臣、中臣哉. 泰以休寧十萬之謠, 知遺穢尙在, 不理衆口, 而竄身政府. 政府以朝鮮巡撫許之, 泰又借撫臣以招權, 納賄籠絡東[50a]征不才將士, 爲之爪牙. 每見一失意之將、革退之官, 則委曲搜羅, 多方結納.

至於臣門下官, 亦時時召致, 婉言嬌色, 或挑或激. 凡說東事者便曰, "忠直豪傑, 後當不負." 且侈口許封拜, 許大將, 許偏裨, 則又藐無天日. 劉三傑, 尤總兵答應官也, 則託之訪事, 許以三屯守備. 黃應璧, 董總兵旗鼓官也, 則款禮有加, 許以坐營. 葉靖國, 臣標下占候官也, 則下轎折節, 許爲遊擊.

許國威、茅國器, 皆已參之官也, 則留飮通宵, 國威項帶金玉素珠, 皆強騙去. 又[50b]附國器耳曰, "以後當爲通家兄弟, 保做總兵." 孫統, 革退旗牌也, 則平壤召飮, 致書勘科, 許以敍錄. 促勘科參革董一元, 則許陳寅以中路總兵, 使之束裝到任. 促勘科參麻總兵革職, 則許吳惟忠以東路總兵, 使之就近秉鉞. 或許李芳春以遼陽協守, 或許藍芳威以西路協守. 凡吏掾、皂卒, 皆許把總, 無人不哄誘. 若兩僧人周慈、範仁, 旣在許國威營內食糧, 又在陳寅營內食糧. 而誆騙福營石大成、戴賢、許龍、王秀等, 不下百金, 且許臺頭路中軍. [51a]

江一鵬東征將官, 則發銀四錢, 託本官買梨. 本官差家人劉武, 齎粟具銀二百兩, 秋梨四百箇, 於正月初九日, 投送收訖. 又因趙儼投在門下, 遂發牌於該營, 不許, 難爲本官, 儼卽送銀三百兩收訖. 在慶州每夜邀陳寅入衙門議事, 陳寅向周陛說, 丁爺常用銀賞人, 陛遂向各部斂銀二百兩, 與熊良相送訖.

遣長隨答應官邵養秋、劉壽，將銀在遼陽西關內夏六家，時常迎買布花紬段，用驛馬馱，送朝鮮販賣營利千餘金，付泰收用. 差舍人陳王[51b]庭，挐銀一百兩，往鳳陽買參一百二十斤，致堡官科斂陪補不堪.

縱家丁何來，姦王寡婦女王奶哥，有家丁丘天知爭姦，將奶哥拷打幾死. 泰反將伊母枒打，要將奶哥賞軍. 伊母急將房一所，賣銀二十五兩，與陳登雲過送方免. 又指稱，牆外有人拋石入衙，行都司挐解五衛捕盜，先將指揮康國胤責二十板，共索五衛銀三十兩，付心腹李應試過送免究. 又令常隨官王熙，取官娼田孩子奇玉進衙，貪夜輪宿. 門子李世全往復接送可審.

假稱[52a]場中替說武舉，詐取武生董文明銀五十兩，貂皮一把. 係南兵于千總說送. 又舍人劉世祿、張朝舉、張志成、陳王庭、佟應武、朱繼宗，欲避重差，託充跟隨食糧，共送銀九十兩，王熙過送，因而行票取用.

受楊元銀一百兩，許替開重罪，李應試過送. 後元斬訖，取銀未與. 康國胤證. 李應試包姦娼婦劉魁蘭，因巨富張柱觝觸，怒稟應泰，要挐張柱綑打，柱急送銀一百兩、金段二疋，劉良送訖方免.

自朝鮮歸遼陽，將湯站堡官康兆民，重責五十板. 後泰[52b]復往江東，兆民差伊弟與長行人李承慶說知，與銀二十兩免責. 劉世祿可審.

泰時常差人過江往王京訪事，被委官李守廉不容通行，泰鎖挐綑打. 本官慌懼，送銀五十兩、海獺二張、五花江席十領，隨卽不較，後成通家. 舍人葉世榮證.

長隨官王熙，冒食錢糧三分，頂王成營內張達子、高達子任達子虛名，錢糧皆入私囊. 翁有聲、吳良選，浙營寫字書手也，乃徑批領狀，豫支七月至十二月糧菜銀十四兩二錢四分. 王文、王惟誠，薊永營哨官、旗[53a]牌也, 則徑批領狀, 豫給餉銀八兩九錢.

丘一復, 坐營寫字也, 則徑行張維城處, 給工食銀三十兩. 後因以在泰面前方便, 又嚇銀二十兩. 尤可異者. 罷官曹深, 應泰給票, 一名經歷下一名千總下各三十員名, 一名把總下十員名. 又一票給官丁劉卿等九十一員名、馬九十三匹, 一票給王賜印等一百六員名、馬一百一十一匹. 常在龍山倉支領米豆. 其餘零星, 不能細開. 又指薊永營書識家丁薛應瑞、王可成、何子明、靳仲文、王朝印等, 或一二[53b]十名, 或三五十名, 或百名, 應泰給票, 混支米豆, 任心腹奸識丘一復, 變賣入己.

夫應泰非領兵之官, 何以有此多人. 而支用錢糧, 不呈督、撫, 俱徑行動支, 人不敢問. 臣一查考, 卽促勘科, 假借別名, 恐嚇問官. 至于中軍周陛等, 贓私巨萬, 寫字丘一復、熊良相, 誆騙二三千金, 與夫陳寅私囊, 俱泰爲之收藏窩主.

差吳良選於正月十六, 差翁有聲於本月十八, 而葉邦榮兵士鄔文魁、陳子信、陳得勝, 俱給馬票口糧, 改易名姓. 向李芳春、牛伯英營, 要馱[54a]騾三十頭, 將各犯贓私與本官行李, 令良選等, 先押進關. 幷將各營書識、告狀軍丁及各役親識行李. 張齊等、劉春等、盧安等、任花等、雷廷保等、吳永平等、唐堯春等、李進銀等、王秀等、朱元奉等、王尙武等二百餘人, 俱馳驛傳食而去. 自王京起行之日, 所到館站, 雞犬無遺, 牛畜盡帶, 而館內細器, 則家人收拏一空.

泰與觀瀾先在星州, 將太守李守一, 剝去衣帽, 赤身毒打一百餘鞭, 而高陽太守李成祿, 被責十五板, 黃海節制使徐渣、平山府使[54b]羅級、瑞興府使崔山立、黃州牧使禹俊民等, 皆被責打, 鎖帶一站, 跟送一站, 鞭撻士民, 平壤至義州, 人民聞風逃盡.

十一月初十日至安東, 各兵俱在陣所, 泰令人將千、把總衣箱行李, 盡行搜刮, 以尋陣亡冊底爲由, 獲有銀兩, 盡入於搜人手. 十二日至<u>義城</u>, 又搜遊擊<u>葉思忠</u>營千、把總行李, 致營中失火. 將忠妾弟<u>陳五</u>還官銀九十六兩搜去, <u>陳五</u>曾哭稟勘科, 仍責十五板. 各營嚇詐搶奪, 不能一一悉數. 十七日至<u>慶州</u>, <u>周陛</u>又密教各營中軍[55a]千、把總書記, 如<u>翁文正</u>、<u>胡大勝</u>等, 饋賄求免, 人各二三十金. 衆目難掩, 此特騙害小事耳.

所可恨者. 各兵正在<u>島山</u>, 圍困淸酋, 疏貴晝夜擐甲, 伺隙而動. 而<u>泰</u>與<u>觀瀾</u>嚴牌, 盡撤兵赴<u>慶州</u>點驗. 海防道力求更番調查, 不聽. 十七日點兵, 而酋十八日遁去, 致失此機會, 未得邀擊. 次日仍重點馬兵, 故意牽扯, 使不得襲<u>釜山</u>之賊. 夫<u>淸正</u>幸率衆而逃, 儻乘虛內訌, 何可當也. 於今將士言之, 猶裂眥痛恨. 東路斬獲獨少, 爲此故耳. 二臣誠何心哉.

去年[55b]三月間, <u>泰</u>差家人, 馱送皮包二箇、馬四四, 行至<u>沙嶺</u>, 偶遇虜搶去, <u>泰</u>要嚇參備禦管<u>應律</u>, 令陪價一千兩. <u>應律</u>無奈, 行令守堡官軍及屯人遍出銀, 已追過五百三十餘兩, 尙在刑比, 遼人不堪其命. 又密令心腹<u>張堯佐</u>等, 潛往各營, 布散流言, 只說聖上注意<u>丁爺</u>, 但看節次旨意可知. <u>周陛</u>又爲之遊揚, 自副總、參、遊而下, 或百兩、或五十、或三十不等, 各將畏其兇鋒, 不敢不應. 稍遲者卽行指摘. 計贓又何止數千. [56a]似此盜弄威福、顚倒是非, 直以生殺榮辱之權任之, 而妄指皇上眷顧, 且誇耀於文武, 大開騙局, 人號爲江東天子. 又安知有臣等區區督、撫哉. 皇上觀其節次章奏放肆, 全無人臣禮, 可以知其在外國之橫也. 夫朝廷出使諸臣, 卽評博中行, 亦賜一品服色, 蓋欲使中國之臣, 庶等于外國之藩王, 簾遠堂高, 誇示四夷. 乃<u>應泰</u>日捏章奏, 辱罵閣、部, 辱罵科道, [56b]辱罵督、撫, 辱罵總、副諸臣, 備極惡語, 彼亦何所恃, 敢於君父之前, 全無忌憚. 此等章疏, 刊刻遍布朝鮮, 流傳倭營, 使外夷視中國, 爲何等體統法度. 辱君辱國, 莫此爲甚. 皇上以<u>應泰</u>當誅否乎.

兵貴先聲, 臣方揚言水陸官兵百萬、七十萬, 降倭出訴皆云, "倭營咬指, 以爲天兵多多來也." 應泰乃備詆蔚山之喪敗, 備言兵糧■不支, 損[57a] 朝廷之威, 長驕倭之氣, 使益輕中國, 而啓其戎心, 堅其死守. 據全羅傳 報, 謂淸、行二酋, 差朝鮮人, 潛往各營, 以倭刀、漆碗, 買應泰之刻疏, 進 看, 拍手大笑, 謂, "中國氣力如此乎." 是泰明爲倭奴作奸細, 而泄漏軍 情, 東征文武無不欲食其肉, 而剝其皮. 皇上試度此心, 果忠朝廷乎, 忠日 本乎. 卽將泰粉骨碎身, 亦不足以盡其通倭賣國之罪.

將士之氣, 多方鼓舞之, 猶恐其不奮. 乃[57b]當兩軍對壘之時, 應泰在王 京, 今日搜某將箱櫃, 明日搜某兵行李, 今日拏將官之家人, 明日拏將官之 椽識, 如盜賊入室殺人放火之狀. 而又促觀瀾, 今日參總兵, 明日劾參、 遊, 使臨敵將士, 人人自危. 皇上試問二臣, 與東征官兵何恨, 朝廷何讐, 日本何德. 而如此摧殘將士之氣乎. 是明爲關白先鋒也. 此等舉動, 皇上 以爲忠乎, 奸乎. 臣謂卽誅二臣, 不足以贖其殺人媚倭之罪.

文武官兵, 寄命異域, [58a]皇上日日發兵發餉, 忠臣義士, 日日露章, 不曰 非十萬精銳不可, 則曰非二十萬水陸不可. 應泰乃當大敵壓境之時, 倡爲 減兵減餉之說, 刻疏一布, 三軍聞之, 洶洶湧湧, 心膽皆寒, 垂首喪氣. 倭 奴聞之, 舉欣欣色喜, 兇鋒益熾. 夫倭奴東西堅巢, 綿亘千里. 臣四路分 布, 尙捉襟露肘. 官兵見逼倭奴, 至海南一線, 再一減撤, 則戰守兩難, 必 然捲甲北徙, 是九分之恢疆, 將以子[5]賊, 兩道之附民, 適以資敵. 我退彼 進, 使狡倭乘虛長驅, 留守官兵將無噍類, 朝[58b]鮮立陷矣.

朝鮮陷, 則以日本之強盛, 加以八道之兵糧, 如虎而翼, 必據鴨綠以窺遼 東, 據黃海以窺登、萊、淮、揚、天津, 岌岌則陵京震驚, 皇上得安枕乎. 志

....

5　영인본에는 子이나, 이는 予의 오기로 추정.

皇以密勿大臣, 不爲請兵請餉, 亦附合抗章, 欲減兵退守, 何不思之甚也. 忠臣義士, 每一念至, 無不欲借尙方之劍以斷應泰之頭. 皇上試詳, 應泰此心, 果忠[59a]朝廷乎, 忠關白乎. 其禍國家、危社稷不淺, 卽滅應泰之族, 何以償其賣國之罪.

朝廷動義兵於海外, 朝鮮猶水也, 官兵猶舟也. 水能載舟, 亦能覆舟. 卽厚結其心, 尙恐不得其力. 乃應泰連疏, 不曰朝鮮原貢日本也, 則曰朝鮮原欠紬、米也. 不曰朝鮮通倭也, 則曰朝鮮饋糧獻圖也. 使該國君臣, 日塞門充巷, 以辯極冤, 掛榜撰歌, 以呪應泰. 是使[59b]皇上拯捄之仁, 泰激之而成攜貳. 皇上久屬之國, 泰證之而屬日本. 朝鮮如懷異心, 是十萬官兵投之虎口.

儻日本執於此說, 則所望于朝鮮日堅. 朝鮮屈于此說, 則所恨于中國益甚. 挑日本之爭, 啓朝鮮之貳, 皇上誅暴字小, 兩無一當. 此等章疏, 可刊布外夷否乎. 應泰操心, 果爲朝廷謀乎, 爲日本謀乎. 忠臣義士, 每念及此, 又無不欲斷應泰之頭, 而拔應泰之舌也.

皇上添設文武, 出師外國, 固欲上下相維, 指臂相[60a]使, 群策群力, 合而滅賊. 乃應泰當臨敵之時, 一時欲斥總督、斥巡撫、斥監軍、斥總兵斥偏將. 夫臨敵易將且不可, 泰乃擧朝廷東征救屬保邦之臣, 一網盡打. 是欲陷朝鮮乎, 欲救朝鮮乎. 是欲保社稷乎, 危社稷乎.

皇上賜臣勅劍, 惟恐官兵之不進. 應泰倡爲撤守, 惟恐官兵之不退. [60b]皇上屢旨, 戒士卒不畏偏裨, 偏裨不畏主帥. 應泰則出示懸賞, 使士卒訐偏裨, 密書密劄, 使偏裨訐主帥, 且幷連督、撫. 皇上以泰爲朝廷申法紀乎, 壞法紀. 正人心乎, 壞人心乎.

且擧朝廷股肱心腹耳目重臣, 皆血口深文, 詆辱誣陷. 此等奸臣賊子, 必使中外人心, 皆無父無君, 忠臣義士, 皆被讒被黜, 中國大亂, [61a]主上勢孤, 邪佞禍國之臣布列爲奸, 而後快于心. 此臣每謂朝廷紀綱風俗、人情世道, 由應泰而大壞, 誠國家罪人, 名敎首惡. 皇上細察其奸謀, 而詳其逆志, 卽斬于外國, 使外夷尙知朝廷有法, 中國有人也.

尤可恨者. 觀瀾銜命爲朝廷耳目之官, 應泰自負爲[61b]朝廷直諫之臣, 乃征剿勞臣, 無一不被指摘, 擒斬功次, 無一不被破壞, 所以攻擊戰臣, 始終不遺餘力. 而主和之臣, 其媚倭通倭, 納金納幣, 或許封貢, 或許和親, 或辱使臣, 或辱君命, 自山海以至釜山, 人人能言其事.

而倭書倭使, 二臣知見最詳, 乃始終不聞一字, 以報皇上, 以發其惡狀, 而隱語漫詞, 日日代爲和黨, 掩飾代頌功德.

而應泰貪橫萬狀, 中國官兵、朝鮮臣庶, 岌岌乎將激而成變. 瀾旣無一言上[62a]聞, 又不敢一語相勸. 且勘事已完, 而不肯完, 使將士敍者不得敍, 撤者不得撤, 留者不肯留. 使臣等憂讒畏禍, 救過不暇, 不得悉心以善後. 奸臣止知爲和黨報復, 卽禍國家不顧, 能不令人切齒痛心哉.

以上情狀, 皇上或以臣爲怨恨之口, 惟願遣人中外一訪. 如有一人不言應泰之奸邪背逆、驕橫怗終, 觀瀾不爲應泰一黨, 臣願甘斧鉞之誅.

泰又云, "至王京, 一言不與勘事." 而滿城拏人夾打. 奸識如丘一復等, 心腹如周陛等, [62b]見隨西行, 不離左右, 此昭昭在人耳目者, 尙敢說謊欺君, 其餘欺罔, 又何所不爲. 無論差他營之人不時赴京, 串通和黨, 以破壞東事, 卽臣奇兵營家丁十一名, 如黑大中、王志擧、王思信等, 往來齎書揭本章, 赴首輔與和黨大奸相謀畫, 何次不以稟臣, 泰尙敢欲皇上鞫問乎.

然應泰平生不齒於人, 見人縮頸俛首, 無容身之地. 而末路以託身輔臣, 又適一[63a]言偶中皇上所斥之輔臣. 遂以此驕人縱橫, 視取開府大卿, 如執左券, 動以去國之臣, 箝衆人之口, 激皇上之怒. 觀瀾亦拾其餘唾, 每借張位以中人. 恐二臣之良心雖喪, 天下之耳目難掩也.

二臣一失身, 和黨勢如騎虎, 自度不極力以攻戰臣, 則無以結和黨之歡, 不極力以壞戰功, 則無以掩和黨之罪, 不極力以排朝鮮, 則無以罷戰, 不極力以罷戰, 使功廢半途, 則無以陷朝鮮而見主戰之失策, 不極力以詆主戰之[63b]失策, 則無以見封和之當再擧.

推其心, 必使戰臣盡去而後封和可行, 封和行, 則二臣固坐躋高官, 和黨亦可再出. 而無窮隱禍不知, 又將何法以推之他人. 如爲盜者, 非不知犯法之殺身, 然目前之富貴可圖, 且以驕其妻妾, 而日後殺身尙望倖免. 此奸臣賊子不顧朝廷, 不畏公議, 其設心類如此.

夫臣忝爲朝廷大臣, 惟努力滅賊, 已甘心隱忍, 不樂與奸臣擊搏. 但二臣立心, 不但謀殺臣等不已. 且恐和黨伺隙通倭, 死灰復然, 則[64a]國家無幸. 臣固不得不一言發其奸, 使異心之臣, 稍知斂戢, 不致句引外夷, 以啓釁端. 願皇上熟察忠邪, 早爲嚴禁, 以保已成之功, 以杜將來之禍也. 臣知此疏一上, 和黨必竭死力以殺臣. 然微臣儻能以言悟主, 不至禍國家、危社稷, 則臣卽死於奸臣之手, 亦所甘心.

東征文武, 遠在外國, 沐雪餐風, 草行露宿, 鞠躬盡瘁, 竭死力以滅賊, 以報[64b]朝廷, 何負國家. 乃賊未平也, 百計陷之, 賊盡平也, 又百計壞之. 將士含冤, 文武解體. 成功光景, 尙且如此, 倭如不去, 又將何如. 國家以後有事, 孰再肯宣力疆場, 以自罹網羅哉. 國事至此, 可爲痛哭流涕者也. 觀瀾、應泰, 獨非臣子乎. 中路之失, 中外快快, 彼獨喜動顏色. 四路之捷, 中外欣欣, 彼獨愁蹙眉額.

明旨催勘, 文武苦留, 乃不住王京以完公事, 卻相[65a]約于平壤、義州之間, 共上私疏. 蓋二臣日盼東事之敗, 而一見大捷, 欲敍功, 則恐違和黨, 且自悖前疏, 欲論罪, 則恐違公論, 且見在一倭不留. 是以觀瀾難於下筆, 不得不尋間構隙, 脫身而去也. 二臣已甘心戰臣, 不知尙欲如何誣捏. 近四路大帥與各偏裨, 紛紛赴臣泣訴, 謂願不敍功早放生還. 臣不知後事將何所措手.

事干大奸大逆, 伏乞皇上, 將臣先行罷斥, 仍勅下部、院, 將東征文武, 悉 [65b]召進京, 令大小九卿、科道, 公同面鞫. 如臣果有講和用賄實跡, 卽斬臣于市, 以正欺君辱國之罪. 如二臣果黨和壞戰, 捏殺戰臣, 亦乞卽斬二臣, 以爲奸邪陷害忠良之戒. 而應泰與各惡贓跡, 仍一併究問, 東事幸甚, 臣愚幸甚. 除蕭應宮支銀一事, 臣另本詳陳, 請行遼東巡按御史查勘外. 等因.

奉聖旨, "這事情, 曾經兩次會議, 屢旨處分. 丁應泰已回籍了. 徐觀瀾, 還著遵旨會勘復命. 卿宜安心經略, 以奏成績. 朕倚信專篤, 不必多懷顧慮. 以[66a]後各官, 亦不許再行分辯瀆擾. 該部、院知道." 欽此. [66b]

6-4

請勘錢糧疏　卷6, 67a-75b

奏爲狡臣飾罪妄奏, 懇乞聖明嚴行查勘, 以明心跡事.

近該贊畫主事丁應泰, 結黨陰謀, 敗壞戰功, 甘心禍國, 因科臣參論, 狂詆橫捏, 以惑天聽. 除另疏陳奏外, 內有軍餉一事, 謂, "昔舊海防道蕭應宮, 旣爲臣所揭矣, 果有罪當去, 臣何得以軍餉銀一千四百八十兩, 贈之使費." 云云.

噫, 此事乃應泰爲蕭應宮說謊愚人, 被臣查出, 追還該[67b]庫. 泰日慮臣參, 今反以此加臣, 爲先發制人之術, 何狡而且橫, 一至于此. 臣謹詳始末, 爲皇上陳之.

臣于萬曆二十五年九月十三日, 據分守遼海東寧道右參議張登雲呈.

蒙臣批. 據金州營把總指揮于變龍呈稱, "職于二十三年三月內, 奉明[6]挑選各營軍士, 跟隨護送遊擊沈惟敬過江東封, 到今三載, 今撤回營. 據百總、管隊滕凱等各役, 自二十五年正月十六日起, 至本年八月初七日止, 過江歷過日期應支鹽菜銀兩, 未蒙請給, 呈乞明示, 照前[68a]造冊關領, 庶各軍得霑實惠." 等情. 蒙批, "仰分守道查報."

蒙此, 行據遼陽通判𤇆守節呈.

依蒙, 查得, 金州營把總于變龍, 于二十三年三月內, 奉明[7]管領金、復、蓋、寬奠營軍士二百名, 護送沈惟敬東封, 在彼三載. 今二十五年七月內, 奉文撤回, 于八月初七日過江.

把總于變龍, 自二十五年正月十六日起, 至本年八月初七日止, 計一百九十九日, 每日該支鹽菜銀三分, 共銀五兩九錢七分. 正馱馬二匹, 每四日支料草銀一分五釐, 共銀五兩九錢[68b]七分.

原領軍士二百名內, 除病故及無馬回營等項軍士一十五名不支外, 今見在軍一百八十五名. 內, 滕凱等一百六十五名, 自本年正月十六日起, 至本年八月初七日止, 除小盡三日外, 該一百九十九日. 每名日支鹽菜銀三分, 該銀五兩九錢七分, 共銀九百八十五兩五分. 見在馬一百七十一匹, 每匹支料草乾銀一分五釐, 該銀二兩九錢八分五釐, 共銀五百一十兩四錢三分五釐.

....

6　영인본에는 明이나, 이는 命의 오기로 추정.
7　영인본에는 明이나, 이는 命의 오기로 추정.

先差過江軍丁良等二十名, 自本年正月十六日起, [69a]至本年五月
十五日止, 除小盡一日外, 止該一百一十九日, 每名日支鹽菜銀三
分, 該銀三兩五錢七分, 共支銀七十一兩四錢. 馬二十四匹, 每四日支
料草銀一分五釐, 該銀一兩七錢八分五釐, 共銀三十五兩七錢.

通共該銀一千六百一十四兩五錢二分五釐. 看得, 于變龍等見在官
軍馬匹, 各既奉文護送沈惟敬, 東封異域, 延住日久, 歷過鹽菜乾
銀, 似應准給.

緣由. 到道.

惟恐不的, 隨移文海蓋道, 并寬奠營副總兵馬棟備查. 隨准手本, 回
稱, [69b]"查與前數相同."等因. 到道.

看得, 把總于變龍等鹽菜、料草銀, 既經海蓋道、寬奠副將馬棟, 并通
判俎守節, 各查明前來, 似應准給. 但各軍在外無功, 虛費糧餉, 所討
鹽菜, 似屬過多. 惟復仍應量給.

等因. 呈詳到臣.

該臣詳批, "據議, 各官軍既在外無功, 虛費糧餉. 沈惟敬已拏, 准量給三
分之一. 繳."

續據該道呈稱, "行據通判俎守節, 遵依查照放散."外, 續于本年十月
二十七日, 臣偶未開門, 該道先具稟于臣, 云.

據于變龍等累次來稟. 伊等鹽菜等銀, 先[70a]告軍門, 止准三分之一,
仍要全給. 本道示以沈惟敬無功, 已批不准給, 難以再請. 今蕭海防
至遼陽, 又屢向本道來講, 謂, "各官丁, 海外異常苦楚, 歷過月日, 錢
糧乃是應得. 沈惟敬固有罪, 官丁何罪. 況官丁錢糧不接, 本道與沈惟
敬, 已將自己廩糧, 借給各官丁. 貴道不與, 不惟難爲官丁, 且難爲我."
等語.

而贊畫力爲代講. 但詳已批定, 欲呈, 恐涉瀆擾非體, 不呈則蕭道來講, 似本道掯勒. 而見在相隨官丁, 除發金、復外, 尙有七八十人在此, 日日來[70b]纏. 蕭道恐本道無憑, 欲自具印領爲照, 如有差錯, 願甘承認.

等情.

遂又據該道呈稱.

復據于變龍呈討未給二分銀一千七十六兩三錢五分. 又據沈惟敬下家丁李春等五十五名, 自本年三月初一日起, 至八月終止, 役過糧銀四百九十五兩. 內, 李春、沈國等四十五名, 止蒙每名賞銀二兩, 共銀九十兩. 仍該未給銀四百五兩, 連前共該銀一千四百八十一兩三錢五分, 似應俯准. 合無乞行管糧董郎中查給.

等因. 到臣. 因見部、道公講, 遂批行[71a]移文董郎中查給間, 又該臣查看得, 于變龍等軍丁, 多半回衛, 儻有冒領, 後日于變龍等告討, 何以應之. 隨牌行分守道, 會同董郎中, 查明詳報. 隨據該道回稱.

看得, 各官軍家丁, 跟隨沈惟敬, 在外無功, 歷過餉銀, 委難全給. 合無止將先次給過銀兩, 姑准領用免追. 其後次呈討銀兩, 俱應照數追還. 除移文管糧董郎中, 查扣還庫外.

等因. 回報, 在卷.

又據該道呈.

據通判俎守節呈稱.

卷查, 先蒙蕭海防道發下. "金州把總于變龍及家丁李春等, 原[71b]在朝鮮地方偵探, 日久缺乏盤費, 赴海防蕭按察使, 告借隨帶公費銀, 請發各員役鹽菜銀兩補還. 本道遂用本道印信一領備發." 本職于備倭馬價銀內, 借去銀四百三十兩. 蒙軍門明文, 不准開銷, 此銀俱應追還.

緣由. 到道. 看得, 蕭按察使既經遣戍, 前銀已經借給各丁, 亦應補還該道. 今俎通判懇呈開銷, 似應俯從.

等因. 其呈, 到臣.

詳批開銷間, 該臣查得, 各官丁歷過錢糧, 雖係應得, 但已回衛, 日後恐有差錯. 因行該道再查. 據張參議具稟[72a]于臣, 云.

查, 蕭海防領銀之事, 緣二十五年十月間, 有江東跟隨沈惟敬官軍于變化[8]等一百八十六員名, 告討歷過鹽菜銀一千四百餘兩, 呈蒙軍門批查間, 蕭海防至遼陽, 日爲官丁講要前銀, 說是本道與沈惟敬, 在江東先行借支銀兩, 用印領一張, 與本職强, 要領銀. 彼時丁贊畫見蕭海防被逮, 謂, "此銀乃官軍還海防作盤費者." 而董郎中與本道初不之知也.

及丁贊畫又力爲講說, 謂, "官丁歷過鹽菜, 本道應得之物. 況蕭沈已經借給, 今蕭[72b]當患難之時, 人尙憐而助之, 豈可以已借之銀, 反捎而陷之."

是以不得已, 本職同董郎中、丁贊畫, 面稟軍門批給間, 及軍門東行途間, 又說, "官丁不知曾借蕭海防銀否, 後日給散不明, 再來具告, 則責在部、道. 還要行查, 不可混支." 牌未至而蕭道已行矣, 乃留家人書辦守候此銀. 本道恐其侵沒, 又差二官承同去廣寧錦衣處, 交與蕭道. 彼時蕭道中軍劉天秩, 誰不見者.

及軍門牌行, 查追前銀, 則銀已入蕭道之手, 被逮赴[73a]京去訖. 本道差人至途間, 索取前銀, 蕭道云, "銀是我二人借與官軍歷過鹽菜. 如

....

8　영인본에는 化이나, 이는 龍의 오기.

有差錯, 我印領在你道裏, 我自任之何妨."

及蕭道入關, 各官丁一時不能拘審. 軍門又行嚴催, 是以復呈云, "鹽菜原係借過蕭海防公費銀, 難以盡追." 所以軍門止批允四百三十兩. 其餘者, 緣各部、道, 先與伊代講應給, 恐軍門致怪. 旣恨而又憐之, 遂將董郎中, 楊、丁二主事, 及海防道代支蕭道公費銀兩, 幷本職五人俸糧公費議補.

是職與董郎中, 俱受其欺. 彼時丁[73b]贊畫亦認銀二百四十六兩五錢六分, 後以自賠太多, 又取回九十兩六錢六分. 丁止賠銀一百五十五兩九錢, 董郎中賠銀一百五十兩, 楊贊畫賠銀二百四兩一錢四分, 梁監軍賠銀一百四十兩, 蕭海防俸薪銀二兩三錢九分七釐一毫五絲, 本職賠銀三百九十八兩九錢一分二釐八毫五絲, 共銀一千五十一兩三錢五分, 俱已還庫訖. 似與職等無干也.

等因. 具稟, 到臣.

臣思, 應泰眞簧鼓小人, 奸險極矣. 當蕭應宮奉[74a]旨被逮之時, 應泰賣友市恩, 愚各部、道, 共爲代講, 力求補還應宮借給軍人之銀. 及臣行牌查問, 不惟自賠公費, 又復將陞任楊贊畫員下公費, 暗爲具領, 支伊二百餘兩, 且于內抽使銀九十餘兩.

仍恨臣未允前銀, 屢向人怨望, 今恐臣參, 反駕空妄奏, 以爲臣送使費. 夫臣旣送應宮使費, 緣何泰等代爲還銀. 閃爍變幻, 全無良心, 各部道, 無不唾罵之. 夫前項銀兩, 乃官軍役過應得者, 應宮具有印領, 部、道共講. 臣尙前後如此愼重, 卷案俱在, 泰以此[74b]誣臣, 其無所不誣可知矣.

臣無他長, 獨于錢糧一事, 極其用心. 臣恐東征錢糧衆多, 頭緒浩繁, 一有不明, 則奸人借口誣臣名節. 故于去年春間, 有"錢糧各有正項, 經承宜有專管等事"一疏, 以江東錢糧, 聽經理撫臣、海防道、備倭郎中、同知, 江西錢糧, 聽遼東撫臣、分守道、管糧郎中、通判, 各分管, 止報總數于臣稽查. 臣一分一毫, 幷不經手.

今應泰反捏臣, 以動支帑銀, 贈送應宮, 搖惑觀聽. 臣雖極愚, 敢以軍餉, 公行部、道, 餽衛恨犯罪之人乎. 且前[75a]銀明係應泰市己之恩, 計愚各官借去. 雖泰與各官, 自將公費等銀, 徑自還訖, 然不知于變龍等, 曾否先借.

事干錢糧, 伏乞勅下兵部, 移咨都察院, 轉行遼東巡按御史, 提金、復等營官丁于變龍等查審, 總該伊銀若干, 給過若干, 未給若干, 蕭應宮等實借給各員役若干, 一一查算的確. 應給官丁者, 查給官丁, 應還應宮者, 明立文案, 應還庫者, 著落各人名下追還. 明白回奏, 聽候處分, 庶軍餉得以清楚, 臣之心跡可得[75b]而明矣. 等因.

奉聖旨, "兵部知道." 欽此.

6-5

善後大將疏　卷6, 76a-80b

題爲狡寇已蕩, 善後宜周, 乞就近調用大將, 以固屬藩, 以均勞逸事.

准經理朝鮮軍務都察院右僉都御史萬會稿.

　　竊以倭奴之窺外藩, 而殘屬國也, 八年於玆矣. 往者天討蹶於驕兵, 主封竟成藉寇, 冊使既返, 我武再揚. 乃和戰之途既殊, 而朋比之奸益固, 妄幸興屍之慘, 以實己言, 甘棄恢復之邦, 圖掩前過. 賴皇上英斷, 必滅狂鋒, 天地[76b]效靈, 祖宗陰佑, 百年盤據之穴, 蕩于一朝.
箕封再存, 屬國無恙, 誠人力不至於是也.

但朝鮮新復之後, 一切凋殘. 精壯抽於兵戎, 老弱疲於負戴. 瘡痍既
甚, 耕獲更稀. 七歲之間, 兩遭流徙, 無兵無食, 何以圖存. 今既再造其
封疆, 可不綢繆其戶牖. 除善後諸事, 統俟各鎮、道酌議停妥, 嗣當請
之聖明.

惟是大將一官, 係三軍司命, 戰守彈壓, 悉由主持. 今東事已奏全功,
水陸四提督, 皆制勝[77a]之將也. 留一以任其事, 甚稱便宜. 顧劉綎,
以押川兵當行. 麻貴, 以先期至當撤. 董一元, 起於病廢, 蓋捐軀以從
戎. 陳璘, 數瀕危亡, 欲息肩而暫逸. 職雖責以大義, 然其勢、其情, 眞
有不能盡強者. 職嘗讀東山之詩, 見周室君臣所以勞苦戰士, 情誼藹
然, 從軍之人, 感激上恩, 雖破斧缺斨, 不以爲厲, 以其體悉之至也.
皇上德威庥罔, 總歸裁成. 彼四臣者, 既奏膚功, 委應簡用, 或畀之大
鎮, 以展其才, 或優以淸華, 以養其[77b]力, 使無慆慆零雨之思, 而有
祈祈采蘩之慶. 誠主恩亦臣之微也.

其提督水陸大將, 相應另擇謀勇威望素著者, 以任之, 庶上以寬皇上
東顧之憂, 下以裨職同舟之益.

等因. 會稿, 到臣.

該臣會同經理朝鮮軍務都察院右僉都御史萬, 巡撫保定等府提督紫荆等
關都察院右僉都御史汪, 巡撫山東等處地方督理營田提督軍務都察院右
僉都御史尹, 看得. 鎮守山東等處地方防海禦[78a]倭總兵官、左軍都督府
署都督僉事李承勛, 一腔韜略, 百練才猷, 赤膽信於千萬人, 部曲鹹稱夫
死士. 素志不染錙銖利, 地方共道其福星. 歷任南方, 處處紀維屛之績,
兩守東徼, 在在增壁壘之光. 誠有可以制價藩, 眞無愧於典屬國.

且登州與朝鮮一水之隔, 朝帆夕棹, 便達遼陽, 無滯道途, 遂可任事. 原缺
卽以提督天津登萊旅順等處地方防海禦倭總兵官左軍都督府署都督僉
事周于德補之. 然島氛旣銷, 內地息警, 海防提督衙門, 卽當[78b]議罷.
且移此去彼, 一葦可杭, 所省旣多, 瓜期靡遠.

伏乞勅下兵部, 覆加查議, 如果臣等所言不謬, 將李承勛, 以原官調赴朝
鮮, 總領善後水陸官兵. 合用勅書、關防等項, 另行換給. 卽以周于德, 以
原官調補山東海防總兵, 遺下天津員缺, 不必推補. 其征東提督總兵官麻
貴、董一元、陳璘、劉綎, 俱勞苦功高, 宜酌量另用, 以酬多伐. 等因.

奉聖旨, "兵部知道." 欽此.

該兵部覆議.

為照, 東征事竣, [79a]方議振旅. 乃朝鮮善後一節, 不得不量留兵馬,
以圖萬全. 尤不得不擇用將領, 以重專閫. 臣部初欲于見在四帥內, 選
留一員, 就彼總理水陸官兵, 一以取其駕輕車而就熟路, 一以取其朝
拜命而夕受事耳.

今據經略總督邢、經理巡撫萬會題, 麻貴等, 應與恤勞優處, 而擬用
李承勛、周于德, 轉移調代. 蓋不獨為諸帥息肩謀, 而更為殘屬得人
計也. 查據麻貴兩年異域, 險阻備嘗, 陳璘力戰海洋, 幾乎不免. 茲值
[79b]事寧之日, 委當與之暫假休沐, 生入玉門, 所謂節之而不忍盡其
力, 揆之人情也, 固宜. 劉綎, 奉旨督兵, 委任方殷, 董一元, 失事戴罪,
議論未定, 則代四帥而典屬國, 誠莫良于李承勛. 代承勛而鎮東土, 尤
莫便于周于德. 因地酌材, 因材器使, 蓋籌之熟矣.

但承勛專閫異域, 善後事宜關繫甚重, 應比照麻貴, 仍加提督, 以重
事權, 以便行事. 旣經具題前來, 相應酌請. 合候[80a]命下, 移文經略、
督、撫衙門, 查照題議事理, 除劉綎已奉明旨, 提督土漢官兵回川外,

其厖貴、陳璘、董一元, 俱行撤回, 或將應撤官兵, 責令三將分統, 先後起行. 各官總俟敍功, 或推補鎮缺, 以究其用, 或別從優異, 以酬其勞.

李承勛, 仍以原官提督南北水陸官兵, 充防海禦倭總兵官, 不必候代, 速赴朝鮮任事, 其符驗、旗牌、關防, 卽將厖貴原領者, 交代收用.

周于德, 調鎮守山東備倭總兵官, [80b]符驗、旗牌、關防, 照例就彼交代, 各具由回奏. 原領天津、登、旅總兵符驗、旗牌、關防, 另行奏繳. 遺下員缺, 不必推補. 二官勅書照例請給. 并咨保定、山東各該撫按, 一體查照施行.

等因.

奉聖旨, "是. 劉綎已有旨了. 厖貴、陳鱗、董一元, 俱准撤回聽用. 李承勛, 仍以原官, 提督南北水陸官兵, 充防海禦倭總兵官, 速赴朝鮮任事, 周于德, 調鎮守山東備倭總兵官, 俱寫勅與他." 欽此.

6-6

題監院恤典疏 卷6, 81a-87b

題爲監軍憲臣, 身故異域, 懇乞聖慈破格恤錄, 以勵忠勤, 以光戰伐事.

准經理朝鮮軍務、都察院右僉都御史萬會稿.

照得, 監軍御史陳效, 自去年十一月初四日, 同科、部二臣, 躬臨水陸四路, 查覈節次征進功罪. 後部覆, 奉有明旨, 科臣止勘稷山、青山蔚山、島山之功, 二十六年九月以後功次, 俱監軍御史覈勘. 科、部二臣, 遂以今年正月初十日先回王京, 陳效仍[81b]歷西路及水寨, 查覈新功, 點驗兵馬, 至二十六日始回.

於時四路諸將, 以次撤回王京. 職與督臣會驗功次, 及譯審倭將、倭從口詞已畢. 監軍仍細加檢勘, 幷聚瘞首骨, 以封京觀, 功冊俱印發該道訖, 刻日具本相次奏聞.

至二月二十六日, 督臣及職約於關王廟, 齊集諸將士, 面議功次. 監軍先期出牌, 自發盟誓, 務秉公論、勿滋後言. 是日, 職與督臣, 相次往拜. 職至稍晚, 日已就晡矣. 坐間, 效尙訂翌日早至, 以完[82a]大典, 無何痰發疾作, 遂瀕危殆. 於時督臣邢, 四路提督麻貴、董一元、劉綎、陳璘, 海防監軍道王士琦、梁祖齡, 及各營路偏裨諸將, 俱至寓所, 百方調治. 無奈受病已深, 精氣俱竭, 延至三鼓, 竟不能蘇.

竊念, 本官久勞使旃, 溘先朝露, 一身萬里, 童僕俱無, 異域他邦, 孤魂旅櫬. 六軍七校, 無不痛心, 道路驚聞, 潸然出涕. 職等長號飲泣, 相與失聲.

且也命使淪亡, 雅稱賢傑, 策勛有待, 飮至無朋, 海外遏征, 眞爲變事. 除職未至時, 贊畫累疏擊效, 聞[82b]其爲抱公論, 每氣欲死. 職不敢述他人之口吻以贅, 然以職耳目經見, 蓋不能無遺恨於同舟者, 敢略陳之.

方勘科徐觀瀾之至王京也, 日以矢公、矢愼自許, 效相與極飲. 卽與贊畫丁應泰, 朝夕往還, 無不披露心腹. 無論督、撫、大將, 卽營兵部卒, 皆獲有天日之望矣. 及偕行會勘, 種種異同. 麻貴、茅國器, 有功之臣也, 贊畫嗾其指彈, 監軍杳不知狀.

四路倭蕩, 全勝之捷也, 贊畫授意論罪, 監軍據實報功. 剪髮、剃眉,監軍以爲不然, 贊畫力主而必施[83a]其慘毒. 撤兵調將, 監軍以爲誨寇, 贊畫乘機而竟解其長圍. 如奸犯周陛之出入二臣衙門, 監軍勷以失風憲之體. 勘科非不面信贊畫一語, 便生同室之疑.

營識丘一復等之捏報陣亡, 監軍欲明分病故之條. 勘科非不謂公, 贊畫不從. 無奈寅恭之誼, 憤憤不得, 幾欲拳擊贊畫之膺, 手披贊畫之顙. 監軍兩道, 每事解紛, 將歸王京, 欲明公議, 集中國之將吏, 合藩鄙之君臣, 務採群情, 以昭輿論.

乃監軍之節甫至, 勘科之轡遂馳, 扼腕搥[83b]胸, 竟成隔越. 及贊畫、勘科之疏, 相次瀆奏, 互相雷同, 效剚心刮腸, 剖其朋比, 氣結臆滿, 恨不瀝血以叩九閽, 廢食廢眠以期披露. 對職每語, 便至勃然, 且曰, "信奸人之言, 附誤國之口, 若止坐我溺職, 猶爲宗社之麻. 如使彼說得行, 必撤藩籬之固, 此其小者也. 如文武將吏何, 官軍十萬何." 幽憤所鐘, 展轉難白, 激卬之過, 遂致隕身. 賢勞未暴於宸衷, 綜核尙需於閫外, 齎志以歾, 良可畫傷.

等因. [84a]會稿, 到臣.

該臣會同經理朝鮮軍務、都察院右僉都御史萬, 議照. 監察遼海朝鮮軍務監察御史陳效, 選於庶僚, 特承上簡. 旣慷慨以憂國, 又督察以安邊. 矢心制敵之機宜, 士卒皆爲之鼓舞. 殫志專征之功罪, 天日共肆其降臨. 但以秉公持正之不阿, 遂爾惡惡疾邪之已甚, 一腔吐於奏草, 豈忘碎首之忠.

七尺委之要荒, 眞是裹屍之烈. 況萱堂垂白, 家圍有倚閭之親, 繡斧澄[84b]淸, 外國鮮攀車之嗣, 揆之人理, 其何以堪.

查得, 往歲平倭, 及近年討逆, 視師監軍, 俱有陞廕. 今陳效艱險備嘗, 抵排遝至, 竟委命異域, 以死服官. 且聖斷東征, 群奸極力破壞, 非效秉公持正, 人心必至動搖, 一舛機宜, 將危社稷. 此其深勞顯伐, 當十倍往昔之賢, 似應特加優異, 以慰忠魂.

死者有知, 必冥鼓厲氣, 以蕩妖氛, 陰奮鬱靈, 以折朋黨. 其生承渥澤, 希肯構以報[85a]君恩者, 又可知矣.

伏乞勅下該部, 再加查議, 如果臣等所言不謬, 將陳效贈官賜諡, 厚錫世廕. 除朝鮮感激惠綏, 任彼立祠崇報, 仍建祠鴨綠江口, 歲時致祭. 豈直褒嘉臣節, 亦且揚厲國功矣.

再照, 東事勵勤, 首尾八祀, 勘功之使, 業兩遣矣. 在科臣則終局委謝, 已勘而不肯結, 在監軍則中道棄捐, 已勘而不得結. 東征數萬之衆, 皆越國征進之兵, 事定功成, 豈能久[85b]待. 在中國月餉之費, 計十八餘萬兩. 在朝鮮行糧之費, 計六萬五千石. 無論中國坐食之委, 朝鮮不節之嗟, 久戍思歸之人, 可旦夕而淹留乎.

且東征垂將二年, 稷山等舊功, 已經一年三閏月, 四路新功, 又四閏月矣. 科臣徐觀瀾, 聞抵廣寧, 應撤官軍, 臣等恐糜費糧餉, 已陸續發行. 然舊功會勘已完. 在各官之功罪, 則有會審登答之公冊, 在兵馬之損傷, 則有科、部自造之原冊. 見發該道. 又[86a]有各將辯白之結冊, 亦在院、道. 勘科或回遼陽, 或回王京, 數日可完. 至於新功, 監軍公同鎮、道, 查勘已完. 況活倭見解獻俘, 朽骨封之京觀, 卽有勘者, 無所用其事事矣.

臣等屢奉俞旨, 一則曰, "朕念將士勞苦, 宜加恩敍. 勘明馳奏, 以慰軍心." 一則曰, "文武將士功次, 著上緊敍來. 念其遠征久勞, 許從寬擬, 鹹使霑被慶典." 一則曰, "該督、撫等官, 速將功次勘明馳奏." 一則曰, "功疑惟重, 罪疑惟輕. 朕今參酌事理, 獨斷於心, 還[86b]著從優敍錄, 不必苛詰, 以示朕慶賞德意." 欽此.

竊窺, 聖度淵微, 亦在寬與速矣. 且也海氛淨盡, 屬國奠安, 覆卵傾巢, 除根拔本. 皇上神武超邁, 帝王厭難摧兇, 諸將士不能無微功焉. 卽有損傷,益徵血戰. 容臣等遵奉屢旨查敍, 幷參酌監院原勘冊卷, 據實敍列上請.

惟聖明或下之部議, 酌量陞賞, 以酬長征之勞. 或仍遣重臣、憲臣, 復行查

勘, 則[87a]請將各官兵, 留住山海, 就近面審, 庶東征文武, 過江有期, 而

生者死者, 各得蒙恩而塞望矣. 統乞聖明, 早賜裁定. 臣愚不勝惓惓. 等

因.

奉聖旨, "覽奏. 監軍陳效, 身故可憫. 念其有功委命, 著從優擬恤來. 將士

新舊功次未勘, 旣有冊卷, 就著差去科臣徐觀瀾, 公同督、撫官、邢玠等,

查對勘結. 仍從寬作速, 以示德意. 將官有緊關的, 許■[9]面審軍兵, 一面

撤還. 該部、院知道." 欽此. [87b]

6-7

獻俘疏　卷6, 88a-113b

題爲倭氛已蕩, 遵例獻俘, 幷解進得獲器械, 備審倭將口詞, 以光慶典,

以俟宸斷事.

准經理朝鮮軍務、都察院右僉都御史萬會稿.

　　據中東西禦倭監軍海防兵備道山東布政司右參政王士琦、右參議梁

　　祖齡會呈.

　　　　據備倭管餉運同吳良璽, 同知韓初命, 通判黎民化、陶良性呈稱.

....
9　영인본에는 글자가 흐려서 보이지 않으나 문맥 및 표점본에 따라 一로 추정.

職等會同遊擊王[88b]元周, 及久在倭營坐營謝用梓、李大諫、吳宗道, 吏目項汝變, 通使雷四、李文彧、伏朗、梁忠介等, 譯審得生擒倭將.

一名平秀政, 又名窩一, 又名吉漂葉. 年二十七歲, 薩摩州人, 平秀久之子, 義弘族姪. 世傳每年食米二千包. 萬曆壬辰年, 秀政同義弘之子舊石羅, 往倭京, 與平秀吉作當頭, 住三年. 關白因收爲養子. 執稱, "天朝給有都督箚付, 但收存彼國." 無憑查考. 甲午冬, 回薩摩州, 次年春, 領兵五千, 來泗川, 同義[89a]弘屯住泗川.

一名平正成, 稱係薩摩守, 本名花壓石, 又名大石馬. 年四十歲, 爲義弘下大將, 管三島, 一撤子馬、一阿思米、一兄加. 領兵馬六千, 每年食米二千包. 自二十五年三月初一日, 領兵至釜山. 後行長回日本乞封, 正成回至加德等島. 二十五年九月內, 領兵復至泗川. 二十六年二月又回加德島. 七月又來泗川屯住.

倭役一名窩二, 又名撻呢鴉馬吉只所. 年十九歲, 係義弘外家室, 卽中國門子.

其石曼首級, 據平正成、平秀政俱供[89b]稱, 日本大官三箇, 一箇是石曼子, 卽義弘, 一箇是莫離多羅, 一箇是掖鴨斯. 獨石曼子領自己兵五萬來泗川. 日本稱石曼子爲大元帥, 極尊大.

十一月內, 倭橋行長, 被圍窮急, 欲回無路, 差人向石曼子求救, 十五日至泗川. 石曼子卽日督令本營船三百隻, 將官鴨南皇衝鋒船六十隻, 對馬島太守衝鋒船八十隻, 隨後船隻不知其數, 奔救行長. 十七日晚至露梁. 十八日夜四、五鼓時分, 遇天兵對敵. 天黎明, 十九日, 石曼子金頂樓船撲向陳總[90a]兵船攻打,被天兵戰船分圍, 放火焚燒, 石曼子被斬. 平秀政、平正成、窩二等被擒.

凡頭目好漢倭將, 俱被殺死. 石曼子親弟兄四人. 其大兄爲大石曼子義久, 見在日本, 爲關白八歲子阿虛來義父. 二兄石曼子名義弘, 原是薩摩州王, 後關白收服, 令爲島主. 在露梁被殺, 見有首級. 其子龐荅法赤羅, 年二十二歲, 面有黑龐, 見替父職爲薩摩島主. 三石曼子賽門, 在家病死. 四石曼子那咨貲咨撒, 見在薩摩州, 不管事. 其平義智、平調信、平管在首[90b]級, 係是擒倭慶哥及南海官民所供認.

平正成等稱, "是對馬島倭將, 水路隔遠, 原不認識." 倭將斜哆撒馬明石飛驒一里金幷嶽思急等首級二十顆, 逐顆驗認. 平正成等稱, "皆係薩摩州上官好將, 是實." 重復更換通使, 再三譯審辨驗, 各無異詞.

等因. 呈詳, 到道.

據此, 案照, 先蒙本院憲牌.

准總督經略軍門咨.

先據統領水路禦倭總兵官陳璘塘報. "二十六年十一月十九日, 督率官兵, 各駕唬、沙等船, 前往露梁洋迎敵, 生擒倭將活倭, 幷斬獲倭級. [91a]隨卽塘報." 訖.

續據本官塘報, 爲逆酋已獲, 審證甚眞, 請乞改正, 以彰天討事. 內稱, "前獲倭將, 據倭兵雷四譯審得, 三婆羅吐稱, '此係大總帥平正成, 不是石曼子部下.' 乞要改正." 等因.

備咨, 仰道會同該路總兵, 將所獲倭將、活倭, 逐一細加譯審, 果否眞正, 取具略節供詞, 與節次所獲倭器見在該營與已交

庫者, 逐一查照. 原申解批文, 赴韓同知處查出, 幷將供詞及見
在倭將、從倭, 同先發遼陽羈候. 倭將、從倭姓名與應解倭器數
[91b]目, 檢點停當, 造冊通詳, 會題施行. 其應解倭將、從倭、倭
器, 仍著令各總兵衙門, 委的當員役管解, 以防疏虞. 其沿途至
京盤費, 斟酌議給.

等因.

又蒙本院憲牌.

　　准總督經略軍門咨.

　　　先據水路塘報稱, "生擒倭將, 自稱石曼子部下. 後該鎭親
　　　驗, 據各活倭見倭將, 倉皇匍伏, 叩首敬畏. 隨審稱, 係大總
　　　帥平正成. 及又稱爲大洗馬. 其計孝窩一, 一向未據塘報,
　　　有此倭將, 今次開寫稱, 係石曼子之姪, 又云平秀政. 至於
　　　石曼子首級, 前據稱, [92a]該道同按院會驗首級, 倭將、活
　　　倭見級卽大哭而羅跪, 又討牛而祭拜之. 又稱, 石曼子卽沈
　　　安道, 又名義弘. 及至敎場公同驗級時, 衆倭將見級, 皆羅
　　　跪, 收級卽起." 觀此則石曼子之首級似的. 但倭賊狡詐, 一
　　　人而兩三姓名, 不知何者爲的. 係干獻俘, 必須審驗眞確,
　　　庶便起解.

　　備咨, 仰道會委吳運同, 將倭將及石曼子與平義智、平調信、平
　　管在首級, 督同各將官、朝鮮通官幷李大諫, 及久在倭營能識
　　衆倭者, 一同辨驗, 務求[92b]眞確姓名, 鎭、道覆審無異, 卽備
　　細具由會報, 以憑入疏具題起解.

　　等因.

蒙此, 節經備行各官會審.

去後, 今據前因, 爲照, 職琦始在全州, 親驗前項首功.

彼時生擒倭將平正成、平秀政站於階側. 及將石曼首匣開驗, 二倭將一見卽跪伏, 哽咽垂淚不已. 隨訊係石曼首級否. 二倭將連連點頭云, 是是. 次解赴監院審驗, 二倭將復見石曼首級, 哭泣如前, 卽哀求祭品, 一慰亡魂. 隨蒙本院給賞祭品, 二倭將用冷水沐浴而[93a]後哀祭. 此吳運同、黎通判及全州官民共見者. 嗣後解赴王京, 蒙督、撫、監院會臨敎場, 督集部、道、水路總兵、將領、府佐等官幷朝鮮陪臣, 審驗前功. 一開石曼首級木匣, 二倭將仍前俯伏. 及至將匣蓋覆, 二倭將方起. 據其節次哀情, 與各官詳審相符.

至於平正成、平秀政, 旣經多官覆審, 供稱, 俱係薩摩州大將. 其餘斬獲倭將首級二十三顆, 各活倭供認, 俱是上官好將, 情亦眞確.

惟是平義智、平調信、平管在三級, 原識認之倭慶哥已死, 南海官[93b]民一時難集, 據難定擬.

又查得, 西路節次擒獲倭將三名. 一名極心票葉, 一名李數解, 于二十六年十一月十七日, 在光陽地方, 被伏兵擒獲, 俱係飛鸞島倭將, 風和尙法印部下. 一名阿於荅力思結, 于十月十九日, 攻破倭城, 當陣擒獲, 係行長下大倭將.

又節次差來講話倭將共三名. 一名要時羅, 係對馬島倭將, 行長差來, 于本年六月初一日, 至王京, 恐探我虛實, 該前院發監羈候. 一名舍生門樂信大, 淸正差來, 本年七月初五日, 到東路講[94a]話. 又倭將一名化叱大里小如文, 亦係淸正差來, 八月二十日, 到東路講話. 彼時正値進兵之際, 故爾緩我興師. 該廝總兵呈請梟示, 蒙軍門詳批, 羈留勿放. 候吾安排布置已定, 數其罪而殺其使于界上, 卽一面擧事, 庶亦知中國有人也.

又查得, 四路節次擒獲從倭各不等. 中路, 于二十六年七月二十日, 在高靈, 防範擒獲一名信西奴. 八月十三日, 在陜川, 捉獲哨倭一名十羅世樂. 本月十四日, 在西生[94b]浦, 捉獲打柴一名亞子孛羅. 十一月初二日, 在晉州西小路, 對敵擒獲一名散司界.

東路, 于二十六年九月二十三日, 在溫井東萊, 擒獲一名界磨. 十一月初三日, 在海口, 對敵擒獲一名見次郎. 十一月二十九日, 在多大浦, 對敵擒獲一名善叟戒. 十二月初五日, 在多大浦, 擒獲敝古老等二名.

水路, 於二十六年七月二十四日, 在興陽等處, 對敵擒獲羅二所等二名. 本月二十九日, 在竹島海洋, 大戰擒獲梵捏麼等九名. 十月初三日, 在陣擒獲[95a]是爾之羅等四名. 十一月十六日, 在倭橋, 對敵擒獲甚什吉等五名. 本月十九日, 在露梁洋等處, 大戰擒獲從倭金叱等九名. 二十九日, 在南海錦山, 攻戰擒獲沙四吉等二名. 十二月初十日, 夜攻乙川山, 擒獲一名那莫哥.

西路, 于二十六年十一月十七日, 在光陽大路, 哨伏擒獲從倭嶽迗多羅等四名. 本月十九日, 攻破倭城, 擒獲一名落孤樂. 二十日, 在熊方山, 追賊擒獲阿十枝等二名.

又隨講事倭將要時羅, 從倭古和知等二名, 隨倭將舍[95b]生門樂信大, 從倭馬大時老等二名.

等因. 并得獲各項器械, 分別造冊, 會呈, 到職.

會稿, 到臣.

該臣會同經理朝鮮軍務、都察院右僉都御史萬, 議照. 倭奴不道, 殘破外藩, 蓋自壬辰以來, 視朝鮮封疆, 不啻囊中物矣, 然且多方愚我, 請貢、請封, 遷延歲時, 養成完力. 然後明卻冊使, 益樹敵兵, 封豕長蛇, 敢於抗天朝之命, 屯蜂聚蟻, 公然爲勝國之謀.

幸天啓[96a]聖聰, 一意主戰, 睿斷已決, 群議不搖. 對壘者幾兩年, 秉越[10] 者分四鎭, 我之威靈日暢, 彼之勢力日窮, 始棄柵焚巢, 潛逃宵遁. 乃狡寇多詐, 反爲夾攻, 我六師直前, 彼一敗. 逐北擒斬累累, 得其渠魁甲仗. 委遺他物充斥, 中間有守城銅銃, 至數千斤重者, 中國銃砲, 無可與比, 狡倭之志, 豈在小哉.

除馬牛已充賞外, 共計四路所獲刀銃、旗鎗、盔甲以下, 計三千零二件. 倭將平秀政以下, 計五[96b]十四名, 俱得之戰場, 擒之陣上. 其要時羅以下, 計七名, 係各酋差來講事之人, 既屬島奴, 均爲醜類, 相應解進獻俘.

伏乞勅下兵部, 再加查議, 酌定上請, 仰候聖裁. 庶執訊獲醜, 上以慰九廟之神靈, 斬將搴旗, 下以聳四夷之觀聽. 臣等愚劣, 不至於是也. 除擒獲倭將、活倭、倭器, 已該撫臣備細造冊, 咨送兵部外. 等因.

奉[97a]聖旨, "兵部知道." 欽此.

該兵部覆議.

爲照, 關白平秀吉者, 恃篡國之餘兇, 逞啓疆之狡計. 而淸、行、秀政諸醜, 爲之羽翼, 稱兵犯順, 闌入朝鮮, 以致屬藩肝腦八道, 王師勞頓七年. 幸兵義者勝, 逆天者亡. 島酋之兇魄已褫, 釜山之積寇盡掃. 雖淸正、行長逋逃, 典刑未正, 而秀政等駢首就縛, 殊快神人.

查得, 凡邊鎭俘酋解京, 例當請旨獻捷, 祭告郊[97b]廟. 今據俘酋平秀政等六十一名, 及陣獲倭器, 既經督、撫諸臣差官解到, 又該會題前來, 相應覆請. 合侯命下, 將倭俘平秀政等六十一名, 本部照例, 咨送刑部, 取具招由, 及咨禮部擇日, 祭告郊廟, 至期獻俘.

....

10 영인본에는 越이나, 이는 鉞의 오기.

伏望皇上御門受[98a]賀, 卽將各犯正法, 與解來石曼子首級, 一併梟示, 以洩中外之憤, 以彰天討之嚴. 其先後斬獲首功, 俟差去科臣會同督、撫勘明敍議, 至日應擧事例, 另請定奪. 所有見到倭器等件, 仍責原差押解員役, 逕送內府交收.

等因.

奉聖旨, "是. 平秀政等, 都著送法司擬罪." 欽此.

又該刑部覆議.

譯審得.

生擒倭將一名平秀政. 年二十七歲, 薩摩州人. 狀招秀政, 係關白平秀吉[98b]養子, 石曼子族姪. 秀吉存日, 恃勢強盛, 狡詐多端, 幷吞六十六島, 包藏禍心. 要得窺犯啓釁無由, 思得朝鮮單弱可乘. 假以乞封天朝, 強邀轉達, 故嗔不從, 卽令行長、淸正, 及今被殺石曼子與秀政, 幷見擒平正成等, 各掌兵權, 謀衆入犯.

萬曆十八九年, 造倭船五千隻, 二十年間, 秀吉遣淸正等渡海, 侵逼朝鮮. 續後添遣秀政等, 同見獲六十一倭, 各不合聽從, 領兵約二十餘萬, 船數千隻, 殺犯朝鮮.

本年四月內過海, 在絕影島等處屯聚. 朝鮮國[99a]王命將, 督兵交戰. 秀政等又不合不念朝鮮係天朝屬國, 率兵拒戰, 連陷沿海釜山等鎭、密陽等郡縣, 直搗王京.

該國不能抵敵, 致被佔據王京. 掘毁王墳, 虜去王子、陪臣, 焚掠府庫人畜. 國王逃駐平壤, 具題請救. 該兵部看得, 朝鮮向爲中國屬藩, 職貢不失, 義當拯援. 覆奉欽依, 著撫、鎭等官, 發兵往救.

七月內, 倭兵直抵平[99b]壤. 國王見勢危急, 出城逃避愛州. 適天朝遊擊史儒等援兵, 至林畔地方相遇, 懇乞益兵剿殺, 兼求內附.

該兵部覆奉欽依, 差去任兵部宋侍郞前往經略, 遣副總兵祖承訓統兵, 往攻平壤. 秀政等又不合抗拒天兵, 致史儒陣亡, 官兵亦多被傷.

八月內, 又搶豊德等郡, 當被官兵殺敗斬級, 幷燒燬船隻, 奪獲馬匹、盔甲等項頗多. 比行長、義智致書, 要脅朝鮮, "速順彼國, 莫遺後悔."等情. 比有今擬斬監候原任兵部石尙書, 見得倭勢猖獗, 訪[100a]求通曉倭情人員, 有今擬斬監候沈惟敬, 自稱頗知倭情, 當授遊擊職銜, 吞赴經略衙門, 隨往倭巢, 偵探起兵緣由. 比有平秀吉今逃姪平秀次, 領兵駐對馬島, 平秀加據王京, 平秀忠據慶尙, 各爲聲援. 平行長等各號選鋒, 僧玄蘇、宗逸各稱軍師, 以規進取. 至十一月, 行長等知天朝大發兵馬征剿, 又畏天氣寒冷, 要得緩師, 向沈惟敬誘說, "願將平壤以西, 還天朝. 我兵馬且過大同江住著. 與關白說知, 將王[100b]京一帶, 也與天朝."等語. 該沈惟敬塘報宋侍郞題行, 兵部覆奉欽依, 著相機進止. 隨該宋侍郞及已故提督李如松, 統領大兵, 分中陣及左右二翼, 會齊進剿.

二十一年正月內, 官軍直抵平壤城外, 部分諸將士, 火器齊發, 一擁登城, 四面砍殺, 倭衆奔潰, 斬獲各有功次. 又分遣官兵於開城東西, 攻襲黃海等道幷黃州等郡縣. 倭衆聞城失守, 俱各奔王京. 自平壤至開城地方, 復歸[101a]朝鮮. 比李如松等領兵至碧蹄館, 秀政等又不合與官兵拒敵, 致有損傷. 該兵部題推總兵劉綖等, 統兵赴援. 比行長見得天兵大集, 懼怕進剿, 仍要添兵, 佯言, "乞歸通貢, 送還王子、陪臣."等情.

四月內, 沈惟敬詭稱, "王京倭兵, 陸續起身, 已過漢江, 止留病倭百餘名, 要帶惟敬及王子、陪臣"送他, 李如松隨統兵尾後, 見得沿途倭兵, 依山據水, 創建城柵. 及探得倭奴衆多, 屯住釜山, 時常運糧接濟.

至七月內, 倭兵復圍晉州, 縱火焚掠. 比副將查[101b]大受等, 統衆前進, 倭見官兵陸續增添, 方纔發船急渡, 一半回對馬島, 一半住釜山訖. 秀政與行長等, 見天兵勢大, 又不合假以乞貢爲名, 商同沈惟敬, 帶領小西飛旦守, 假充使臣, 前來乞貢. 彼時行長等, 卽出王子、陪臣, 倭衆乘船浮海, 屯西生浦, 候小西飛回音. 隨該宋侍郎議, 將劉綎等領兵萬餘, 留守朝鮮, 餘俱撤回. 將小西飛乞貢情由, 於九月內具題. 兵部覆奉欽依, 勒令盡數歸巢, 方許上表稱臣, 免其入貢.

至[102a]二十二年間, 該兵部具題, 將小西飛伴送至京, 該總督顧侍郎, 差官押小西飛等赴京, 叩闕朝見. 宣諭約要三事, 俱已聽從. 隨該兵部題, 差使臣, 同沈惟敬齎捧勅印, 赴日本國, 冊封宣諭. 原議一倭不留, 方許往封. 比行長等, 又不合與沈惟敬謀同, 每五營倂作一大營, 捏寫塘報, 假稱, "燒燬營房, 分班渡海." 等情. 石尙書誤信, 將朝鮮防倭軍馬, 盡行撤散.

二十四年正月內, 沈惟敬托爲平秀吉演禮, 先自渡海, 將[102b]中國虛實軍情, 盡行漏泄. 秀吉見惟敬屈節, 留住在彼, 益肆兇狡. 比及冊封甫畢, 隨假言索要朝鮮王子、陪臣. 不遂, 卽令石曼子、清正等過海, 仍犯朝鮮, 竟無謝恩表文.

二十五年正月內, 清正帶領倭船二百餘隻, 泊朝鮮機張營, 奪據梁山, 修理原住營房, 遣倭將豊茂守等, 領船六十餘隻, 與原留西生浦地方倭船五百餘隻合勢. 隨該總督孫侍郎題行, 兵部覆奉[103a]欽依, 調取各鎭兵馬, 相機征剿. 比秀政與行長等, 又不合領船

三百餘隻前來, 滿載兵馬、糧草、器械, 分泊釜山等處. 朝鮮告急,

復遣總督邢尙書, 及添楊都御史, 前往經略征勦.

七月內, 該邢尙書等看得, 冊使逃回, 倭兵陸續大發, 俱沈惟敬通

倭欺誆所致. 密令總兵麻貴, 擒拏解京正罪.

本月內, 又有倭船一千餘隻, 俱至釜山, 順梁山河, 入犯朝鮮地方,

燒燬房屋. 其行長所管倭兵, 自釜山渡江向熊川. 又船六百餘隻,

抛泊釜山[103b]浦前洋, 聲言先犯全羅、慶尙. 至十五日夜, 倭兵犯

𣲺[11]川島等處, 將朝鮮統制使李元均等、全羅等道節度使李德億等

軍殺敗, 隨陷閑山地方, 倭兵卽於巨濟屯住. 該邢尙書及經理楊都

御史, 見倭奴勢極猖獗, 議調浙、直、閩、廣、四川各兵征巢.

至八月內, 倭兵二十餘萬, 分作三路, 清正自慶州, 平秀加自丹陽,

行長自順天, 幷犯南原. 又韓山至釜山水路三百餘里, 密布倭船在

沿江, 幷屯高靈一帶, 搶虜梁山等處, 殺傷朝鮮水兵數千. 行長率

各倭, [104a]將南原打破, 致損官軍三千. 參將楊元走出, 全羅、忠

淸二道, 俱爲倭有. 官民盡各逃遁, 倭賊大隊進據公州. 又有大勢

倭兵, 分爲六起, 自釜山至梁山, 散漫行走.

九月內, 進犯稷山全[12]義館. 總兵麻貴下副將解生、參將楊登山、彭

友德等, 奮勇夾擊, 斬首頗多, 救回朝鮮被虜人畜無數.

十一月內, 邢尙書抵王京, 會同楊都御史及總兵麻貴幷朝鮮君臣,

整兵大會, 聽候調遣. 當探得, 清正在慶尙等處, 行長在順天等處.

將見在兵馬分爲三協. 左協總[104b]兵李如梅統軍, 由忠州進攻

....

11 영인본에는 𣲺이나, 이는 漆의 오자로 추정.

12 영인본에는 글자가 분명하지 않으나, 표점본에 따라 全을 보충.

清正. 中協副總兵高策統軍, 亦由忠州進攻行長. 右協副總兵李芳春、解生統軍, 專阻全羅一帶救援. 又忠清道節度使李時吉[13]等, 爲左協, 慶尙道陪臣鹹允門[14]等, 爲中協, 慶尙節度使鄭起龍等, 爲右協, 各與李如梅等接應.

二十日, 官兵抵慶州、蔚山, 前往誘伏夾攻, 清正前後受敵, 斬獲甚多, 及生擒解京梟斬. 倭將一名十郎衛門. 清正敗走, 逃躱島山固守. 各兵乘勝更多斬獲.

二十五日, 進攻島山. 比因山高城峻, 天[105a]兵不能遽登, 四面圍遶. 清正糧乏, 假令通事持書求和. 不允, 仍前負固, 多用砲銃, 打傷官兵. 楊都御史見官軍露宿日久, 倭奴援兵且至, 暫令撤圍, 退兵休息, 候大兵集日, 再行進剿.

至六月內, 行長密差見擒倭將要時羅, 同見獲倭兵古和知、要一知, 前來王京, 探聽虛實, 當被劉綎擒獲監候. 比石曼子及秀政、正成, 設兵泗川新寨等營, 清正、行長兵設在東西兩路拒守間, 平秀吉于七月初六日病死. 各倭將狡詐詭密, 匿不發聞.

該邢尙書探得, [105b]倭賊三路幷峙, 修城修柵, 整練火器, 意欲久困天兵, 合應早爲掃蕩, 以除兇殘. 乃會諸將, 矢誓同心, 竭力進剿.

分布劉綎于西路, 領兵二萬餘, 在順天、栗林等處, 以攻行長. 麻貴于東路, 領兵二萬餘, 在慶州、蔚山等處, 以攻清正. 董一元于中路, 領兵二萬餘, 在泗川、星州等處, 以攻石曼子. 陳璘領水兵萬

....

13 李時彦의 오기.
14 成允文의 오기.

餘, 往來江海之間, 截殺各路援賊.

俱于二十六年九月二十日, 刻期進兵. 劉綖率各將士, 先以計誘行長, 隨[106a]進大兵, 攻圍倭城. 各兵奮勇奪獲倭橋, 屢戰屢勝, 殺傷不計其數. 麻貴將兵, 分投埋伏, 計阻淸正, 不令西援. 淸正夜出, 伏兵衝突進營, 砍殺倭兵數多, 就陣獲見解倭兵界磨及倭將化叱大里小如文. 又燒焚島山後江南集糧寨房千餘間

各賊赤身溺水者, 難以數算. 董一元率茅國器等, 哨至晉州, 與石曼子對敵, 砲火進攻, 燒燬大寨二處倭房二千餘間, 奪回朝鮮男婦六百餘名. 及追至江邊, 溺死倭兵甚多, 當獲見解倭兵十羅世樂、亞子孛[106b]羅. 追至新寨, 官軍失火, 被倭伏兵頗有損傷. 三路兵馬, 且戰且守, 已及兩月. 適萬巡撫到任, 益振兵聲. 倭賊累經敗衂, 又糧將盡, 久被圍困, 勢日窮促. 淸正欲會石曼子、行長, 互相拯援逃回.

淸正于十一月十七日夜, 放火燒營遁去. 麻貴統兵入西生浦, 及追至釜山, 與倭對敵, 擒獲見解倭兵善曳戒、見次郎. 二十二日, 淸正迎敵射砍, 又擒見解倭兵敝古老、么兵衛、馬大時老、信哥落. 淸正遂發船, 盡逃回對馬島訖.

董一元探知石曼子將逃, 隨帶[107a]本營兵馬, 攻破倭寨五處, 燒燬倭房倭糧, 招回朝鮮人一千七百, 斬首一百餘級, 奪獲馬匹、糧米、器械頗多, 捉獲見解倭兵散司界.

劉綖原在西路, 堵截行長, 督兵大戰, 擒獲見解倭將阿干荅力思結, 及從倭馬過什羅、信什羅、哆嘧、馬搭也門. 及乘夜攻破行長住城, 行長逃遁.

十九日, 釜山、泗川、巨濟、鹹山各倭將, 同石曼子, 領倭船八百餘

隻, 前來救援行長, 當被水路總兵陳璘, 率領各船兵將, 海中大戰. 倭兵披靡敗走. 銃死倭將石曼子, 斬獲首[107b]級, 屢認眞實. 并獲秀政及見解倭將平正成、從倭窩二, 又擒見解倭兵是爾之羅、金吃、甚什吉、沙四吉、金七、一末華蓋、善哥原五、夜有摩那、水四吉、羊哥羅、三婆羅、什伽羅、耶思吉、壽羅、達羅、久大有、什唱羅、也多羅、西音破之、伸古羅、沙褪思、見泗麼、七祭羅一至所、信哥羅、善荅羅、宋哥羅, 共砍殺倭兵三百有奇.

火砲攻擊, 海水鼎沸, 燒死、溺死, 不下二萬, 難割首級. 陣亡副將鄧子龍. 餘倭棄船逃遁. 行長聞知兵敗, 擺列倭船接渡. 劉綎乘倭■渡急[108a]擊, 行長攛死奔逃得脫. 又擒見解倭將極心票葉李數解, 倭兵嶽送多羅、落孤樂、阿十枝.

陳璘探知南海尙有餘倭, 隨調官兵, 大發銃砲, 倭衆突下交戰, 陣斬倭將平調信、平管在二名, 擒斬散倭八十餘名顆, 餘各遁走. 官兵四處爬搜, 并無藏匿.

該總督邢尙書, 會同經理萬都御史, 將秀政等, 差中軍等官王朝宗等, 各檻解來京. 該兵部題奉欽依, 咨部送司, 同原解通事, 再三譯審明白. 將秀政等取問. 罪犯六十名. 平正成、舍生門樂信[108b]大、化叱大里小如文、阿干荅力思結、極心票葉、李數解、要時羅, 俱倭將. 窩二、散思界、十羅世樂、亞子字羅、信西奴、見次郎、界磨、善曳戒、厰古老、么兵衛、馬大時老、信哥落、馬過什羅信什羅、嶽送多羅、落孤樂、哆嗦、阿十枝、馬搭也門、古和知、要一知、金七、一末華蓋、金吃、善哥原五、甚什吉、夜有摩那、水四吉、羊哥羅、三婆羅、什伽羅、沙四吉、耶思吉、那莫哥、壽羅、達羅、久大有、什唱羅、是爾之羅、奇羅、也多羅、西音破之、梵捏麼伸古羅、沙裭思、見泗麼、七祭[109a]羅、一至所、信奇羅、善荅羅宋哥羅、羅二所、馬大十, 俱從倭. 各招同一.

議得, 平秀政等所犯, 平秀政、平正成, 俱爲首, 合依淩遲處死. 舍生門樂信大等五十九名, 俱爲從, 各斬. 照出原獲刀銃、旗鎗、盔甲等項, 已該兵部題, 送內府, 交收訖. 餘無照.

等因. 案呈, 到部.

參看得, 平秀政等, 裔夷餘孼, 海嶠么麼, 祇憑關酋跳梁于退陬, 罔恤朝鮮效琛于上國, 揚帆入犯, 漫興島嶼之戈, 怒臂當前, 大作門庭之寇. 全、慶崇朝馳羽, 王京莫夜有戎. 囚王[109b]子質陪臣, 公行蹂躪, 焚民居、劫公帑, 橫肆炰烋. 箕封累葉之宗祀幾壚, 秦庭七日之援兵載泣.

捷收平壤, 庶乎鳥散魚驚. 師次碧蹄, 復爾狼奔豕突. 在我軍操而有縱, 乃群醜狡而且貪. 故作乞憐, 潛施伎倆, 請封、請貢, 計緩師養. 彼全鋒按甲按兵, 欲匿形伺吾鑄隙. 空煩冊命, 嫚侮使臣. 南原敢對壘而爭雄, 蔚山仍嬰城而自固.

鴞音不革, 獷性難馴, 天討必加, 人情共憤. 荷聖明之獨斷, 一意剿征, 賴帷幄之運籌, 三路夾擊. [110a]皇威遐暢, 人人飲血臨戎, 賊氣頓消, 在在奉頭逃[15]竄. 掃釜山虺蛇之穴, 奠藩籬鴻雁之居. 蓋兵連禍結, 拮據已六七年. 而征調轉輸糜費, 殆億萬計, 毒流環海, 罪極滔天. 恨網漏于逃亡, 未及具五刑而伸三尺, 宜鉞嚴于俘獲, 用以傳九塞而儆四夷.

恭候命下, 將倭酋六十一名, 俱押赴市曹, 會官處決, 傳級九邊. 內, 平

....

15 영인본에는 글자를 판독할 수 없으나 표점본에 따라 逃를 보충함.

秀政、平正成, 原係渠魁, 合無重加淩磔, 及將問過招罪, 取決圖形, 通

行榜示, 庶幾伸[110b]天威于塞外, 垂大戒于域中.

等因.

奉聖旨, "是. 這俘倭六十一名, 都著會官決了. 內, 渠魁平秀政、平正成,

淩遲處死. 仍傳級各邊, 通行榜示." 欽此.

又該禮部覆議.

看得, 倭奴殘破朝鮮, 陰圖內犯, 蓋罪不容誅者. 聖武布昭, 天心助順,

島酋敗北, 棄巢潛歸. 雖元兇幸逃法網, 而餘黨尋即生擒. 七年積寇,

一旦掃除, 屬國之疆土盡復, 中華之藩籬永固. 所有俘獲倭將平秀政

等六十一名, 委應祭告[111a]郊廟, 至期獻俘, 以洩神人之憤, 以彰天

討之威. 其祭告獻俘吉期, 隨行據欽天監選擇本月二十五日, 辰時祭

告郊廟, 巳時獻俘. 例有行禮大臣三員.

伏乞欽定, 本部仍行移翰林院撰告文, 太常寺辦祭品, [111b]至期應

用. 所有獻俘儀注, 理合一并開列上請.

等因.

奉聖旨, "祭告南郊, 遣公徐文璧, 北郊, 侯陳良弼, 太廟, 駙馬許從誠, 各

行禮. 御門免. 朕卽御御樓. 餘如擬." 欽此.

計開.

一、前期, 禮部告示, 文武百官具朝服, 詣午門前行慶賀禮. [112a]

一、先一日, 內官設御座于午門樓前楹正中. 是日早, 錦衣衛設儀仗于午

門前御道之東西. 敎坊司陳大樂于御道東南西北向. 鴻臚寺設贊禮二人

于午門前東西相向, 設文武官及諸番使人等侍立位于樓前御道南, 文東、

武西相向. 及刑部獻俘官位于[112b]午門前御道東稍南西向. 設獻俘將校

位于午門前御道西稍南北向. 引禮引文武官, 東西序立. 獻俘將校引俘列
于午門前西邊武班之後伺候.

上位常服, 御文華門. 鐘聲止. 鴻臚寺堂上官一員, 跪奏請上乘輿. 樂作.
至[113a]午門樓, 上陞座. 樂止. 鳴鞭訖. 鴻臚寺堂上官, 同過中[16]跪宣. 奏
畢, 贊獻俘. 將校引俘, 至獻俘位, 北向立定. 俘跪於將校之前, 刑部官詣
樓前中道, 跪奏云, "某官臣某, 奏云, '某官以某處所俘獻, 請付所司.'"
候[113b]旨傳下, 刑部官承旨訖, 卽同將校, 押出施行. 鴻臚寺鳴贊, 贊排
班, 班齊, 文武百官入班, 北向立. 鴻臚寺堂上官一員, 過中道跪, 致詞稱
賀訖. 贊鞠躬, 樂作. 五拜三叩頭, 興平身. 樂止. 鴻臚寺跪奏, "禮畢." 樂
作. 駕興. 樂止. 百官以次退.

_____

16 뒤의 문장 및 표점본에 따라 道를 추가하여 번역함.

欽差總督薊遼保定等處軍務兼理糧餉經略禦倭太子太保兵部尙書兼都察院右副都御史邢玠著

9-1

謝東功恩廕疏　卷9, 3a-5b

奏爲恭謝天恩事.

先准兵部咨.

爲欽奉勅諭事.

節奉聖旨, "倭奴七年犯順, 再危朝鮮. 朕藉廟社鴻庥, 文武協力, 克收全捷, 宜敷慶典. 這水陸四路功次, 旣已勘明議妥, 邢玠加太子太保, 照舊尙書、總督, 廕一子錦衣衛指揮僉事世襲, 賞[3b]銀八十兩、大紅紵絲蟒衣一襲, 給與應得誥命." 欽此. 欽遵.

臣隨于九月十五日, 具本辭免. 復奉聖旨, "東倭蕩平, 加恩非濫, 宜益祗承宣效. 不准辭. 該部知道." 欽此. 欽遵.

除臣望闕叩頭謝恩外, 伏念臣學不知兵, 才非應變, 謬承皇上特達之遇, 授以閫外專征之權. 自銜命以臨戎, 誓捐軀而滅賊. 雖磨鉛策蹇, 日兢兢未敢怠事, 而雞刀牛割, 實碌碌無以逾人. 幸[4a]天討克張, 乃島夷畢殄.

属藩既絕而再造, 四海頌輿滅繼絕之皇仁, 中國隣震而無虞, 八方仰安內攘外之廟略. 功收獨斷, 慶洽兆民. 愧臣成事以因人, 豈敢貪天爲己力. 不意, 聖慈遍覆, 天恩覃施, 靡遺尺寸之勞, 具霑慶賞之典. 保衡峻秩, 則上遡祖考, 式被[4b]寵命於靑宮. 世胄殊恩, 則下逮雲礽, 長守一官於緹騎. 金綺榮頒於霄漢, 絲綸光賁於幽明. 深惟福過之憂, 恐蹈實浮之誚, 用是控辭以安分義, 反叨溫語而諭祇承. 聞命若驚, 感極欲泣, 臣敢不仰戴恩遇, 益勵初心. 勉竭犬馬報[5a]主之愚, 期答天地生成之德.

等因.

奉聖旨, "覽卿奏謝, 知道了. 禮部知道." 欽此. [5b]

9-2

酌議留兵糧餉疏　卷9, 6a-17b

題爲節餉防倭并急, 謹酌陳中道, 以備廟議, 以圖萬全事.

先准戶部咨.

該戶、兵兩部會覆.

科臣題參東征善後留兵糜餉緣由. 大概謂, "倭誠難保其不來, 而中國七年之久, 豈能復代之守. 念其板蕩之餘, 喘息未定, 酌量留兵, 暫助彈壓. 督、撫旣爲朝鮮萬全慮, 遂不暇計國家之費, 七年不貲, 俱屬額外."

且謂, "倭患之始, 請兵不過一萬. 倭敗留兵, 不過五千. 今日善[6b]

後之事, 宜先量彼餉之贏詘, 酌我兵之去留, 裁冗汰糜."

累累數百言, 而又念及閫外當事之苦, 異域立功之難, 豈勞費于七年, 而不能爲于終歲, 則以內外各有緩急, 事體當如此耳.

等因.

覆奉欽依備咨.

臣等從長斟酌, 減實停妥具奏. 臣欽遵通行, 查議間, 又准經理巡撫右僉都御史萬揭帖, 內稱.

查得, 邊兵五千, 俱屬宣、大. 先該督、撫二臣梅、房咨請, 虜情叵測, 急欲調回. 已經兵部具覆, 今應先撤. 次卽職[7a]之標兵南北二千二百員名, 尙有職帶夷、漢健丁八百餘, 暫隨職彈壓以備倉卒不虞, 候交秋之時, 與遼東撫臣李原題援遼之兵, 共備秋防之急. 次張榜之浙兵四千餘, 次水寨之舊兵二千餘, 共應撤馬步水陸之兵一萬四千有餘, 俱七月中旬以後分發.

又藍芳威兵二千五百餘, 係暫留代防, 近奉督臣調取援遼, 見已撤發, 不係善後之數. 至十月初旬, 卽撤陳蠶之兵四千餘. 其水寨舊兵, 盡行撤散. 其有稅沙船, 亦應幷撤. 內酌留水陸兵[7b]二枝, 多則一萬, 少則六千. 折色月餉, 應否盡出朝鮮, 統候廟議. 所計撤盡之期, 亦涉冬仲. 各官兵月糧、行糧, 皆有定例, 不能增減. 發兵事在職德, 其應給糧餉, 乞勅戶部, 速爲處給, 豫發遼東, 或責成該鎭餉司, 或仍留原任郎中董漢儒, 主計支給, 使早得入關, 無至壅滯. 三省所運米豆, 原備非時匱乏, 兵旣議撤, 悉應停止.

如以爲軍儲浩繁, 少一日卽少一日之費, 卽將議留三萬四千之數, [8a]一時俱撤. 伏乞下部, 容職等遵守編定部伍, 循序分行. 其朝鮮未盡事宜, 督臣旣兼攝于有事之時, 能不節制于平定之日哉.

等因. 到臣.

夫當內帑匱乏, 各邊軍儲欠至百萬之多, 而大工之需, 不與國計至此, 亦岌岌乎危矣. 當東倭發難, 中國勞費至七年之久, 而人心思歸, 不與恤藩至此, 亦岌岌乎疲矣. 權以人心緩急之勢, 兵當盡撤, 亦不爲過. 此臣等善後兵糧之疏, 部、[8b]科所以蒿目焦心, 不得不行臣等裁減. 臣雖至愚, 其心一也.

及查留兵一事, 臣咨行經理撫臣, 牌行鎮、道, 凡兵食、屯築、分布、考成, 列爲八款, 計議參酌. 反覆駁查, 亦難之又難. 然撫臣身肩利害. 其先疏之留兵不敢少, 蓋爲藩國初復, 倭情未悉. 雖汲汲爲萬全之備, 而未嘗不陰爲撤省之謀. 其今疏之留兵不敢多, 蓋有見于國餉之難, 汲汲殫其未發之蘊, 白其節省之心. 至於乞盡罷兵、乞求罷免, 又感於兩顧之難, [9a]而爲自劾歸併之請, 此其心良亦苦矣. 如臣者既無計以佐庫藏之急, 而副廟堂之望, 又無計以支藩籬之防, 而弭後日之憂, 抑亦苦矣.

釜倭雖不留, 難必其不來. 乘其不留, 備其將來, 固臣等之事. 臣再三籌度, 始之三萬四千, 固嫌于多. 繼之一萬或五六千, 又嫌于少. 七年代戍, 固嫌于久, 而當年弛防, 又嫌于速.

蓋統論形勢, 登、萊、淮、揚, 且置無論, 朝鮮者外垣也, 遼東大門也, 薊、保二門也, 京師堂奧也. 垣壞自然及門, 門壞自然及堂. 地[9b]有緩急, 害關唇齒, 特先後之間耳. 今歲之朝鮮, 如初砌之墻垣, 根脚尚未定, 非厚其覆蓋, 一雨而傾矣. 而堂奧門庭, 憑何屏障. 故始議, 今歲要留兵二萬五千, 待春汛過, 撤五千, 來歲春汛後, 撤五千, 秋汛後, 撤五千. 再歲則倭情亦定, 朝鮮之氣力, 亦可自存, 春汛後, 則官兵當盡撤. 是所留之兵, 可戰、可守, 既可免意外之隱禍, 所撤之兵, 不急不徐, 亦可免外夷之乘隙. 使留之太少, 彼朝鮮水兵三千餘尚可用, 陸兵二三千以缺餉倏聚倏散, 有名無[10a]實, 方在教練, 何可遽恃. 我留兵如一萬, 除雜流火頭守營, 止可得九千. 如留六千, 止可得五千. 沿海東西千里, 不知如何分布. 倭如來, 水陸分防則勢單, 合防則隙多. 狡賊窺知虛實, 止以輕舟四五百, 大張旗鼓, 揚帆而來, 我之兵不足爲朝鮮之恃. 其君臣不過抱頭而竄, 舉國以授之倭耳. 朝鮮既逃, 我兵孤懸海外, 戰守俱難, 不死於倭, 則死於食. 彼時日本唾手以取朝鮮, 以日本之富強, 加以八道之兵食, 虎視鴨綠, 一葦而過遼左. 遼兵有限, 撤[10b]而防倭, 是以地與虜, 留而防虜, 是以地與倭. 遼左不可棄, 勢必徵兵, 非假以歲月不可, 恐兵未出東關, 倭已渡西江. 彼時徵兵四出, 其費可勝言哉. 薊門舟師全無, 倭由旅順北岸, 一葦可渡山海. 儻水陸并發, 畿輔之民不習兵革, 邊塞之兵各有信地, 皇上想此光景何如. 薊、遼不可緩視, 則朝鮮未可遽忘, 成功未可輕棄.

故臣謂今歲留兵二萬之數, 似不可少. 來歲再歲, 倭情以漸而定, 朝鮮以漸而強, 官兵以漸而撤, 如臣前議所云. [11a]卽不三年, 而兩年嚴防, 不可不計也. 況今春汛已過, 五千可減, 而冬初一萬之撤, 仍當再酌. 且撫臣謂, 冬仲方可撤盡, 似當少待來歲春汛也. 今歲已越半年, 再假年半之功, 皇上救亡之仁可終, 中國外藩之防可固, 庶幾兩得.

至於朝鮮, 刻意詩文, 久廢兵革. 倭發則望救, 倭平則望蘇. 兵火流離之後, 望撤兵而未見有兵, 望助餉而未見儲餉. 燕雀處堂, 難與慮始. 而化導催督, 轉弱爲強, 則尚煩撫、鎮之力. 此又難以暴棄[11b]棄之, 節省防禦, 各有所難. 酌中而處, 是在廟堂之兩顧耳.

天下事有省而實費, 費而實省者. 當時東倭發難, 始而徵兵不多, 繼而留兵太少, 一時雖省, 然養成燎原之勢, 無裨戰守之策, 而遷延七年. 沿海之備, 所需不貲, 不知費乎, 省乎. 曩中路之挫, 若非臣二十五年十月過江, 卽以十萬之師, 請使生力之兵, 接續而到, 則四路之人心必怯, 怯則必退, 狡倭乘之, 大事去矣. 七年中外四時之防, 視年餘軍旅十萬之費, 不知孰省.
此可[12a]爲明驗也.

臣往總督川、貴, 經略播事, 奉勅首在于勘, 原未調兵. 當楊酋旣勘之後,
臣卽力請于貴之湄潭等處添兵一枝, 川之松坎等處添兵一枝, 抽取八道
民壯之工食, 以充兩地防守之兵需. 當事者惜目前之費, 一兵不添. 因循
於三四年後, 使楊酋之勢成, 方擧臣前議爲計, 已晚矣. 往者惜數千人之
餉, 今劉綎一萬之衆, 不知與餉乎, 不與餉乎. 視昔省乎, 費乎.

夫以臣之請兵而兵不設, 今三四年後, 地方失事, 尙歸咎于勘事之臣. 況
臣東征之役, [12b]專主於剿也, 使顧一時之便, 忘遠慮而忽近憂, 萬一東
方有事, 不咎臣疏防, 則咎臣不言. 科臣再以玩責臣, 臣將何辭. 臣有經略
之責, 不得不爲始終之慮. 是以不避異同, 冒昧酌中上請, 以備採擇.

夫撫臣撤兵, 有疏矣, 臣區區之愚, 亦有疏矣. 部、科亦旣有建議矣. 或從
何議, 數言可決, 兵數旣定, 節年食糧則例, 兩部俱有明案, 卽可扣算, 不
必再行臣議, 耽延時日. 惟是本色, 秋[13a]成後, 或可全責朝鮮, 而罷中國
之運. 但折色, 則臣等與該國君臣講之久矣, 始終以本地不産銀爲辭, 恐
難倚辦.

至於簡精汰冗, 臣已咨會經理, 嚴行鎭、道, 大加覈查矣. 若撫臣萬, 提兵
海外, 責任非輕. 望皇上天語勉諭, 使安心料理, 以慰異域初定之人心, 以
終皇上保藩之大惠. 等因.

奉聖旨, "該部看了來說." 欽此.

該兵部覆議.

　　爲照, 朝鮮善後, 必須水陸兵馬. 先該科臣, 因其議留數[13b]多, 處餉
　　過費, 故有參酌之疏. 已經戶部會同臣部, 覆行酌減. 去後, 今據督臣
　　邢疏稱, "經理撫臣初議三萬六千, 委涉於多. 後議一時盡撤, 又嫌於

速. 酌量二萬爲率, 再歲爲期, 陸續漸撤. 無非念朝鮮新復之後, 不得已爲萬全之圖."

臣等竊詳之, 兵惟其精, 餉惟其實. 有名無實, 卽衆號累萬, 不足多. 餉實兵精, 卽數僅千百, 不爲少. 況狡倭之復犯與否, 誠不可知. 要之, 向年恃有釜山之巢, 其强在彼, 其入犯也易. 而今已失釜山之窟, 其險在我, 其登[14a]陸也難. 是在朝鮮君臣, 及時選練師徒, 分扼要害. 彼之氣旣壯, 我之力自省.

所有前項議留兵馬, 似亦不必以再歲爲拘. 乘今秋汛之後, 仍合於二萬數內, 再行抽撤, 量留精銳實數, 但足以夾持鮮兵而已. 至於稅船, 尤爲費價不貲. 其人未必堪用, 亟當查照先議撤放. 聞之, 朝鮮戰船製頗精堅, 就我續去官造船隻, 量留幇助, 亦自足用. 總之, 水陸各兵不過明年春汛畢日, 一倂盡還, 庶朝廷字小之義可終, 而[14b]宅中之體亦不失矣.

等因.

奉聖旨"這留戍朝鮮兵數, 依議行. 還行與國王, 着上緊及時自强修備."
欽此.

又該戶部覆議.

爲照, 東倭之攘朝鮮也, 皇上軫念屬藩, 提師拯援. 神武一昭, 元兇褫魄, 諸島望風奔命. 其去也, 亦旣有所懲艾矣, 但夷情叵測, 淸酋未殄. 督臣虞其復來, 而議留戍, 可不謂善始善終哉.

第欲擧全餉而倚賴中國也, 是未知今日之[15a]中國匱乏已極. 今日之朝鮮, 尙可支持. 疆域無寇, 則爲可守之區, 八道盡復, 則有可耕之地. 且耕且守, 則無不可給之餉. 況所留官軍, 較前纔什一爾. 公廩月糧, 所費幾何, 顧不能自給乎. 我中國頻年輸轉, 帑藏匱竭, 九邊軍需, 十不給一. 枵腹嗷嗷, 時有蠢動, 是其勢之可虞也. 彼倭雖狡, 業已經創, 是其來之未必然也. 未必然者過憂之, 可虞者姑置之, 非計之得者也. 且朝鮮藩籬, [15b]中國堂室, 督臣喻之當矣. 爲葺藩籬, 先傾堂室, 恐剝膚之災, 尤爲更切. 有繫虎之躓者, 虎怒裂躓而去. 虎非不愛躓, 不欲以七尺軀易徑寸躓也. 以此知臣等非薄朝鮮, 辨內外、酌緩急, 事理不得不如此爾.

至謂朝鮮以不産銀爲辭, 則尤大謬不然者. 中國泉貨, 流布旋轉, 止有此數, 豈必産而後用之乎. 鮮民食取諸本色是矣, 貿易布帛果盡以本色乎. 師在彼所七年矣, 運去銀且數百萬矣, 今何在也. 將投之海若乎. 抑藏之囊橐[16a]乎. 如彼地眞無折色也, 則我兵雖饒資, 亦無所用之矣. 吾兵在鮮, 卽鮮人也, 多優本色, 亦足抵折色矣. 若謂朝鮮板蕩之後, 瘡痍未起, 除本色自備外, 中國一應折色, 計軍數而量助三分之一, 不爲不多矣.

況日前明旨, 令朝鮮自行具奏, 應留兵若干, 竟無一字. 豈謂彼力可以抗倭, 而無用我兵聲援乎. 抑厭我兵久住煩擾, 而默示以不必留之意乎. 何向者章疏薦至, 今寥寥也. 臣未解矣.

且臣等[16b]居中遙度, 實有兩難. 隨請隨發, 則內帑不足, 遠輸尤艱, 是今日難. 議減議免, 則倭或復來, 後且藉口, 是他日難. 蓋必屬國有定議而後可也. 伏望皇上, 省覽前後章疏, 除留兵本色, 朝鮮自備外, 一切餉銀應否免給, 應否量助, 毅然獨斷. 仍勅朝鮮君臣, 有無別情, 不妨明白聲說, 統乞聖裁.

等因.

奉聖旨, "留戍朝鮮兵數, 昨兵部具題, 已有旨了. 留兵[17a]非難, 處餉爲

難. 該國若能供給, 多留亦所不惜. 必資朝廷養贍, 止可量助. 這本還行與
該國君臣, 待他來請, 覆奏定奪." 欽此. [17b]

9-3

催發東征行月錢糧疏　卷9, 18a-22b

題爲撤兵業有成議, 待哺已逾經時, 懇乞聖慈, 速行給發, 以濟萬分危苦
事.

准經理朝鮮軍務、都察院右僉都御史萬會稿.

　　據朝鮮禦倭海防監軍道、河南按察司副使杜潛呈.

　　　蒙本院憲牌.

　　　　照得, 善後官兵, 已准部咨, 酌議減撤. 其借支幷歷過未領各項
　　　　錢糧, 係所必需, 未據開報的數, 不便請發. 仰道卽行各營, 備
　　　　細清查, 要見各欠幾個月未領, 通共該銀若干. 中間逃. 故等
　　　　項, 務要設法稽查, 據實開[18b]除, 毋致虛冒. 查明一面呈報
　　　　本院, 以憑題請, 一面將應撤官兵, 上緊督發施行.

　　　等因.

　　　蒙此, 行據備倭管糧同知韓初命呈稱.

　　　　查得, 水陸善後各營官兵, 應給歷過未支廩月糧菜等銀, 有自
　　　　本年春季至今全未支給者, 有止借支鹽菜而未支月糧者, 其
　　　　夏季以後, 多未支給. 各營官兵銀數多寡, 各不等, 俱扣至本
　　　　年八月終止, 共該銀四十一萬七百三十五兩七分零. 除將勘

科奏報冊開, 支剩實在各項銀一十四萬九千五百二[19a]十七兩三錢零. 於內, 除各本項下正支外, 廩月糧菜借支過八萬一千三百六十八兩二錢零, 存貯見在之數無幾. 又除二次部發銀一十三萬兩, 仍該不敷銀一十九萬九千三百六十六兩八錢七分零.

等情. 到道. 覆查無異, 相應呈報.

等因. 到職.

據此, 案照, 先准戶部咨, 該本部題, 爲餉銀匱乏已極, 兵心危迫可虞, 懇乞速賜題請, 消隱憂、全善後, 以固屬藩事, 內開.

酌內外緩急之辨, 念時事掣肘之艱, 務要從長計議. 月餉[19b]再加稽查, 鹽菜應否裁酌, 務在有裨國計, 罔實漏卮, 斯爲急時之策.

等因. 奉聖旨.

銀兩准給發. 各兵役過及借支的, 俱應補給、補庫. 以後還著該督、撫, 用心稽查, 毋致浪費.

欽此.

又准兵部咨.

該本部題, 爲節餉防倭幷急, 謹酌陳中道, 以備廟議, 以圖萬全事, 內開.

所有議留朝鮮善後兵馬, 似亦不必以再歲爲拘. 乘今秋汛之後, 仍合於二萬數內, 再行抽撤, 量留精銳實數, 但足以夾持鮮兵而已. 至於稅船, 尤爲費價不貲. [20a]其人未必堪用, 亟當查照先議撤放. 總之, 水陸各兵不過明年春汛畢, 一幷盡還, 庶朝廷字小之義可終, 而宅中之體亦不失矣.

等因. 奉聖旨. "這留戍朝鮮兵數, 依擬. 行與國王, 著上緊及時自强修備."欽此.

　　俱各備咨前來. 除朝鮮留兵, 該國自行奏請外, 職亦節經咨覆. 去後,

　　今據前因.

會稿, 到臣.

該臣會同經理朝鮮軍務、都察院右僉都御史萬, 議照, 師行糧從, 古今常

道, 而轉輸飛輓, [20b]每在征討之先. 皇上以獨斷天威, 蕩茲島寇. 七年

擾攘, 所糜司農、太僕金錢, 以千萬數. 今當六師振旅之日, 正壯士長歌之

秋. 屬者與國瘡痍, 倭奴多狡, 留備緩急, 仍賴芻糧. 乃值帑藏不敷, 遠戍

非計. 卽今春汛已畢, 秋汛漸完, 初冬之交, 除朝鮮國王請留八千之外, 餘

當盡撤, 無容再議矣.

但各兵自春夏以來, 卽缺月餉, 而水兵尙有上年十二月未領者. 其錢糧之

在王京, 無論何等項下, 悉行借支, 總應支役過之數, 除支[21a]出見在銀

二十一萬一千三百六十八兩二錢外, 仍該一十九萬九千三百六十六兩八

錢七分. 再如撫臣標下官兵, 尙該九月一月挨次後撤, 張榜官兵, 尙該九

月一月十月半月, 總兵標下官兵, 尙該九十十一三月, 又該五萬二千七百餘

兩. 其回兵道路過江犒賞、行糧, 又該十八萬三千六百餘兩. 及議留水兵

八千八百餘不計外, 則一十九萬九千三百六十餘兩, 皆各官兵, 眼穿目斷,

枵腹空腸, 冀充橐囊, 以救旦夕之命者.

況凱旋之衆, 頃[21b]刻難淹, 一日不行, 則坐糜一日之餉. 是以來歸之願,

與望食之心, 交切互求, 搶攘殊甚. 欲督之就道, 則恐前途無支放之期,

待之緩行, 則後日增不貲之費. 臣等憂苦五衷, 勢如焚灼, 展轉反側, 不知

所圖. 況聞日者部覆, 有體其內顧之思者, 有議減鹽菜之半者. 人情洶洶,

脆脆益殷, 兩營兵船一時鼓譟, 南北部卒訛言蜂起. 雖臣等調停彈壓, 幸

爾無譁, 乃不飽之嬌兒, 無米之巧婦. 卽使敲骨椎髓, 何益千萬之朶頤耶.

臣竊見, 兵興以來, 萬里赴敵, [22a]肝膽塗地, 略無悔心, 蓋大者希功名, 小者貪糧賞. 故生者甘心喋血之危, 死者瞑目暴骸之慘. 今事已定矣, 功已成矣. 乃以饑寒之積, 觖望之深, 脫巾而呼, 猶可戢止. 儻反戈而掠, 誰爲禍首耶. 豈直遺笑他邦, 亦將大傷國體. 此可以衆庶見海外聞乎. 此時皇上責臣等之不早言, 罪計臣之不豫發, 不亦晚乎.

伏乞皇上, 念軍國重大, 事勢阽危, 特勅戶部, 先將各官兵役過月糧一十九萬九千[22b]三百六十餘兩, 照數給發. 遠則遼陽, 近則山海, 就兵支給. 仍差該部才望司屬一員, 以便途間隨到隨給, 勿令留滯, 以啓囂譁. 其九月以後月糧, 并乞解發, 勿再後時. 其戶、兵二部銀兩, 但以見在卽與支銷, 總候事完冊報, 二部酌議分析. 其回兵行糧、犒賞一十八萬, 查照先撤議定地方, 豫發支給. 臣瀝血披肝竭矣盡矣, 惟聖明垂鑑焉. 等因.

9-4

繳令劍疏　卷9, 23a-23b

奏爲傳奉事.

臣於萬曆二十六年二月初十日, 准兵部咨.

　　該本部, 於本年正月二十三日, 題前事. 等因. 二十四日, 奉聖旨, "軍中如有不用命的, 著他先斬後奏." 欽此. 備咨, 差指揮陳偉, 齎捧寶劍一口.

到臣.

除設案焚香, 叩頭恭領, 欽遵行事, 及通行總、副、參、遊、守備、千、把官目、兵丁, 各遵照外, 今倭寇蕩平, 所有原賜寶劍, 理合奏[23b]繳. 等因.

奉聖旨,"該部知道."欽此.

9-5

請查東征錢糧疏　卷9, 24a-32b

題爲東征錢糧重大, 查覈不厭精詳, 懇乞聖明覆行遣官嚴勘, 以釐侵冒, 以明心迹事.

近傳到戶科都給事中李應策抄揭, 爲東征軍餉, 大欠綜核, 懇乞查究, 併嚴讅欺昧臣工, 以重國計事. 大略謂,"管理備倭糧餉戶部郎中董漢儒, 奏繳東征軍餉文冊, 與臣先咨戶部咨文磨對, 及經理冊報, 互有參差. 因而疑及督、撫之乘[24b]機混冒, 恣意開銷."

此科臣職專參駁, 有疑不得不彈. 然職掌東征錢糧, 衙門頗多, 原非督、撫所能混者. 夫國家所最苦者, 莫過于軍儲, 而沿邊、沿海法例, 所最嚴者, 亦莫重于軍儲. 故臣自銜命出都門, 知南北官兵, 營伍不一, 頭緒繁多, 卽以稽覈錢糧, 爲首務. 故將從來東征南北官兵錢糧則例, 通行申明. 如南兵月糧日支五分, 鹽菜三分. 北兵係各鎭額兵, 止日給鹽菜三分, 不給月糧. 將領日支鹽菜三錢, 廩給一錢. [25a]中軍、千總日支鹽菜八分, 廩給一錢. 把總日支鹽菜五分, 廩給七分. 在月糧係戶七兵三出辦. 在鹽菜、行糧、馬匹料草, 係戶部獨出. 在廩給, 係戶部分派三省徵解. 在船稅幷製造火器、火藥, 及備倭雜項員役廩、菜等項, 係兵部備倭馬價內出辦. 此皆前經略督臣，先後所議定，久行之例也.

臣惟執定此例，一毫不以假借，而中間駁查、刪削，怨嫌不避，不能一一盡述. 如東征總兵先設二員議派，公費與薊鎮同. 後又增設二員，臣因節省，不令增派，[25b]就令兩分，攤爲四分. 及其振旅凱旋，沿途廩糧、料草、公費，以地里遠近爲多寡. 查舊規支例，以總兵標下雜流員役言，在董一元該銀四百九十七兩零，麻貴該銀五百五十九兩零，陳璘該銀一千八百六十四兩零，劉綎該銀二千二百三十七兩零. 臣以帑藏匱乏，不得不大加節省，故數四駁減，董一元止給二百一十八兩，麻貴止給二百七十餘兩，陳璘止給八百六兩，劉綎止給一千一百二十七兩，共減銀二千八百有奇. 至於閑常隨事請[26a]討，例所不載者，一毫不准，四帥無一不怨臣者，各部、道與南北官兵，皆知之. 臣之待大帥如此，偏將、衆兵可知. 臣有侵冒，尙能正色立三軍之上，而裁革大帥乎.

臣先又見錢糧戶七兵三、備倭馬價、賞功等項，出納頭緒煩夥，恐支銷不明，臨期推諉. 故于二十五年十二月內題.

　爲錢糧各有正項，經承宜有專管，懇乞早賜查發歸正，以便奏報事.

　議將在遼陽收支者，係戶部銀兩，行令備倭郎中總管，係兵部銀兩，[26b]行令分守道總管，仍互相查對，以防重冒. 又有遼陽通判，分庫收支. 至於兵部犒賞銀兩，解發朝鮮收支者，行令海防道總管，亦又有備倭管糧同知收支一切錢糧，有餉司各道，總爲稽覈，有府官，總爲出納，總聽撫臣驗覈，而後各冊送臣. 每次動銀，無一不經部、道、府官多人之手.

　又運糧、召買、脚價等項，銀無正項，頭緒難分，恐有差錯. 將動過備倭馬價銀數，扣至本年十二月終止，行令分守、海蓋二道，逐項查出造冊，一送遼東撫臣，覆加查覈，[27a]與召買糧餉，一倂逕自奏報開銷，一送冊于臣備照. 仍自二十六年正月起, 一應召買、輓運、脚價等費銀兩, 請乞該部酌議, 解發遼東巡撫衙門, 督同該鎮管糧郎中, 另項收貯, 專聽運糧召買, 或給散折色、扣留本色及脚價等項之用, 仍聽各兵備道, 徑詳撫臣, 批動開銷, 徑自奏繳.

等因. 俱經戶部覆奉欽依, 轉行各該衙門遵行已久. 故則例一定, 每月將官造冊, 徑送該道, 該道覈實, 徑送部臣, 部[27b]臣發銀, 府官監支. 其覈冊, 由府官送部、道, 部、道送撫臣, 撫臣覈過後, 送臣衙門. 是臣衙門, 隔越懸絶, 一切錢糧, 無由以入臣之目, 何由侵冒也.

又如撤兵軍馬, 與錢糧數目, 鎮、道造冊, 送撫臣, 撫臣送臣咨部, 及已咨矣. 而應撤兵內, 撫臣又有補缺選留者, 選留之中, 又有事故退撤者, 前後數目又不得不爲改正. 一經改正, 而先後數目, 亦自不投. 但關外放銀之時, 已有餉司監軍、各道稽覈, 必按實數而後給之. 關內又有臣, 于未撤兵之先, 牌行永[28a]平道, 委管關通判羅大器, 逐名點查, 又赴分司主事, 親自驗放, 令通判, 將點查過兵馬, 止據實在數目, 造冊送通州、昌平、薊鎮各司、道, 仍行點驗, 方行支給糧賞, 而逃亡詭名自難欺冒.

又臣于調兵之先, 恐有不才將領、千、把總, 捏造虛冒. 一出關, 卽牌行各部、道、將領申飭. 如官兵逃亡事故, 每月該管將領開揭, 一送該道, 一送戶部, 一送監軍御史. 遇放糧時, 則該道照管收除, 在覈之不差, 方掛號與餉司. 而監軍御史, 又送每月逃亡事故, 揭于餉[28b]司, 方行支放. 凡有差錯不明, 駁查數四, 甚有爲查理不明, 遲兩三月方給者. 何能任意混支、混放乎.

此等瑣瑣駁查稽考之事, 廟堂安得知之. 督、撫侵冒, 非通同文武五六衙門不可. 恐文武許許, 未必盡皆不才也. 如有通同, 督、撫尙能一日立于十萬官兵之上, 而行法服人乎. 但每營造冊、支糧, 相隔往返一二千里, 而中間造冊在先, 更移在後者, 或有之. 掾識乘機混開、混冒者, 或有之. 然每聞該部、該道, 無一次不查、不究.

獨賞功一節, 則聽督、[29a]撫軍前犒賞, 可多、可寡, 可以徑行. 故臣當賞功銀初發到之時, 即以咨送經理撫臣, 轉行海防道稽查. 海防同知親司出入. 臣每遇犒賞, 止一牌行道, 道行府親放, 仍轉呈撫臣知會. 然每事, 督、撫、按公批者甚多, 此錢糧頭緒簡便, 易於稽查. 往勘科楊應文查勘時, 臣即移一手本, 求將戶七兵三賞功等銀, 嚴行稽查. 勘科遂閱冊, 遍訪遍查, 亦謬許臣謂, 自來行軍錢糧, 乾淨節省, 未有如臣者. 應文在京, 可問也.

夫此東征事至大也, 十萬官兵至多[29b]也, 兩年至久也. 內請詳督撫、按公賞與撫臣常賞, 及勘科徐觀瀾查軍間賞, 總不過四萬. 首級銀, 舊例該另請部發. 臣會撫臣, 即於內動銀一十二萬二千有餘. 昨勘科奏報之際, 二十七萬之內, 尚存十萬七千有餘, 為善後撤兵犒賞, 通融湊支之用. 此等至大、至多、至久之事, 數衙門止用四萬, 俱有冊籍可稽, 事體可查, 諸衙門文武可問也. 此抵首級與支剩二十餘萬銀兩, 固臣千方百計, 召怨召恨, 所裁革節省者.

臣恐涉于表暴沽名, [30a]亦止令部、道、冊報部堂、撫、按, 未曾分析具題. 臣之苦心, 亦難言矣. 東征文武, 孰不有廩糧、公費、心紅、紙箚之需. 臣之文移遍天下, 所費更多. 往該道議, 臣與標下員役吏書諸費, 盡行刪去. 三年之內, 臣并未支東征錢糧一分. 即門下員役, 每每怨臣刻薄. 撫、道每來勸臣求寬, 臣之苦楚, 亦又難言矣. 此曲謹小廉, 或可望免過. 乃如此裁減謹慎, 尚有不知臣者, 又將何言.

至於先任征倭總督胡宗憲, 其所用兵馬錢糧與公費、賞功支用數目, 文冊在[30b]部. 比之于臣之所費, 恐相去天淵. 江南士夫亦孰不知之. 而腹裏用兵, 與海外用兵, 恐勞逸、難易、省費尚不同乎. 科臣遠在都城, 不知臣之所行、所費, 與臣足跡所經, 何怪其謂, 不煩一徵調、一轉輸之勞, 事逸功倍, 延賞未及, 今耗費萬倍于昔, 賞賚亦百倍于昔乎. 皇上試行該部, 一查自知也.

如謂大同兵原調六千, 今回止二千一百. 及查, 大同兵先發回者, 千總趙繼爵等官軍四百七十餘員名, 張椿[31a]等七百餘員名, 參將李寧領回八百八十餘員名, 參將楊登山、坐營張維城、沈棟領回軍丁并提督總兵標下軍丁共一千五百餘員名. 今續撤參將俞尚德領回一千二百餘員名, 尚有副總兵解生統領一千一百餘員名. 此皆大同兵也.

又謂葉邦榮營官兵一千六百四員名, 查比冊多開五百四十員名, 冒銀三千八百餘兩. 查得, 葉邦榮官兵原額一千三百五十員名, 除回鎮二百八十六名, 善後止一千六十四名. 此曾經戶部駁行郎中董[31b]漢儒查報. 緣十字誤寫百字, 故致兵數之懸殊, 而銀數正合一千六十四名之數.

又謂行間事故, 截日不見貯存. 然冊開逐月還官一項者, 卽截日所扣逃亡事故之銀也. 據郎中董漢儒揭開, 仍于各營逃亡事故等項, 嚴加查扣, 共有還官銀二萬二千一十五兩有餘. 總計, 各項實省餘銀六萬一千餘兩, 俱作正支銷, 冊卷昭然, 有難假冒. 此東征錢糧支銷大概如此, 臣不敢一一贅述也.

軍餉甚多, 衆言易搖, 該科聞言不一. 況是否冊不投, 自不[32a]得不疑、不駁. 然軍餉旣多, 則行查不可不詳. 衆言易搖, 則有疑不可不釋. 況錢糧, 臣未經手、經目, 亦豈敢盡必其無奸弊、差錯, 而科臣所論, 極爲有見, 所有覆行查盤, 必不可已者. 應將二十五年至二十七年閏四月止, 雖經查勘科臣及郎中董漢儒覈查明白, 造冊奏繳, 并經戶部覆查回奏外, 第錢糧不厭詳細, 應與閏四月以後至今止, 支過各項銀兩, 請乞皇上特遣風力科道各一員, 或順天、遼東各巡按[32b]調集原任東征部、道、府官, 調取各該冊卷, 細加檢查, 有無侵欺冒濫情弊, 據實奏請定奪. 如謂官兵已散, 然宣、大、薊、遼、保定, 地方不遠, 亦可摘款, 委官一就而問也. 如此, 庶錢糧清楚, 耳目可明, 而臣之心迹, 亦得白矣. 等因.

奉聖旨, "東征錢糧, 先經勘科查覆, 戶部覆明. 今功成振旅, 官兵已散, 不必再查, 以滋煩擾. 該部知道." 欽此.

9-6

請加留守朝鮮提督李承勛服色疏　卷9, 33a-34b

題爲比例請賜服色事.

准經理朝鮮軍務、都察院右僉都御史萬會稿.

照得, 國家凡有事外國, 使臣銜命, 無論崇卑, 俱賜一品服色, 以重天朝體統, 以別遐荒臣庶. 此載在令甲, 歷來可考也. 自壬辰倭犯朝鮮, 皇上所命經略、經理, 已四遣矣, 俱照例[33b]賜給. 其大將李如松、麻貴, 原以一品武階而遣, 是以未援題請. 今照提督南北水陸官兵朝鮮防海禦倭總兵官李承勛, 以署都督僉事調任, 實以二品從事. 揆之舊例, 旣當賜給. 且身肩閫外軍國所關一切, 震耀皇上威靈, 布宣國家神武, 猶非尋常命使可擬. 其服色一節, 似應比例[34a]請給. 雖撤兵在邇, 振旅有期, 然一日爲皇上之命臣, 當一日重屬國之觀視. 且累朝鉅典, 故不當以須臾異同.

等因. 會稿, 到臣.

該臣會同經理朝鮮軍務、都察院右僉都御史萬, 酌議相同, 相應題請. 伏乞勅下兵部, 再加查議. 如果臣等所言不謬, 將朝鮮防海禦倭提督總兵官李承勛, 議請賜給一品服色, 以重特遣, 以鎮外藩, 行臣等遵奉施行. 等因.

奉[34b]聖旨, "兵部知道." 欽此.

該兵部覆議.

　　為照, 朝廷之名器, 雖不可以濫及, 而大將之儀章, 亦或有時當寬假者. 總兵李承勛, 提督南北水陸官兵善後朝鮮, 雖撤兵有期, 而舊例可比. 旣經會題前來, 似應加給服色, 以昭寵異. 合候命下, 將李承勛, 照例准賜一品服色, 以彈壓外國. 回國之日, 仍當照舊移文督、撫, 一體查照施行.

等因.

奉聖旨, "是." 欽此.

9-7

四懇歸養疏　卷9, 35a-38b

奏為目擊親衰, 憂病日增, 四懇天恩, 早放歸養, 以全子道, 以延殘軀事.

七月內該臣, 奏為家報再至, 衰親勢危情急, 謹泣血哀鳴, 三懇天恩, 早放歸養事. 奉聖旨, "大臣身受隆委, 宜先報國. 邢玠, 今已入關, 足慰母思. 着安心, 照舊督理軍務. 不准所請. 該部知道." 欽此.

臣捧誦[35b]溫綸, 除望闕叩頭, 以謝天恩外. 且臣自東征還國, 家報屢至. 備言臣母衰老之狀. 臣心日切驚皇, 恨不得一時奮翼, 歸見臣母一面. 故不憚煩瀆, 累疏陳乞, 未蒙俞允. 臣于此時, 旣念親恩之罔極, 欲歸不得, 又思君命之隆重, 再辭不敢, 進退維谷, 心神俱亂. 每一念至, 不覺五內潰裂, 臣之苦, 亦極矣. 又竊念[36a]屬國雖復, 善後之官兵未撤, 倭寇雖平, 遼虜之徼報頻仍, 皆臣身未了之事. 臣旣不敢自顧其私, 遺君父以憂, 而又恐不知者, 以臣爲規避, 朝夕思惟, 莫知所措.

竊計臣八十以上之病親, 日倚閭而望臣. 臣以三年離親之孤子, 日延頸而望母. 一思一淚, 實難消遣. 故于萬不得已之中, 爲委曲兩全之計, 止有迎養, 可以暫慰兩地之相思, 再乞歸養. 是以八月內, 先令家人回報臣母謂, [36b]"聖恩眷留, 國事多艱, 未得卽回, 請先赴任一見, 另乞恩同歸." 彼時臣母念子之心方切, 亦欲卽來, 奈老年衰病, 長途爲苦, 辭不能來. 延至九月, 臣又差人回請, 仍以書囑臣妻、臣子, 伴奉前來, 求得一見. 始于十月十八日, 勉强就道, 至前月初九日, 方到檀城. 臣旣喜且懼, 迎至衙內. 但見臣母顏色枯槁, 形容憔悴, 氣息奄奄, 十倍于昔. 臣情不能忍, 長跪痛哭. 母亦乍見臣衰病, 齒髮非舊, 潸然涕泗交流. 加之, 兩旬以來, [37a]北地風霜, 他鄉水土, 尤非老年衰憊之人所能堪, 展轉臥榻, 苦楚益甚. 是臣之迎養, 未能奉母之懽, 而適以益母之苦, 心獨何安. 萬一風燭不時, 使臣母有異鄉之怨, 臣又何能一日獨生天地間哉. 止有痛咽長往耳. 悲思至此, 尙有何心爲皇上任邊疆之重務哉.

況臣三年征討, 晝夜焦勞, 心血俱竭. 兩年外國風霜, 萬死一生, 徧身是病. 加以母子之情, 日切憂懼, 近日鬱勞, 邪火熏蒸, 日日吐血, 時與老親對膝長嘆. [37b]皇上再觀此情狀, 邊疆何事, 可使臣以憂母之心、積病之身任之哉. 苟不于此時, 早自引決. 萬一誤親則不孝, 誤國則不忠. 不忠、不孝, 豈不羞九列, 而遺辱士林哉.

卽今北虜之秋防已罷, 東國之海波晏然, 固臣乘時引退之時. 伏望皇上, 俯念臣母之衰, 并念臣身之病, 早放歸養. 儻臣得微皇上洪庥, 母子苟終天年于牖下, 臣子子孫孫感念[38a]隆恩, 惟有朝夕焚香, 誦祝聖壽于無疆耳. 臣無任泣血哀籲待命之至. 等因.

奉聖旨, "邊關事重, 倚藉方殷. 況迎母在任, 正可兼盡忠孝, 何必歸養, 方全子道. 所請假不允. 宜安心督理. 吏部知道." 欽此. [38b]

9-8

五懇送母還鄉疏　卷9, 39a-41b

奏爲天恩愈隆, 母子苦病益甚, 五懇洪慈, 送母還鄉, 以慰衰親, 以全大節事.

該臣于本月十二日, 奏爲目擊親衰, 憂病日增, 四懇天恩, 早放歸養, 以全子道, 以延殘軀事. 奉聖旨, "邊關事重, 倚藉方殷. 況迎母在任, 正可兼盡忠孝. 何必歸養, 方全子道. 所請假不允. 宜安心督理. 吏部知道." 欽此. 臣當憂病之時, 捧誦[39b]溫綸, 望闕叩頭, 感戴天恩, 涕泗交流. 卽備讀於臣母之前, 母見皇上留臣, 旣仰頌聖恩, 又慮難卽歸, 不覺憂鬱長吁, 掩淚悲慟. 若謂老年至此, 恐不得遂故鄉之願者. 臣一思之, 心如刀刺.

夫臣之迎母之任也, 一則感君恩之隆重, 恝歸未敢, 一則念孀親之久別, 一見未能, 亦欲如明旨所云, 兼盡忠孝. 但臣母八十有一, 老憊已甚, [40a] 抵任昏暈時發, 風燭可虞. 老病兩兼, 而使之客處他鄉, 萬一不測, 臣且不可以爲人, 尙可以云孝. 況臣十年邊海, 兩載異域, 東西跋涉, 遍身是病. 卽今滿腹火炙, 吐血不止. 縱欲圖效犬馬, 勢難勉強. 日久曠官, 臣且不可以逃罪, 尙可以云忠.

皇上恩德如天, 卽捐糜此軀, 不足爲報. 但臣于親顔一睹一淚, 于臣病一思一憂. 且尤大可懼者, 臣之心旣分于親, 臣之力又疲于病. 如不明白懇 [40b] 恩, 以致誤國、誤親, 則不忠、不孝, 反辱君命, 臣天地間無所容矣. 用是不避煩瀆, 再瀝血哀鳴. 伏乞勅下吏部, 照例准臣休致, 奉母還鄉, 則皇上浩蕩之恩, 不特臣有生之日, 朝夕焚香祝誦, 異日卽先朝露, 亦當感戴無窮矣. 臣無任激切懇恩待命之至. 等因.

奉 [41a] 聖旨, "覽奏. 欲奉母歸養, 情詞懇切. 但北門正資倚藉, 宜爲國宣勞. 不准所請. 着遵旨安心督理. 吏部知道." 欽此. [41b]

9-9

酌議留撤兵數幷催糧餉疏　卷9, 42a-54b

題爲欽遵明旨, 謹議留兵處餉事宜, 懇乞聖明, 特垂矜察, 仍令該部, 全給一應折色, 以畢拯濟大恩事.

准經理朝鮮軍務、都察院右副都御史萬會稿.

據朝鮮禦倭海防監軍道、河南按察司副使杜潛呈.

蒙本院案驗.

准兵部咨前事. 備仰本道, 卽便行會提督總兵李承勛, 查照先
今題覆, 作速從長再行商確. 彼國作何[42b]防守, 我兵回駐遼
左之界, 是否可從, 今水兵八千, 是否足用. 如果足用, 就將近留
張榜之四千, 與總兵之標兵, 卽行先撤. 或有別情, 務要議妥,
無滋後慮. 作速呈詳本院, 以憑立等會題施行.

等因.

又蒙總督軍門案驗, 前事.

蒙此, 俱經移行. 去後, 今准提督總兵李承勛手本, 會稱.

照得, 該國殘破之後, 民力委爲凋邊. 據其奏請, 止留水兵八千,
非不知兵力單寡, 不足以守要[43a]害, 亦非不知倭情叵測, 不
可以不備也. 觀其要, 將副總兵張榜兵四千, 幷本鎮標兵, 駐箚
遼左界上, 聽調防剿之意, 可洞見矣. 是但欲節省日米, 以蘇該
國之困, 故爲此議. 竟不思釜、巨與倭爲隣, 緩急援之不及. 又
不思釜、巨衝險, 遼闊兵少, 難以分防. 蓋以善後之任, 全責撫、
鎮、監道, 贍善後之兵, 全賴天朝內帑. 旣無能爲自强之策, 苟
幸圖爲目前之安已耳, 豈完策也哉.

釜、巨相隔對馬, 不半日之水程, 朝發而午可至. 欲以駐箚遼陽
之[43b]兵而爲之援, 已萬不能濟. 況本鎮遵奉部覆, 應于朝鮮
適中駐箚, 以便調度. 標兵實爲手足, 難以摘離, 往奉部議甚
明. 若令移駐遼左界上, 而獨留赤手空拳之撫、鎮, 儻卒然報
警, 寧能徒往乎. 抑待調遼左之兵而後赴援也. 今王京去釜、巨
等處, 匹騎往返, 動須二旬, 師行之期, 必須倍之. 況遼左界上

乎. 此爲不便, 緩急無濟, 必不可從, 不啻明如觀火矣.

至若張榜之兵, 業經本院具題, 撤回王京. 該本鎮查訪得, 該營目兵, 興情欣[44a]然思歸, 而以復留爲苦. 蓋釜山之營壘已毀, 不惟憚重創之艱, 且畏往返步履動增兩月, 風餐露宿, 百苦備嘗, 畏留善後, 固其情也.

及查議得, 守備吳宗道統押李天常原領浙江營水兵, 撤回王京, 適值守凍, 人力難施, 勢必坐守糜餉. 且沿海用船更急, 不若留水兵以抵陸兵, 移陸兵之餉以養水兵, 均爲費餉. 而海外尤得濟急. 況經國王具題請留水兵, 今留抵陸兵, 撤留轉移, 各得其所. 應將張榜陸兵, 仍撤回南, 通計應留之兵, 尙溢一[44b]萬六千之數.

屢據吳宗道稟稱, 該營頗多病弱, 思歸之兵可汰, 及有損壞沙船, 修艌甚難. 除行令選留二千員名外, 應汰去捕舵什兵六百四十五名, 已各撤還, 無容再議. 其水兵應留者, 不足八千. 卽使倍之, 猶慮單寡. 詎能足用乎.

釜山、全、慶, 該國無一陸兵, 深爲可憂. 今留參將陳蠶陸兵, 專守釜山. 又以本鎮標兵, 調發前往, 附近釜、巨等處, 以爲海上援兵, 水陸庶幾略爲隄備, 猶不免捉襟露肘之苦. 今奉部覆, 議留善後水陸官兵一萬六千, 比[45a]之初議三萬四千, 已裁其半. 留則俱留, 撤則俱撤, 此今日不易之定論也. 本鎮謬膺簡命, 肩負重擔, 身處虎穴, 當此之際, 苟爲阿附不斷, 他日萬一失愼, 則上負簡命, 下貽朝鮮地方生靈之殃. 安所取善後爲也.

等因. 到道.

准此, 爲照, 留兵善後, 初議以三萬四千爲言者, 原爲訓練麗兵, 相兼防守, 非謂此三萬餘衆, 卽可爲彼守二三千里之長邊也. 且如釜山、巨濟, 乃極衝要害之地, 須以重兵哨守. 其餘沿海一帶, 處處可登, 在在當防. [45b]所需於該國協助者, 勢亦孔亟. 而朝鮮左右水營, 兵不滿百, 且不知器械、旌旗爲何物. 朝至暮歸, 猶如兒戲. 如此景象, 雖以三萬四千守之, 猶恐兵力單薄, 難以調度.

今照部議, 止留一萬六千, 所減者業已過半. 張榜之兵, 已撤在途, 欲以浙江營水兵補之, 始如前數, 尙懼不足. 若再減而八千, 以此零星寡弱之衆, 守此寥闊險要之區, 首尾旣不相連, 彼此自難照應, 示弱弛防, 計無疏於此者. 在該國, 固止爲省費, 謀不慮其後. 儻有他虞, 輒以防範[46a]失策, 罪今日當事之人, 雖置百喙, 何以自解也.

乃朝鮮近議, 又欲以總、鎭標下之兵, 移駐于遼左二千餘里之外. 羽翼爪牙, 一旦屛而不用, 而獨留本院、鎭、道在此, 萬一有警, 馳赴不及, 將欲令之徒搏乎. 抑欲令之手援乎. 斷斷乎, 無是理也. 故撤則俱撤, 留則俱留, 誠爲此時定論, 止一言而決耳. 該國當自爲裁酌, 毋徒含糊首鼠, 致悞事機可也. 旣經該鎭酌議前來, 極爲詳妥, 無容再議.

等因.

又准朝鮮國王李昖回咨, 內稱,

會集文武各官, 再議得, [46b]小邦積敗之餘, 喘息未定, 兵單力綿, 不足以自守. 善後之圖, 唯在于留兵, 兵多則賊心畏戢, 兵少則賊必生心. 其爲利害, 不待智者而可料. 以小邦自爲之計, 豈不知所擇哉. 第以師行糧從, 兵不可一日無食, 必須先論餉之贏詘, 可議兵之多寡. 因此, 日前當職, 與各該陪臣, 酌量小邦事勢, 有此八千之請.

今日兵部更慮留兵單少, 不能捍禦後患, 復有加留之議. 其爲小邦計至矣. 小邦固當感激, 遵奉之不暇. 然事當量力, 謀必審勢. 不量在我之[47a]力, 徒欲多留以自衛, 日後糧絶, 大軍枵腹, 則脫巾之變, 其誰任之. 深恐惧事辜恩, 重貽皇上之憂, 誠切憂悶, 不知所爲.

小邦以兵火板蕩之餘力, 接應大軍, 于今七年. 民生之膏血, 罄盡於奔走轉輸之間. 不但軍餉屢缺, 至如支頓供役之具, 亦不成形樣. 賴諸部院矜憐, 將就得以支撐. 加以今年旱風爲災, 水田失稔, 收穫不敷, 大米湧貴, 秋場纔斂, 民已呼饑. 雖嚴飭管糧陪臣, 多方收集, 內而百官坊民, 外[47b]而窮閻單戶, 計口收米, 頭會箕斂, 至于賣官鬻獄, 募民稅商, 凡干得粟之策, 纖細畢講, 而地之所生旣尠, 民之所儲已罄, 所得零星. 隨到隨放, 該收之稅, 該括之米, 僅足穀目前之用. 竊恐前途缺乏惧事, 重獲罪譴.

等因.

又准國王李昖咨稱.

小邦存亡, 委係留兵之多少. 當職稍知利害所在, 旣不能自守, 則固宜多請兵馬, 以爲善後之圖. 豈至奏擾天聽, 要減兵數, 以促危亡之禍. 日前住兵遼左之請, 蓋出于不得已也. 仍照貴院奉[48a]命, 經理小邦軍務, 小邦軍務, 一聽貴院裁處. 豈敢違越, 以壞盛算. 煩乞作速處置, 應撤者速令撤回, 應留者速令赴防, 俾無遲緩費餉之患.

各等因. 到職.

准此, 案照, 先准兵部咨.

為恭報大兵凱旋, 以慰宸衷, 併乞早罷臣愚, 以重特遣, 以省繁費事.

該本部題覆職疏內開.

> 經理之設, 原為救援朝鮮. 事未竟而撫、鎮二臣, 遽欲議歸, 留守諸將, 漫無統攝, [48b]朝廷字小之初議為何. 儻以兵寡力微, 卽溢于八千之外, 亦無不可. 合將所議應撤兵馬之內, 摘選精銳, 量留一二枝. 如副總兵張榜四千餘名, 尚未撤動, 似當暫留. 至于李承勛之標兵三千六百餘名, 乃大將之手足, 尤難遽撤, 亦應留, 在標下操防. 其留撤諸兵, 仍與該國王商確, 如彼不願留兵, 另議撤回. 其經理、提督, 仍須留駐朝鮮適中地方, 相機調度.

> 等因.

> 奉聖旨, "依議行." 欽此.

備咨前來.

又准兵部咨.

該本部[49a]議覆朝鮮國王李昖題, 內開.

> 該國君臣, 仍祈援兵駐于遼陽, 聽調防剿. 蓋因彼中之折色難處, 將彼國之事, 令天朝始終擔之. 其為詞誠切, 其為計亦出于無聊矣. 合行經略督、撫, 查照先今題議, 與該國從長再行商確. 我兵回駐遼左之界, 是否可從, 今水兵是否足用, 如果足用, 就將近留張榜之四千與總兵之標兵, 先撤後聞. 儻有別情, 務要酌議停妥, 無滋後慮. 其經理撫臣幷鎮、道諸臣, 仍遵前[49b]旨, 暫住朝鮮, 督行將領, 協同防練, 俟明春汛畢無警, 一體振旅還朝, 以終全局.

等因.

奉聖旨, "是. 着督、撫官, 會同該國, 確議來奏." 欽此.

又准總督軍門咨同前事, 俱該撫臣, 一面移咨朝鮮國王, "速集該國文武各官, 再加商確. 如願留兵, 可照部覆事理, 將張榜步兵四千餘, 幷提督標兵三千餘, 及經理標下夷、漢健丁幷塘撥、雜流等項一千六百餘, 連先原留陳蠶、張良相等水陸之兵, 共該一萬七千有奇, 暫[50a]留駐防, 總俟明歲春汛完畢, 入夏盡撤. 其所需糧料, 該國查照備辦, 希文回覆. 若該國力能自守, 卽春汛亦無藉天兵協防, 亦要明白聲說, 以便再疏上請. 在年終先撤陸兵, 春初盡撤水兵, 以省糜費. 此留戍汛防, 該國安危所係, 愼勿以虛文了事." 一面案行海防監軍道, 會同提督總兵李承勛, 從長會議. 去後, 今據前因.

會稿, 到臣.

該臣會同經理朝鮮軍務、都察院右副都御史萬, 議照, 東征之役, 拮据至于七年, 善後之[50b]圖, 委宜周愼. 初議留兵三萬四千, 該國亦議留一萬五千. 隨以內帑空虛, 糧餉不繼, 朝鮮兵燹之後, 凋敝不支. 該臣等酌量撤兵之期, 仍嚴春秋兩汛之備, 幸以皇上神武, 威震遐陬. 自倭奴敗遁以來, 波濤不聳. 竊意海外狡寇, 業已散狐兔之群, 屬國有君, 庶可勵鴟鴞之警. 據朝鮮請留之數, 又上八千. 撫臣與鎭、道在事諸臣, 可共治此一旅之衆乎. 無論撫、鎭、標下無兵, 難居[51a]異域, 卽輿馬侍從, 亦不可缺. 八千之外, 旣不可加, 乃以皇上特遣之臣, 孑然羇旅于徼外, 非徒無益, 其于朝廷體統, 亦甚褻矣. 臣等再三籌度, 不得不次第撤歸, 仰請聖明, 非敢避難也.

今兵部覆議留兵, 戶部不難措餉, 是廟堂操萬擧萬全之畫. 臣等敢不效善始善終之謀. 雖士卒思家, 尙無零雨之後, 而人臣許國, 已逾霏雪之時. 上宣[51b]湛恩, 下堅成績, 將士業已鼓舞思奮, 朝鮮亦喜憑藉長城.

惟是遼左宿師欲多, 海上留戍無幾, 總是朝鮮君臣, 但知省餉, 不慮全籌.

計遼左至王京, 一千六百里而遙, 王京至釜山, 一千二百里而近, 曾是緩急, 可豫戰防. 國王已自知爲謀之不臧, 鎭、道已詳辯應援之不及. 事理明着, 無用贅辭. 但副將張榜應留之兵, 先經撤離信地, 守備吳宗道應撤之兵, 今尙守凍江華. 顧陸兵可以卽行, 船兵必待氷泮. 況朝鮮留兵之意, 全賴舟師. 然不能竟留者, 以[52a]數止八千耳. 今以守凍者, 爲明春防汛之兵, 以撤回者, 慰奏凱來還之士, 甚便計也.

日者, 兵部議覆, 撫臣仍駐朝鮮適中地方, 而標下官丁、雜流、塘撥等項, 尙未議及. 撫臣身在外國, 未有先撤標兵者. 況留戍之兵, 止此鐵騎. 然疇昔破敵, 我屢戰而屢勝者, 皆此輩也. 計該八百員名, 各項雜役塘撥、哨夜八百員名, 又選留吳宗道船兵二千員名, 合總兵李承勛標兵三千六百餘員名, 及水陸三營原留八千八百員名. 據留船兵, 比張榜兵數少二[52b]千, 加以撫臣之標兵及雜流, 正合前疏部議所謂, "兵寡力微, 卽溢于八千之外", 正此意也. 共足一萬六千之數, 分布于釜山、巨濟及王京、公州之間, 奇正疊陳, 戰守相倚. 容臣等另疏奏聞. 而張榜之兵, 仍行撤回, 總至明歲立夏前後, 次第盡撤.

伏乞勅下兵部, 再加查議, 如果臣等留撤兵數, 不失原題, 不相參差, 覆候俞允, 容臣等遵奉施行. 更乞幷[53a]勅戶部, 早給應得月餉, 以安久戍之心. 儻或再至匱乏, 措處無期. 卽今杅腹艱難, 已虞饑寒之變, 若再淹頓時月, 朝夕不謀, 恐皇上明旨, 將不信於師中, 臣等號令, 豈能行于闑外. 一有囂訌, 干係非輕. 卽行臣等速行盡撤, 恐八千孤旅, 亦難獨留, 無使戍卒脫巾, 大傷中國恤隣之體. 披陳肝膽, 惟聖明憐察焉. 等因.

奉聖旨, "該部知道." 欽此.

該兵部覆議.

　　爲照, 朝鮮新復, 防守須兵. 該國以凋殘之子遺, 力不能支. 其[53b]借天兵之協助者, 勢不得不爾也. 顧兵多則虞糜餉, 兵少不敷分防. 議者, 蓋兩難之矣. 先該督、撫, 議留八千之數. 本部竊慮兵微力寡, 覆議, 於應撤數內, 酌量再留一二枝. 誠恐盡撤之後, 變起不虞, 調援何及.

　　今據題稱, "該國之用, 全在舟師, 而張榜之兵, 已離信地, 勢難復留. 惟吳宗道之船兵, 與李承勛之標兵, 并撫臣標兵及各項雜役、塘撥、哨夜, 通前所留, 共足一萬六千之數. 以守凍之兵, 防今春之汛, 分布[54a]防守, 抵夏撤回." 蓋舟師守凍, 必氷泮方可啓行. 而春汛無事, 外戍俱可盡撤矣.

　　既經具題前來, 相應覆請. 合候命下本部, 移文經略督、撫衙門, 將張榜之兵, 仍行撤回. 其撫臣標兵八百員名, 并各項雜役、塘撥、哨夜八百員名, 吳宗道船兵二千員名, 李承勛標兵三千六百餘員名, 及水陸原留八千八百餘員名, 通留朝鮮, 分布於釜山、巨濟、王京、公州等處, 以張聲勢, 而資戰守, 俟立夏[54b]前後, 另爲議撤施行.

　　奉聖旨, "張榜兵, 仍行撤回. 其餘准留朝鮮, 分布待汛畢, 另議來奏." 欽此.

9-10

議給留兵折色免搭米豆疏　卷9, 55a-76b

題爲欽遵明旨, 謹議留兵處餉事宜, 懇乞聖明特垂矜察, 仍令該部全給一應折色, 以畢拯濟大恩事.

准經理朝鮮軍務、都察院右副都御史萬, 會稿.

　　據朝鮮禦倭海防監軍道、河南按察司副使杜潛呈.

　　　蒙本院案驗.

　　　　准戶部咨前事. 備仰本道, 即便行會提督總兵衙門, 會同國王, 將題留水兵八千, 及見議張榜兵與總[55b]兵標兵共七千六百餘員名本、折月餉, 戶部以義州等倉見有運貯支剩米豆二十餘萬石, 抵作天朝助發月餉之數, 再另發折銀十萬兩, 照原議東餉戶七、兵三出辦, 以本、折兼支, 作何通融搭放, 其本色錢糧, 該國作何供應, 逐一議妥施行.

　　　等因.

　　　又蒙總督經略軍門案驗, 同前事.

　　　蒙此, 俱經移會提督李承勛幷各營將領, 及行管糧同知韓初命、通判陶良性, 會議搭放間, 又蒙本院批, 據禦倭南兵營參將陳蠶呈[56a]稱.

　　　　爲照, 國家之禦患在兵, 而兵士之仰望在糧. 惟其糧無剋減, 然後兵樂我用. 今惟東征南兵, 離家萬里, 父母妻子不相見, 意在貪圖厚餉, 以爲俯仰之資. 況血戰沙場, 防隣寇穴, 艱苦萬狀, 告撤同聲, 猶恐加之重賞, 不足以慰故土思也. 初有減革鹽菜之議, 人人已各自危, 幸爾准復, 輿情方妥. 今又有米豆抵糧之行, 各兵一聞驚駭, 心先叛離, 勢在岌岌.

　　　　蓋中國住守之兵, 各有室家數口. 即月支米一二[56b]石, 猶可食用有餘, 亦可變價, 尚然不肯兼支.

而今朝鮮遠戍之士, 孤身一口, 與內地住家者不同, 日支行糧, 已足自贍. 矧南人不食小米, 向來兼支者, 皆用以易魚菜, 尚不肯要, 另買大米以食.

今反欲以米豆而作正餉, 人情何堪. 卽無論其價值之甚賤, 不足以抵償月糧之二三, 將賣之于朝鮮, 而無銀可賣, 將運之于天朝, 無力可運. 是以各兵之實餉, 適爲朝鮮之棄物, 較前議減鹽菜者, 奚啻倍蓰.

戶部議及於[57a]是, 蓋欲爲國省餉, 固爲權宜不得已之計. 而不知我兵舍死忘生, 果何所爲而來. 一旦失望, 兵心寧不動搖. 兵心一變, 脫巾可虞. 如近日茅遊擊之兵, 以糧遲鼓譟, 蓋可鑑也.

卑職治兵最嚴, 料無他事. 設有不測, 誰任其咎. 且中國救援朝鮮, 前後費過帑金幾千百萬, 奈何當此結局之際, 而錙銖搜索, 以失征士之心. 萬萬不可行者. 至今朝鮮本色錢糧, 該國應照例大、小米兼支, 無容他議.

職竊思之, 存留[57b]萬餘之兵, 不足以當大擧之倭, 有事不免損威, 無事適以糜餉. 如果內帑告匱, 萬不可支, 莫若早賜盡撤, 庶幾後患可杜. 況本營曾經戰陣, 人人思歸, 屢經備由呈稟, 實不得已. 請乞允從, 官兵幸甚. 若兵部必欲留兵, 而戶部又不給糧, 不惟外患難防, 抑且內變將作. 後日無謂卑職今日之隱默, 莫罪卑職法紀之不嚴也.

等因.

又據廣東水兵遊擊張良相呈稱.

准本道手本前事. 隨卽轉行本營中軍、千、把總袁應與、徐翰等, 傳諭[58a]各兵知悉, 一體欽遵議放. 去後, 本月二十五日, 據各船兵鄭勝偉等, 擁衆環職, 籲額呈稱.

米豆兼支, 敢不欽遵明旨. 但衆軍離鄉背井, 拋棄父母妻男, 涉冒數萬里之風濤, 戍守異海. 而不辭苦辛者, 圖維報效, 覬覦錢糧, 回家以資俯仰. 今月餉缺逾半載, 未蒙催給, 衆心日夜彷徨. 何又有搭放米豆之議, 大拂人情, 豈能必其服從. 況朝鮮地方百物湧貴, 卽衣綿、魚肉、酒醬之類, 易以大米, 尚不樂就, 小米將何所用. 卽如先年廣充[58b]土著, 月餉間搭銅錢, 尚以寄回養家不便, 群起閧然. 今異域兼支米豆, 運帶則不能, 貿糴則無地, 必積成腐棄, 不幾於有名無實. 如欲省糧, 莫如請乞轉達, 早賜撤兵, 得遂故鄉之願, 感激無涯.

等情.

到職. 據此, 看得, 本、折兼支, 是乃通融至計. 第衆兵缺餉月久, 望給如渴. 一旦驟聞搭放米豆, 大失懸望, 人人怨嗟, 難保後日事無他虞. 卑職誤叨約束之寄, 目擊三軍難色委曲, 善諭安心哨防. 儻萬一勉强不從, 軍心搖惑, 卑職後日之罪, 將何以道. 惟[59a]在本院從長酌量, 處置得宜, 三軍之幸, 實國家之幸也.

等因.

又據統領浙、福水兵遊擊賈祥呈稱.

查得, 水陸各兵, 捨家忘身, 服役異國, 豈眞重忠義, 而捐軀命耶. 不過遠從征戍, 離家逾遠, 得餉愈厚耳. 今倭未平之先, 賴其力而退倭. 倭纔平之後, 卽給之陳粟以充餉, 各兵愚人, 見給折銀則喜, 見給米豆, 則以上之人無銀而搪塞之也. 堂堂天朝, 仗義救援屬國, 已歷九年所[1]矣, 所費不下數百萬. 倭一日不退, 增兵增餉, 所費尤多. 近賴[59b]宗社之靈, 倭喪膽宵遁, 十萬之衆只留八千. 正當示以有餘, 使外國莫測天朝蓋藏之虛實. 奈何倭去未幾, 議減鹽菜, 又議減廩糧.

玆又議以米豆作兵餉, 使營伍之人, 聞之寒心酸鼻. 苟終以米豆給之, 必致生變, 辱國損威, 貽譏異域, 關係匪小. 思撤兵之期, 近在明春, 爲費幾何, 又欲行此. 旣衆口齊稱不願, 勢必難強. 合無請乞主持, 將米豆運還遼左, 易價給兵, 缺少錢糧, 多方另計, 其朝鮮本色, [60a]照舊支給, 則兵心允服, 數年威武保全, 屬國亦仰天朝終始救援之義, 豈不稱完局哉.

等因.

俱蒙批, "仰監軍道, 再會提督衙門, 酌議速報." 蒙此, 又經移會提督李承勛酌議.

去後, 今准該鎭手本回稱.

爲照, 司農告匱, 故爲此搭放小米之策, 誠非得已. 撫、鎭監軍道, 身處閫外, 同爲王臣, 雖內外之職守不同, 而體國之分誼則一. 值此時艱, 敢不仰體, 商議遵行. 今撫、鎭標兵, 固皆齏額赴告, 俱經再四申諭, [60b]令其聽候議處, 搭放間, 訪得, 猶爲偶語, 未甚貼服. 豈其故敢抗違, 以干旗鼓哉.

蓋實爲朝鮮百物昂貴, 卽使月餉毫釐無減, 以時給之, 僅足一

----

1 영인본의 所는 衍字로 추정.

身衣食之費, 猶苦俯仰無資. 而況動踰半載, 不給餉銀, 展轉借貸生息, 額餉實已減損, 以致冬月無裘, 而凍死者歷歷可查. 其幸而生者, 或裂膚、或墮指, 誠不忍言.

儻蒙廟堂目睹此等景象, 未必不爲動心酸鼻而哀憐之也. 且釜、巨與對馬島, 相望盈盈一水, 倭在目中. 其驍將平義智, 謀主玄蘇等, 俱在此島. [61a]國王前咨已及, 夫豈虛談. 則鋒鏑死亡之患, 朝不保夕. 詎謂恬然無事, 而遽可草菅兵命乎. 陸地民居寂寥, 貿易甚少. 各兵日米兼支內有小米, 不便炊食者, 止靠逐利遼人賤賣, 僅堪造釀薄酒之用. 遼人幾何, 能盡釀之爲酒乎. 此項兼支小米, 猶難變賣, 況每兵月增一石乎. 其不便之情, 可想見矣.

借使小米果可變易, 止是虧損價值, 亦當强之遵行矣. 至若水兵沙、唬等船, 什物、火器、兵仗, 已皆填塞, 焉有餘艙, 月受數十石米豆. 今責令支領, 無[61b]處易銀, 按月盈積, 貯頓無所. 其勢不棄之陸, 卽投之水矣. 夫兼支不便之情, 又如此, 乃逼令月棄餉銀若干, 人其甘心否乎.

今據參、游等官陳蠶等, 各備官兵哀苦, 不願搭放米豆情節前來. 其情甚爲可矜. 各將至欲欹蹠其官, 其心豈得已哉. 念玆水陸官兵, 調戍異國, 遠者萬里, 近者亦不下數千百里, 拋棄閭里、田園, 離別父母、妻子, 總爲名利二端, 故不暇恤軀命而趨王命也. 夫香餌之下有死魚, 重賞之下有勇夫, 自[62a]昔記之矣. 若曹甘以軀命博名利者, 今反月損其應得之餉, 而奪其利, 無惑乎群譁而生怨恨之心矣. 由此階亂, 其失在上, 安可以法治哉.

且壬午之歲, 浙江撫院標兵, 僅僅四千, 以搭錢損值, 激之鼓
譟, 幾至不可收拾. 及乙未之冬, 石門寨南兵三千餘衆, 由上爽
信, 短少進關糧賞, 因而跋扈、脫巾. 姑舉二事, 則覆轍不遠, 諸
將非無見之言也. 若謂有撫、鎮、監軍, 彈壓在上, 卽少損其餉,
奚至輒敢生變乎, 蓋未思撫、鎮、監軍之法令, 但可加于逗遛畏
[62b]縮與跋扈之悍兵. 而安可施於缺餉凍餒乞哀之戍卒耶.
此本鎮反覆沈思, 不能結舌而復爲之諱也.

等因. 各到道.

准此, 爲照, 司農告匱, 議以米豆搭放, 水陸兵士驚惶怨恨之情,
諸將言之詳且盡矣. 無庸本道置喙. 但目睹時艱體國之念, 固爲惓
惓深切, 然身臨部伍, 有慨于中, 勢難緘默.

竊惟, 馭兵之道, 全在收拾人心, 而所恃以收拾人心者, 糧賞最爲
喫緊. 故增一分則喜心生焉, 減一分則怨心隨之, 固其情[63a]之所
必至也. 在上有投醪挾纊之惠, 則在下多投石超距之風. 故能以戰
則勝, 以守則固, 又其理之所必然也.

今以血戰久戍、暴露思歸之士, 羈留異國, 月糧鹽菜, 有六七月未
領者, 有三四月未領者. 引領跂足望之, 不啻饑渴, 正在洶洶, 聯屬
無計, 一旦又聞搭放之議. 無論米豆, 率多紅腐. 價值更爲懸絶. 而
變易無路, 載運無方, 雖曰與之, 直使棄之而已. 是不惟不於分外
加恩, 且就中默寓減損, 深拂其意. 而投之以所不堪, 卽使刀鋸在
前, 鼎鑊[63b]在後, 欲其俛首帖耳, 而裁抑惟命也, 必不能矣.

嘗聞怨不在大, 亦不在多. 古人有一夫不獲, 輒引之爲己辜者, 況
萬餘之生命乎. 又自入冬以來, 大雪連綿, 動經浹旬, 平地積深數
尺. 室無所蓄, 野無所採, 枵腹嗷嗷, 無所控訴. 聞各營有凍餒而

死者, 有感冒而病者, 有憔悴呻吟而展轉溝壑者. 本道愧乏鄭俠之
筆. 故廟堂未見其顚連之狀耳. 儻一見之, 未有不測然動念者. 若
謂帑藏匱詘, 勢不得不爲權宜之[64a]計, 或損價搭放, 或減半支
給, 四五月間, 卽可省二萬餘金, 似可少佐國家之急.

又念軍興以來, 七載于玆, 所費者業以千萬計. 今大功已成, 撤兵
不遠, 從玆所省不足百分之一而止耳. 苟惜此錙銖之利, 不以弭未
形之患, 收一簣之功, 恐非所以昭德藩服, 而加惠久戍勞苦之至意
也. 卽經提督幷諸將, 詳議前來, 本道不敢諱避, 似涉狂瞽. 伏惟本
院裁察主持, 官兵幸甚.

等因. 到職.

據此, 又准朝鮮國王李昖咨.

准職咨, "准戶部咨[64b]前事."

當職與該管陪臣, 議照, 義州等處支剩米豆之數, 雖有二十餘萬
石, 而各處換易大米, 已過四分之一. 又水陸官兵按月交支, 月不
下五六千石, 見在實數, 日就減少, 而前途支放, 亦且浩繁, 不可那
移搭放. 仍查, 小邦七年饋餉, 公私米豆, 搜括已盡. 加以今年旱
風損禾, 凶歉之災, 近古所無. 目下雖廣作名色, 星火催督, 前途軍
餉, 萬無接濟之路, 全靠前項米豆, 以爲接餉之計. 而該部要以抵
作月餉, 至於題奉[65a]聖旨, 逕咨前來.

留守兵數, 旣添九千員名, 而本色之出, 倍于小邦原議. 如以前項
米豆, 抵作月餉, 以何米豆相兼接濟. 況義州等處所貯糧餉, 豆子
幾半, 行使萬分不便. 然則于彼、于此, 兩有所妨. 煩乞轉奏天聰,
照舊協濟本色, 以畢拯濟之恩, 幸甚.

等因.

又准國王李昖咨.

據戶曹狀啓.

轉蒙都院分付.

已後官軍行糧, 該國全給大米, 不許再兼放天朝小米. 將見在各倉小米, 查照部議, 給與各營[65b]兵.

等因.

蒙此, 竊查義州等倉, 天朝支剩米豆, 雖有二十餘萬石, 而係是本年四月勘報之數. 其後陸續搬運, 或用三分, 或用五分, 兼支以給各該官兵. 又再給百官坊民人等, 換易大米, 接濟支放, 該數日就減少. 而善後之兵, 又倍于原請八千之數. 本國全靠前項米豆, 以爲接濟之計. 如是查照部議, 給與各營官兵, 以何米豆相兼接濟.

況本國軍興七年, 公私赤立, 加以今年旱風爲災, 秋場失收, 該收稅糧, 纔有四千[66a]石零. 各處搜括換易之米, 亦甚不敷. 而船運已停, 見在本倉之數, 不滿二千. 如是只將本國大米, 全給行糧, 不許兼放天朝小米, 非但目下且告急缺, 抑恐兵解之後, 亦無以接濟也. 而今蒙分付如此, 臣等不勝悶迫. 合無備將前項緣由, 咨請都院, 作速再議, 仍令本國, 將前項米豆, 照舊兼支, 以濟本色.

等因. 具啓.

據此, 相應咨請, 煩乞本院, 曲加矜念, 作速再議, 仍令小邦, 將前項米豆, 照舊兼支, 俾得以協濟本色, 不勝幸甚.

又准國王李[66b]昖咨.

據戶曹狀啓.

蒙龍山倉委官沈州判, 轉示提督府標下朱千總手本一紙.

　　該為欽遵明旨, 謹議留兵處餉事宜等事. 節該, 請照來文事
　　理, 煩將各部官兵, 每員名查給小米一石, 以為接濟目前費
　　用.

等因.

蒙此, 查照, 所據手本, 蓋轉蒙經理撫院及監軍道憲牌, 移行
管糧韓同知, 請討月餉小米也. 臣等不得已行令該倉, 聽委官
分付, 將小米一千餘石, 暫行支放外, 仍查, 先該監軍道咨內,
"蒙經理撫院案驗, 抵作月糧. 目下京倉, 既欲開例支放, 又要
[67a]於釜山一帶, 一體放給."

本國之初議留兵八千, 仍請自備本色者, 竊恃有此米豆也. 後議
添兵時, 一遵經理撫院分付者, 亦恃有此米豆也. 如是不復議
奏, 徑行支放, 本國以何米豆, 協濟本色. 事屬有礙, 相應再議.
合無備將前因, 咨請經理撫院, 將該處餉事宜, 速議回示, 以便
本國剋日奏聞. 仍將前項米豆, 暫且停支, 再候朝廷處分相應.

等因. 具啓.

據此, 查照, 先准戶部咨, "義州等倉見在支剩米豆, 通准支放戍守
官[67b]兵, 抵作天朝助發月餉之數." 等因. 准此, 當職與該管陪
臣, 不勝悶迫, 就將小邦全靠前項米豆, 以為濟餉之計等情, 節經
咨會本院, 立等回示間, 今該前因.

為照, 小邦糧餉, 萬無接濟之理, 全靠前項米豆, 以為濟餉之計.
如是不復議奏, 徑行支放, 小邦以何米豆, 協濟本色. 委的事屬有
礙, 存亡所判. 煩乞本院, 將該處餉事宜, 速議回示, 以便小邦剋日
奏聞. 仍將前項米豆, 暫且停支, 再候[68a]朝廷處分, 不勝幸甚.

等因. 各到職.

准此, 案照, 先准戶部咨.

該本部題覆朝鮮國王李昖奏前事, 內開.

中國時事多艱, 公私交困, 萬難給發. 惟是義州等倉見有運貯
支剩米豆二十餘萬石, 若出此餉軍, 可抵月糧二十萬金. 相應
覆請, 恭候命下, 本部移咨朝鮮國王, 及薊遼總督、經理巡撫,
除本色聽該國自行供應外, 其義州等倉見貯米豆, 通准支放戍
守官兵, 抵作 [68b]天朝助發月餉之數. 仍再另發折銀十萬兩,
查照戶七、兵三出辦, 以便本、折兼支, 通融搭放, 統俟聖明裁
定, 勅下遵行.

等因.

奉聖旨, "是." 欽此.

欽遵, 備咨前來.

又准總督經略軍門咨, 同前事.

准此, 俱經備行該道, 會同提督總兵, 將義州等倉支剩見在米豆, 酌
議本、折兼支, 通融搭放. 并令通行水陸各營遵照, 及移會該國王, 備
辦本色.

去後, 今據前因.

會稿. 到[69a]臣.

該臣會同經理朝鮮軍務、都察院右副都御史萬, 議照, 東征糧餉之費, 誠
待明歲汛防, 是首尾幾九年矣. 長度而計, 兵興者十之九, 善後者十之一,
既糜其九, 特減其一, 則減者實為無多. 東征水陸之師, 遠者三年, 近者二
年. 始用之戰則加, 繼留之守則損, 損而必至失眾. 況朝鮮國王三咨彼國
之凋敝, 或搭支、或易換, 全賴此米豆, 以為起死回生之資. 水陸將官交

呈, 衆兵之囂譁, 或乞罷、或求撤, 俱嫌此米豆爲錘髓剝膚之物. 臣等文移
[69b]之往覆, 告諭之再三, 口血幾乾, 筆毫已禿. 時與文武鎭道, 下及參
佐等官, 百計圖維, 千方鼓舞, 無奈人情之難拂, 弱國之可憂.

上念內帑空虛, 則當遵奉廟謨節省之計, 何敢少後. 下慮遠戍困苦, 則當
撫循衆願剋削之擧, 誰敢獨肩. 臣等展轉思惟, 兩無所決. 然同憂匱乏,
期省錙銖者, 臣等之心也. 深虞安危, 務全終始者, 臣等之責也. 惟獨撫
臣, 則天朝之體統係焉, 四夷之觀望係焉. 夫及瓜而往[70a]不代, 尙能召
亂, 枵腹而戍減餉, 豈能整旅乎.

況狡酋仇讎, 思圖報復. 對馬島盈盈一水, 聲息易聞, 萬一軍心動搖, 敵寇
乘隙, 失全勝之畫, 墮一簣之功. 彼時豈惟皇上罪臣等之不早言. 卽司農
必謂臣等之不執奏也. 撫臣爲此懼, 卽身任不韙之名, 不得不再懇之聖明
也. 諸將連篇累牘, 臣等非不知仰瀆宸嚴. 臣等再疏三疏, 當事豈不謂謬
執己見. 但緣事體重大, 敢不遠慮深惟. 況朝鮮八年以來, [70b]一國之官,
率無俸祿, 三時之穫, 盡助軍興. 旣欲相兼搭支, 少資其罄竭, 復將盈餘
沾漑, 全活其孑遺.

彼國君臣有言, "小邦之社稷、人民, 天朝之再造也." 夫以帑藏千萬金, 再
造於淪喪之時, 不以紅腐數萬粟, 接濟於恢復之日, 豈皇上字小之終惠乎.
且也, 人一日不再食則饑, 三餐則飽, 四五飯則不能也. 朝鮮每月四斗五升
之糧, 旣足以供各兵之朝夕. 如或益以一石、或七八斗, 則多者日九食, 少
者日七食. 各兵內無俯仰八口之家, 外無市肆糶賣之利, [71a]棄之可惜,
食之不能. 誰肯甘心自抵一兩之月餉乎.

夫朝鮮之需糧, 如此其急, 各兵之搭糧, 如此其難. 救其急而寬其難, 成
大事者, 雖費不計. 況局終兵少, 而所費且不多乎. 撫臣曁鎭、道、文武諸
臣, 卽暴露異域, 不敢以久戍爲勞, 但以足餉爲願. 事儻蹉跌, 釁自內生.

臣等即委身從之, 何益國家大事乎.

查得, 兵部議留張榜兵四千餘員名, 未及撫臣標下官兵, 及各項雜流、塘撥、哨夜之數, 尚該一千六百餘員名, 似難先撤. 摘[71b]留張榜之兵, 則營伍零星, 總入撫臣標下之兵, 又多出部議. 況張榜之兵, 已撤在途. 查有先撤吳宗道兵船, 守凍在汛. 朝鮮喜留水兵, 以便禦之海外, 則張榜浙兵仍令全營撤回, 其吳宗道船兵, 選留二千. 并提督總兵標下官兵三千六百五十五員名, 及原留水陸三營八千八百員名, 共一萬六千餘, 合兵部原題之數.

其應支月糧、鹽菜, 如陸營陳蠶下官兵四千二員名, 水營張良相下官兵二千八百六十員名, 賈祥下原統旅順船兵, 并今歸[72a]併白斯清福兵共二千四十員名, 吳宗道下官兵二千員名, 撫臣前題, 俱扣至二十七年八月終止, 今應俱自本年九月起. 其撫臣標下官兵并各項雜役共一千六百餘員名, 前題, 俱扣至本年九月終止, 今應自十月起. 提督總兵標下官兵三千六百五十五員名, 前題, 扣至本年十一月終止, 今應自十二月起. 以上水陸標營, 俱計至本年十二月終止, 月糧、鹽菜各不等, 大約共該銀一十二萬三千餘兩.

其大小文武各官廩紅、紙箚及一應跟[72b]隨人役工食, 舊係酌派于三省銀內解給. 茲奉詔停免, 俱取給于軍餉銀內一三四個月不等, 又該五千六百餘兩. 福、鳥、沙、唬等船, 共二百五十餘隻, 其修船料價, 舊例, 在福、沙船, 每隻有捕盜造支薪水名色, 以充修艌之費者, 有造入租稅名色, 照樑頭丈尺月支三四兩者. 在鳥、唬等船, 每隻一兩或八錢不等者. 在薪水有名無人, 及丈尺過多, 似屬糜費. 該撫臣盡行革去此項名色, 酌定畫一之規. 在沙、福船, [73a]今議每隻月給料價銀一兩二錢, 唬、鳥等船, 每隻月給料價銀五錢不等. 比照舊例, 大約裁去十分之五, 四個月, 共該銀八百九十餘兩.

以上三項, 通共計至年終止, 該銀一十二萬九千四百餘兩. 又自二十八年正月起, 照部議春汛畢盡撤, 其官兵廩月糧菜等銀, 每月大約共該銀三萬九千七百餘兩, 修船料價月該銀二百五十餘兩, 扣至三月終止, 共該銀一十一萬九千七百餘兩. 此皆存留官兵一萬六千餘, 應給各項錢糧之數也. 內修[73b]船銀兩, 向係馬價銀內動支, 例應兵部出給. 其月糧等項, 是否戶七兵三, 悉聽部議題發.

查得, 前議應撤官兵, 在撫臣標下該一千六百餘員名, 提督總兵標下三千六百餘員名, 守備吳宗道所統浙江水營船兵二千員名, 共該七千二百餘員名. 今留防春汛. 其前請關外、關內行糧, 及臨散扣除逃故, 約該七萬餘兩. 又戶部近發帑銀十萬兩. 即如各兵全給折色, 不過再發七萬餘止耳. 大事可畢, 費亦無多. 其義州倉收貯米豆九萬餘石, 似應[74a]運發遼東, 備作軍餉, 或折銀, 或協濟, 應候遼東巡撫衙門酌議施行. 其王京以南各倉米豆十萬餘石, 似應俯從該國所請, 仍照舊例兼支. 事完之日, 即有剩餘, 姑給該國, 以濟初復瘡痍之民, 以廣皇上浩蕩無疆之澤, 始終全活萬代之義舉也.

其朝鮮國王具奏一節, 恐瀆天聽, 撫臣嚴諭止之. 如部議必欲搭支, 為萬不得已之計. 查得, 各邊每米一石, 折銀七錢, 腹裏[74b]一石五錢、或四錢五分, 介在邊腹之間者, 一石六錢. 臣等區區之愚, 比照六錢事例, 每兵每月搭支五斗折銀三錢, 即米無所用, 而兵士之減銀, 猶云不多, 誠難樂從, 亦可隱忍. 計六月所省, 不過二萬八千止矣. 於國儲不甚益, 於軍餉大為損. 惟主計者, 權輕重、較大小, 非臣等之所敢必也.

伏乞勅下戶部, 再加酌議, 仰敷聖慈恤鄰之義, 俯念各兵遠戍之勞, 或照舊支銀, 或量搭米豆, 稍如臣等愚見. 如必以前議為[75a]是, 閫外事重,衆怨難調. 伏望宸斷, 速爲撤兵, 庶幾所省不貲. 殘歲已盡, 事難遷延. 萬里孤臣, 肝膽竭矣. 瑣陳迫切, 下情不勝惓惓. 等因.

奉聖旨, "戶部知道." 欽此.

該戶部覆議.

除修船價銀, 聽兵部議給外, 爲照, 朝鮮留戌兵餉, 本色俱聽該國自備, 折色天朝量助三分之一, 業奉欽依, 不啻詳矣. 先經本部發銀十萬, 已足量助之數. 復將運貯義州等倉支剩米豆二十餘萬[75b]石, 通准戌兵本折兼支, 倂作天朝協餉. 此皆出於原議之外者.

今督、撫具題前因, 備陳各兵不願米豆, 惟要折色. 及據所請, 全給銀數, 不過七萬有奇, 銀數不多, 相應依請. 恭候命下, 本部移咨倉場總督, 及箚太倉銀庫, 卽於各省直解到濟邊等銀內, 動支六萬兩, 兌付本部委官山西淸吏司主事楊材收領, 幷將先次題發關外銀八萬兩, 一倂兌發, 責令本官, 刻期起程, 俱赴遼東餉司交割, 聽備前項留[76a]戌官兵一萬六千餘員名, 應給二十七、八兩年分糧餉支用. 差官廩給、夫馬裝銀車輛、護送官軍, 移咨兵部, 照例應付.

及照, 前項米豆, 皆天朝轉輸, 俱民間膏血. 若徑委棄, 不無可惜. 合無仍咨經理巡撫, 會同總督, 備行該道, 將王京各倉米豆十萬餘石, 議照每石作價六錢, 酌量搭放, 作正支銷, 報部查考. 固不可强拂軍情, 亦不得虛糜國餉. 其義州倉收貯米豆九萬餘石, 乞[76b]勅遼東撫臣, 會同餉司, 悉心計處, 或發遼左備餉, 或折價銀協濟, 酌議妥當, 務期實用, 毋致狼戾. 確由咨部, 以便覆請, 統候聖明裁定, 勅下遵行.

等因.

奉聖旨, "依議行." 欽此.

春汛分布海防疏　卷9, 77a-82b

題爲遵廟謨, 防春汛, 敬陳分部守禦之實, 以慰宸衷事.

准經理朝鮮軍務、都察院右副都御史萬, 會稿.

　據朝鮮禦倭海防監軍道、河南按察司副使杜潛呈.

　　蒙本院憲牌.

　　　照得, 原議善後官兵, 分防汛地, 以釜山爲首衝, 巨濟、竹島次
　　　之, 蓋以三萬四千而言也. 後准部議奉旨, 已將大兵, 陸續減
　　　撤, 存留數止一萬六千有奇. 在釜山, 係門戶, 當合重兵守之. 又
　　　巨濟、竹島, [77b]皆與對馬島相望, 亦不可不倂加防守.
　　　照今水陸官兵酌留之數, 已經議定, 轉盼春汛, 若不早爲分布
　　　防守, 恐臨時有警, 未免推諉悞事. 合行酌派. 仰道卽便會同提
　　　督總兵, 畫地相形, 分別衝緩. 若釜山, 除參將陳蠶陸兵外, 再
　　　應分派某營水兵若干, 協力防守. 其巨濟、竹島, 旣係次衝, 應否
　　　留防, 當酌派某營水兵駐守, 有警作何應援, 俱要逐一詳加酌
　　　議, 分派停妥哨防.
　　蒙此, 隨經會准提督總兵李承勛手本, 回稱.
　　　查得, 釜山爲沿海之首衝, 除參[78a]將陳蠶陸兵外, 相應多撥
　　　水兵駐防. 但本島水淺礁多, 惟唬船可以停泊. 應將遊擊賈祥所
　　　統調來旅順營唬船, 及守備吳宗道所統唬船, 盡數派發釜山,
　　　協力防守. 其巨濟亦稱衝險, 應將遊擊張良相、賈祥及守備吳
　　　宗道所部福、鳥、沙船, 隨宜駐守, 各撥船隻, 加謹會哨. 仍令

賈祥、吳宗道, 往來調度, 則聲勢聯絡, 有警馳報, 庶免推諉悞事. 其本鎮標兵五部, 應將三部, 責令坐營都司李香, 派防安東, 乃釜山適中地方, 有警, 庶便應援. 仍留二部, 駐[78b]箚王京, 遇警, 隨護本鎮策應, 庶防守得宜, 而緩急有濟.

等因. 到道.

爲照, 釜山與對馬相望, 素稱首衝. 水淺礁多, 利涉唬船, 玆將遊擊賈祥及守備吳宗道所統唬船, 盡數摘發釜山, 與參將陳蠶, 協力防守. 巨濟爲次, 應令遊擊張良相、賈祥及守備吳宗道, 隨宜駐守, 會哨應援. 其安東爲適中之要區, 不可不防. 標兵爲將帥之爪牙, 不可不備. 今該鎮議, 將所統五部標兵, 先將三部, 責令坐營都司李香, 駐守安東, 隨機應援, 仍留二部, 駐箚王京, 護衛[79a]策應. 查照所議, 委爲相應.

等因. 到職.

又准提督總兵李承勛手本, 酌議相同.

准此, 案照, 先爲摘陳東征善後事宜, 伏乞聖明採擇, 以遠杜島釁, 永奠屬藩事. 該職會同經略, 議留水陸官兵三萬四千, 已經具題, 分布防禦. 續因帑藏匱乏, 軍餉難支, 議撤、議留, 往覆具奏, 始定以一萬六千餘. 又經會行鎮、道, 酌量分布, 及箚委標下, 聽用原任遊擊宋德隆、州判林萬琦、千總楊喬林, 團練麗兵, 俱照[79b]天朝服飾、號衣、旗幟, 相兼防禦, 勿令窺我虛實. 去後, 今據前因.

會稿. 到臣.

准此, 卷查, 先該臣玠看得, 倭奴自喪敗之後, 雖經節行沿海防守各將, 嚴禁日本、朝鮮、中國之人, 不許近岸下海, 往來私渡, 致啓釁端. 但有卽行擒拏, 斬首示衆外, 爲照, 朝鮮一倭不留, 八道晏然. 雖今海波不揚, 內外奠安, 但恐狡倭懷恨蓄忿, 不忘朝鮮, 或連年戰鬪之際, 有朝鮮民人與中國兵士被虜, 及私投倭營者, 狡倭乘機利誘, [80a]通同爲奸, 或明來暗去, 爲彼耳目, 窺我虛實, 或陽順陰逆, 爲彼嚮導, 入我內地. 此不可不爲未雨之防、先事之慮也. 照今春汛屆期, 相應通行申飭戒備.

又經牌行監軍道兵備副使杜潛、提督總兵官李承勛, 會同嚴督善後水陸官兵, 分地嚴防, 仍遠出外洋哨探, 務遵先後申飭, 但有船隻往來, 卽發水兵追哨. 如係倭賊船隻, 卽行擒剿, 如係兵士鮮民, 賄買倭船渡送, 一倂擒拏, 送道究審. 係被虜逃回者, 兵士則押發進關, 麗民則安置遠道. 渡送[80b]倭奴, 亦不許放回, 恐泄漏軍機. 仍照先年節行事例, 卽押發遼東各邊堡關防, 使禦虜報效. 如麗民兵士, 私來窺探, 不卽投歸者, 卽係奸細, 照二十六年拏獲孫汝鳳例, 斬首以殉. 毋容一船一人往來停泊, 致有奸人通倭起釁. 如有故違慢令者, 該鎭、道會同, 自中軍以下, 輕則綑打貫耳, 重則以軍法從事, 將官參究, 及移咨經理撫臣, 一體督行.

該臣玠又查得, 山東登、萊、靑等處, 遼東旅順一帶, 北直天津等處, 各有大海口岸, 一水直接朝鮮義州、[81a]黃海、全、慶、釜山等道地方. 形勢聯絡, 去日本對馬島不遠, 皆倭奴入犯門戶. 恐以無警, 因而懈怠, 致弛海防, 亦通行各鎭、道, 并咨各該撫臣, 一體戒備外, 今准前因, 該臣會同經理朝鮮軍務、都察院右副都御史萬, 議照, 倭奴不道, 殘我外藩, 皇上援旅專征, 力圖恢復, 七年勞費, 竟臻蕩平. 惟是天討旣伸, 而屬國初定, 倭奴多狡, 沿海空虛. 恐暮夜之警倏來, 而陰雨之圖未備. 誠當帑藏匱[81b]乏之日, 仍爲藩籬萬全之防, 皇上之所以加意東垂, 至矣、悉矣.

臣等敢不仰遵廟略, 遠暢天威. 顧昔也, 戍以三萬四千, 今也, 三得其一耳. 如畫疆而守, 則有捉襟露肘之虞. 若聚衆而兵, 又有聲東擊西之隙. 只得水陸控其險要, 而會哨張其聲聞, 又敎練其土兵而更易其服色, 使海陬

一帶, 猶是中國之威儀, 則島嶼相傳, 必信長征之作用. 臣等又謂, 彼寇狡
甚, 或以猝至而來, 嘗窺我實[82a]虛, 易爲警擾. 卽以二月初旬, 以監軍
副使杜潛, 巡其東道, 提督總兵李承勛, 巡其西道, 俱會釜山, 觀兵滄海.
撫臣親提標下馬兵, 移駐安東適中地方, 以備應援犄角, 庶可以內聯臂指
之勢, 外張扼塞之聲, 以備春期, 然後振旅, 上以終皇上恤隣之義, 下以
慰征人室家之私. 臣等區區之愚計, 實止此耳. 謹爲摘陳, 以副東顧. 等
因.

奉聖旨, "兵部知道." 欽此. [82b]

9-12

六懇歸養疏　　卷9, 83a-85b

奏爲母子衰病難支, 目前情形可憐, 謹冒罪陳情, 六懇天恩, 早賜休致歸
養事.

正月二十四日, 接抵報. 該臣於去年歲終, 奏爲天恩愈隆, 母子苦病益甚,
五懇洪慈, 送母還鄉, 以慰衰親, 以全大節事, 奉聖旨, "覽奏. 欲奉母歸
養, 情詞懇切. 但北門正資倚藉, 宜爲國宣勞. 不准所請. 著遵旨安心督
理. 吏部知道." 欽此.
除臣率領一家老幼, 望[83b]闕焚香叩頭, 且感且泣, 遙謝天恩外, 但念臣
心分於衰親, 力憊於久病, 如駑馬難策, 朽木難雕. 臣審己量力, 屢屢乞休
懇恩, 詞已窮, 情已迫. 皇上猶垂憐邊臣, 不忍遽棄, 睠留不厭. 臣卽遣親

事君, 捐身報主, 亦其分義當然. 第臣母日日悲泣, 惟恐羈絆他鄉, 風燭不測, 臣不得已先送之通灣, 冀望得請偕往. 是日, 臣親於郊關送別, 母握臣手, 涕泗交[84a]流, 謂臣曰, "吾老病朝夕難料, 無人看望. 爾衰病精力不加, 何以做官. 宜辭官早歸, 無誤國、誤親、誤身." 言畢, 臣攀母輿, 悲傷痛哭, 而臣母亦掩面長號. 無何東西分別. 臣涕泣歸衙, 昏暈不知有人間事矣. 一時相隨員役, 無不潸然下淚. 皇上度此情狀, 臣能一日安心在任乎. 夫臣幸事堯舜之聖主, 且誤蒙知遇之[84b]特恩, 依戀闕庭, 不啻慈闈. 舉筆言歸, 五內俱裂. 惟是臣勢不能留, 留亦無用. 是以人窮則呼天, 不得不再瀝血哀鳴, 懇恩於君父之前.

伏乞皇上, 念臣邊疆奔走之微勞, 憐臣母子迫切之至情, 勅下吏部, 照例早議放臣歸養, 并延殘喘. 夫犬馬有知, 尙且報主, 況臣蒙[85a]皇上豢養恩寵有年. 儻不卽塡溝壑, 敢不思圖銜結, 以報罔極. 等因.

奉聖旨, "邊鎭重寄, 方資贊理, 豈得屢求養母. 着遵照前旨, 用心供職. 吏部知道." 欽此. [85b]

9-13

參處回兵毆傷將官疏　卷9, 86a-93b

題爲東征南兵, 毆傷將官, 打死軍卒事.

准巡撫遼東地方贊理軍務兼管備倭、都察院右僉都御史李㟽.
　　據分巡遼海東寧道兼理廣寧等處兵備按察使張中鴻呈.

蒙軍門憲牌及本院批呈. 依蒙行據遼東練兵知縣劉元功呈稱.

查得, 浙勝營參將茅國器, 征倭回還帶領兵士, 於正月初四日,
至鎮武堡住歇. 本官不合不豫申嚴號令. 比南兵郭文, 向本堡軍
人丁其買草, 郭文就不合恃强, 不行秤銀, [86b]將草搶挐. 丁
其拉奪不容, 郭文不忿, 互相打嚷, 至鎮武堡遊擊孫繼業門首.
本官差人捉挐丁其, 怪其生事, 遂將丁其綑打. 比茅國器聞知,
亦將郭文挐拶游營間, 有南兵方汝貴與張明、蔣洲, 誤聽本營
不記名衆兵訛傳, 孫遊擊綑打南兵. 方汝貴等三名, 各就不合
率領闔營軍士, 各執挐槍棍瓴石, 俱至孫遊擊門首, 要行搶奪.
孫遊擊門下員役, 拒攔不住, 一擁闖入. 比有浙營在官把總項
克信, 哨總吳大成、朱文彩, 隊總張文龍, 各不合不行鈐[87a]
束, 縱令各兵, 將孫遊擊衙宇門窓格扇, 俱行打損. 又將孫遊
擊, 打破頭額二處, 流血滿衣, 徧身俱打成傷. 各兵闖至臥房,
將扛箱等物, 盡行打毀, 一應文卷扯碎.

方汝貴與張明、蔣洲, 各又不合恃逞兇惡. 方汝貴, 將孫遊擊
旗牌王建卽、黃見, 狠打傷重, 登時身死. 張明, 將牢子趙爵,
蔣洲, 將七歲達女丫頭, 各狠打傷重. 趙爵、達女丫頭, 俱本夜
身死. 又打傷生員二名曹熙績、劉應選, 打傷孫遊擊跟從人役
六十名. 比時茅國器, 聞變卽馳馬, 至孫遊擊[87b]衙門, 進至
後堂, 遇見方汝貴, 面上親打一拳捉住. 又見張明、蔣洲, 俱令
旗牌挐住. 各兵方四散跑走. 比鎮武兵士, 因本將被傷, 黃見身
死, 將把總項克信挐住戳打, 各兵又復哨聚. 孫遊擊聞知, 卽遣
旗牌五六人, 將項克信送還, 事遂寧息.

緣由. 到道.

看得, 兇犯方汝貴等, 毆傷將領, 立斃三命, 生員及跟從人役被重傷者, 六十餘人, 事體重大. 隨行推官冀迤覆, 檢審明確, 另具招詳, 合先呈報.

等因. 到院.

據此, 案照, 先據管鎭武堡遊擊事都司僉書孫[88a]繼業呈前事. 隨經批行分巡道嚴究間, 又准總督軍門咨, 爲嚴究兇惡悍兵, 以正軍法, 以安地方事, 內開.

案查, 先該本部院, 恐東征官兵往過, 騷擾地方, 前經具題嚴禁, 節奉聖旨, "朝廷出師, 原爲定亂安民. 該總督務要申明軍法, 約束將士, 所在地方, 不許纖毫騷擾. 有犯的, 卽行斬首示衆, 仍著爲軍令." 欽此.

除先徧示嚴禁, 及通行各道, 豫委有司, 備辦一應食物, 兩平易買, 仍曉諭將領等官, 嚴加約束, 遵守紀律. 後, 撤兵之時, 又復白牌, 通行各道有司、[88b]將領, 調停巡禁, 不啻再三. 去後, 今乃仍有此兇惡悍兵, 非常違犯, 法紀何容. 該管官員, 所司何事. 合行查明正法, 以肅軍紀.

牌行分巡道, 照牌事理, 卽便一面會參將茅國器, 嚴查所統官兵, 何日行至前項城堡, 因何不行鈐束, 致啓釁端, 毆打將官, 毀亂衙宇, 扯毀文卷, 傷斃人命. 係某千、把總所管, 某兵某人因何行兇, 的有幾人, 嚴究動手首惡, 務審眞確. 責成將官, 拘拏監禁, 幷該管官一幷參究. 招報本部院, 以憑施行. 毋得枉縱. 一面出牌差官, [89a]嚴加曉諭禁約, 再有不遵紀律者, 會同該管將官, 卽行斬首示衆.

擬行間, 又據參將茅國器稟稱.

本營兵士方汝貴等, 聚衆毆傷人命, 已呈蒙遼東撫院批道, 轉行劉知縣, 前往查勘, 明白呈詳, 與卑職前稟之情無異. 是事雖起于倉卒, 而情誠有所激也. 設非卑職速到解散, 其禍將不知所終. 卽今事已處分停妥, 打死黃見等二人, 卑職面同孫遊擊, 處與埋葬銀兩, 而輕重傷者, 俱給藥資調治, 損壞衙門窓壁, 給價修補. 首惡方汝貴等三名, 已監[89b]禁廣寧, 聽候發落. 卑職督率官兵西發, 本月十七日晩, 至大凌河, 奉到軍門憲牌, 明諭森嚴, 徧行傳諭所屬官軍, 恪遵紀律, 隨伍前進, 不敢復有縱肆. 第思卑職質本駑劣, 素荷本部院訓養, 頗知法紀. 久戍異域, 并無騷擾, 此本部院之親鑑者. 不意末路致生事端, 三年微勞, 難償不職之愆.

等因.

咨煩一併行查施行.

等因. 准經亦行該道嚴查.

去後, 今據前因, 爲照, 南兵征倭而回, 不守紀律, 却肆兇悍, 旣搶奪民間草束, 復聚衆亂毀衙宇, 毆傷將官[90a]徧體, 打死男女三命, 事情重大, 法當題參. 雖未經確招, 而勢難延緩. 合咨貴部院, 煩爲議處, 題請施行.

等因. 備咨, 到臣.

該臣會同巡撫遼東地方贊理軍務兼管備倭、都察院右僉都御史李, 經理朝鮮軍務都察院右副都御史萬, 看得, 征兵擾害, 先該臣玠嚴禁申飭, 不啻再四. 何郭文輒敢強索丁其草束, 致啓爭端. 彼時茅國器、孫繼業, 各責其兵, 法亦兩盡. 乃方汝貴等, 一時誤聽, 竟率衆擁入衙門, 立斃[90b]三命, 傷及將領, 則縱肆之極, 而法紀蕩然矣.

茅國器, 身爲主帥, 殊欠先防, 但聞變急趨, 須臾解散, 且親捉悍兵, 送之該道, 監禁聽處, 則臨時之風力, 平日之威令尙在, 相應重罰. 項克信等兵屬本管, 先時旣不能防, 臨時又不能禁, 則疏玩慢令可知. 軍法難貸, 相應重處.

及查, 强買起于郭文, 實釀禍之源, 行兇成于汝貴等, 乃倡亂之首, 均應以軍法重懲. 但郭文原未與亂, 應稍從末減. 伏乞勅下兵部, 將茅國器, 重加罰治. 方汝貴、張明、蔣洲, [91a]係本將登時拏住, 容臣等逕以軍法梟示. 項克信、吳大成、朱文彩、張文龍、郭文, 各先綑打, 仍行該道問擬應得罪名, 招詳發落施行. 隨從軍兵、干連人衆, 姑免追究. 庶法令肅, 而人心知警, 可無騷擾之患矣. 等因.

奉聖旨, "兵部知道." 欽此.

該兵部覆議.

爲照, 東征軍士, 其麗不億, 而統領約束, 全在將官. 先該本部題奉欽依, 嚴禁沿途騷擾. 去後, 乃有浙勝營兵方汝貴等, 敢於抗違, 輕聽訛傳, 毆傷將官, 立斃三命, [91b]打損衙宇, 闖入臥房, 毀碎扛箱, 肆無忌憚, 一至於此. 所據參將茅國器, 身膺將領, 旣乏先事之防, 莫定倉卒之變, 兵士鼓譟, 責已難辭. 雖親捉悍兵, 未委虛的, 但久居異域, 且兵未入關, 統押無人, 姑從重罰, 以示儆懲. 把總項克信等, 旣不能鈐束於平時, 又不獲解紛於臨事, 疏玩慢令, 軍法難容.

但起釁由於郭文, 而倡亂成於悍卒. 且郭文止於爭嚷, 初未行兇. 斟酌情法, 宜有等差. 方汝貴等, 鼓衆操戈, 直入孫繼業內室, 旣逞兇而毆將官, 復肆毒[92a]而斃三命, 身爲罪首, 梟斬允宜. 但該督臣咨稱, 三犯解審之時, 執不輸服. 欲俟確招行法. 意者, 鼓譟之時, 寔煩有徒而行兇毆打, 定不止三人下手. 故汝貴等, 見各兵漸次進關, 展轉支吾, 希脱重辟. 及查原疏, 謂三犯乃參將茅國器, 當在孫繼業後堂所獲. 脫有枉情, 彼時三犯, 豈肯竟無一詞而俛首就執哉. 若以大衆撤回, 國器已去, 逡滋展辯, 竟容漏網, 則無辜之三命, 冤何洩焉. 仍應趁南兵未遠, 國器尚在, 速爲確招正刑, 無致眞正兇犯, 以虛[92b]詞脫罪, 俾軍法靡申, 衆命莫抵. 儻三人原非罪首, 而國器妄行拘執, 且故縱元惡的係何人, 有無別故, 俱應明白究問. 豈可含糊草率, 致有出入. 旣經具題前來, 相應覆請.

合候命下, 將茅國器, 姑爲重加罰治. 項克信、吳大成、朱文彩、張文龍、郭文, 各先重行綑打, 仍行該道問擬應得罪名. 方汝貴、張明蔣洲, 再加審確, 如無冤枉, 卽行處決梟示. 若行兇有人, 將茅國器一併究擬, 以昭法紀. 再照, 軍統於將, 亂[93a]成於驕, 未有本管持正無譁, 而麾下敢肆爲鼓譟者. 茅國器統率各兵, 業已入關, 轉眼回南. 合當潔己奉公, 撫恤衆士, 不許侵凌剋剝, 以致生事, 仍嚴飭各兵, 遵守軍法, 經行之處, 秋毫不可有犯. 儻各兵復逞故態, 沿途騷擾, 則本官之約束可知. 一有所聞, 定行從重參處, 以爲紀律不明之戒. 及移文各該督、撫衙門, 一體查照施行.

等因.

奉聖旨, "茅國器, 姑罰俸四箇月. 餘依擬." 欽此.

[93b]

經略禦倭奏議卷之九終

經略禦倭奏議 卷之十 [1]

10-1

(原文殘缺) 卷10, 殘缺-5b

(原文殘缺)

[2b] [2]

"…… 命下, 移咨總督衙門, 及咨天津、保定各巡撫都御史, 仍咨都
察院, 轉行巡按御史, 督令該道, 將前船, 查照原議, 悉行改修, 完
日造冊, 奏繳靑冊, 送部查考. 所費銀一萬二千五百六十一兩四錢
九分, 照例兵、工二部各出一半, 差官順解天津造船衙門交割." 等
因. 題奉聖旨, "是." 欽此.
　　除本部應發銀六千二百八十兩七錢四分五釐, 差陞任郎中包應登

....

1　原文殘缺
2　영인본은 殘缺로 제목이 없으나, 표점본에서는 본 문서의 제목을 「題造船銀疏」라고 표
　기.

順解天津造船衙門, 交割應用. 兵部應出銀兩, 移咨該部, 聽其徑

自解發外, 合咨前去, 欽遵查照施[3a]行.

等因.

又准總督軍門咨同前事, 俱備咨前來.

案行天津道, 將解到銀兩, 查照收用, 委官拆造間, 本年六月內, 又准

工部咨.

　　為議處戰艦, 以便攻擊事.

　　該前海防撫臣萬, 會題, "拆修福船一十五隻, 不足■[3]建水兵二營

駕發應用. 議造鳥、梭船三十八隻, 共該銀一萬二百三十九兩一錢

九分. 除查有福建原解來船價銀四千三百六十兩動支外, 尚少價

銀五千八百七十九兩一錢九分. 照數發給."

　　本部覆議, "恭候[3b]命下, 將前造船銀五千八百七十九兩一錢九

分, 照例兵、工二部, 各出一半, 差禮部進士何如申解彼, 以應急

用."等因. 題奉聖旨, "是." 欽此.

又准本部咨開.

　　天津造船, 待用甚急. 若候二部銀兩一齊解發, 又恐稽悞. 合先將

本部一半該銀二千九百三十九兩五錢九分五釐, 徑差進士何如申,

先行解彼支用. 其兵部銀兩, 聽行續解接用.

等因.

又准總督軍門咨同前事, 俱備咨前來.

又經案行該道, 照數查收, 委官分投辦料, 將前項福、鳥等船, 如[4a]

式改造, 事完冊報.

....

3　영인본은 글자를 알아보기 어려우며, 표점본은 以로 추정하였으나 잔획과 맞지 않음.

去後, 今據天津道兵備參議張汝薀呈稱.

查得, 原議拆造福船一十五隻, 修補蒼船七十七隻, 唬船五十八隻, 共一百五十隻, 原估通共用銀一萬二千五百六十一兩四錢九分. 又議造大鳥船二十八隻, 小鳥船六隻, 梭船四隻, 共三十八隻, 原估通共用銀一萬二百三十九兩一錢九分. 二項共銀二萬二千八百兩六錢八分. 內除福建解到船價銀四千三百六十兩外, 仍該銀一萬八千四百四十兩六錢八分, 兵、工二部均[4b]出. 工部發到一半銀九千二百二十兩三錢四分, 兵部一半銀九千二百二十兩三錢四分未經解發.

今拆造福船一十五隻, 修補蒼船七十七隻, 唬船五十八隻, 新造大鳥船二十八隻, 梭船改小鳥船共造小鳥船十隻. 又修補龍江營沙船三隻, 添造福、蒼、鳥船、脚船九十九隻. 各用木料、桅篷、灰蔴、油釘, 幷匠役工食、扛具等項, 價銀多寡不等, 通融計算, 共實用銀一萬五千二百五十七兩七錢五分二釐三絲三忽. 造船支剩見在松杉木料等[5a]項, 價銀一千五百六十四兩二錢六分八釐六毫, 仍留為修理天津戰船之用. 二項共用銀一萬六千八百二十二兩二分六毫三絲三忽. 除解到銀一萬三千五百八十兩三錢四分支盡外, 該銀三千二百四十一兩六錢八分六毫三絲三忽, 已於兵部原發製器餘剩銀內動用訖.

等因. 造送前項船隻用過銀兩, 幷支剩見在木料等項價銀, 及取用工部原貯物料各數目, 冊報到職.

會稿, 到臣.

該臣會同巡撫保定等府提督紫荊等關兼理海[5b]防軍務、都察院右僉都御史汪, 巡按直隸監察御史涂宗濬, 覆查相同. 已該撫臣造冊奏繳, 及咨

送兵、工二部查考外, 爲此, 今將造完拆造修補福、鳥等船用過銀兩, 并支
剩見在木料價銀, 及取用工部原貯物料各數目, 合行奏聞. 等因.

奉聖旨, "工部知道." 欽此. [5b]

10-2

會題撤兵疏　卷10, 6a-9b

題爲春汛將畢, 豫陳撤兵之期, 仰紓聖明東顧全籌, 并乞俯慰久戌勞還,
以省內帑匱乏事.

准經理朝鮮軍務、都察院右副都御史萬, 會稿.

　　萬曆二十八年二月二十七日, 准兵部咨.

　　　爲欽遵明旨, 謹議留兵處餉事宜等事.

　　　該本部題覆職等會疏, 內開.

　　　　該國之用, 全在舟師, 而張榜之兵, 已離信地, 勢難復留. 合候
　　　　[6b]命下, 本部移文經略督、撫衙門, 將張榜之兵, 仍行撤回.
　　　　其撫臣標兵八百員名, 并各項雜役、塘撥、哨夜八百員多,[4] 吳
　　　　宗道船兵二千員名, 李承勛標兵三千六百餘員名, 及水陸原留
　　　　八千八百餘員名, 通留朝鮮, 分布於釜山、巨濟、王京、公州等
　　　　處, 以張聲勢, 而資戰守. 俟立夏前後, 另爲議撤.

....

4　영인본에는 多이나, 이는 名의 오기로 추정.

等因. 奉聖旨, "張榜兵, 仍行撤回. 其餘准留朝鮮分布. 待汛畢, 另議來奏." 欽此.

備咨, 到職.

准此, 案照, 先該職會同督臣, 一面將張榜官兵, 撤發回鎭, 一面[7a]將應留水陸各營官兵, 酌量衝緩, 分布釜、巨等處防守. 業經具疏題知訖. 今准前因.

會稿, 到臣.

該臣會同經理朝鮮軍務、都察院右副都御史萬, 看得, 倭奴之殘屬藩而干天討也, 局更三易, 時至七年. 業已掀邑麾城, 傾巢竭澤. 朝鮮之侵地全復, 日本之餘孽盡鋤. 彼君臣正當起敝興衰, 中國亦當罷兵振旅. 乃皇上軫念其殘破, 留兵轉餉以防之. 初議一年, 續[7b]增春汛, 計爲該國驅除扞衛, 九年於玆. 然又以不滿二萬水陸之將卒, 守一千餘里之要衝, 蓋因內匱外竭之時, 爲此捉襟露肘之事. 實以天威丕肅, 海波偃然. 二月已終, 三春過半, 轉盼初夏. 糧餉業已住支, 必及期而上請, 得旨而旋歸, 道路往來, 四月行盡. 計渡江之日, 非一月不得達. 是各兵又缺兩月之餉, 而多一月之防. 久戌思歸, 旣人情之恒態, 長途續食, 又[8a]師行之先籌. 惟是糧餉必不可增, 瓜期可使久滯乎. 臣等應照原題及部覆, 立夏前後, 分布撤還, 以信明旨. 其所以省坐糜, 而慰行役者, 交相得矣.

伏乞勅下兵部, 再加查議, 如果臣等所言不謬, 汛期旣畢, 容臣等先撤後聞, 無得稽遲, 且資待哺. 臣等不勝惓惓. 等因.

奉聖旨, "兵部知道." 欽此.

該兵部覆議.

爲照, 屬藩初復, 氣勢尙微, 留兵善後, 所以周萬全之慮, 而終字小之仁也.

至於局完撤兵, 節該本部覆議, [8b]俟春汛畢日, 宴然無警, 另爲議撤.
明旨昭然. 據稱, "日本之餘孽盡鋤, 中國之援兵宜罷." 瓜期已及, 振
旅在邇. 第當撤不撤, 必滋糜費. 未可撤而遽撤, 恐墮成功. 彼中情形,
身履其地者, 自灼有確見.

合行督、撫, 再加詳酌, 及行朝鮮君臣, 詳爲議覆. 如果倭奴遠遁, 海
氛全消, 朝鮮振衰起弱, 足自爲守, 如期撤還, 先發後聞. 儻有意外之
虞, 寧爲過愼之計. 雖三軍歸志有難久違, 而數年成功, 當善結局. 軍
機萬里, 難[9a]於懸斷, 會議妥當, 以爲行止. 既經具題前來, 相應覆
請. 恭候命下, 本部馬上移文該督、撫衙門, 一體遵照施行.

等因.

奉聖旨, "這撤兵事, 着該督、撫與朝鮮君臣, 詳議妥當行." 欽此. [9b]

10-3

七懇歸養疏　卷10, 10a-12b

奏爲母歸無倚, 子情日迫, 七懇聖慈, 速賜歸養, 以延殘軀事.

二月初九日, 該臣奏爲母子衰病難支, 目前情形可憐, 謹冒死陳情, 六懇
天恩, 早賜休致歸養事. 此時, 臣母已先至通灣, 候兪旨消息矣. 臣方翹
望聖慈, 俯念苦情, 得允所請, 追隨母後而歸, 以奉一日之懽, 以免不測之
慮. 乃十四日, 奉[10b]聖旨, "邊鎭重寄, 方資督理, 豈得屢求養母. 着遵照
前旨, 用心供職. 吏部知道." 欽此.

除恭具香案, 望闕叩頭謝恩外, 但臣捧誦溫綸, 且感且悲. 蓋念君恩之至重, 曷敢言歸. 然思母去之甚苦, 又難強留, 一思一淚, 無計兩全. 此身不知置之何地而後可. 臣之狼狽苦楚, 情實可憐. 臣不得已差家人, 捧旨報母. 母憶子正切, 忽報[11a]聖恩勉留, 不覺悲咽無聊灑淚, 放舟長行. 復囑家人語臣曰, "君恩難報, 吾老可憂, 別無話說. 惟望臨老得一見耳."

夫臣母八十有二, 形神衰憊極矣. 朝夕事, 臣何能料, 而與臣相隔千四百里, 倉卒間, 何能即到也. 言及於此, 倘有不測, 臣母孀居幾五十載, 撫臣孤子茹苦嘗辛, 千態萬狀. 倘不能如母前約, 不爲萬世名教中罪人哉. 故每一念至, 五內俱裂, 心神盡亂. 臣前疏所謂, "臣勢不能留, 留亦無用", 正謂此耳.

[11b]天威有赫, 君恩罔極. 臣展轉思惟, 終夜繞室徬徨不寐, 躊躇再四, 用是不得不再冒瀆天威, 瀝血乞恩, 伏望皇上俯念臣母子迫切之情, 更念臣事皇上之日長, 事母之日短, 勅下吏部, 速准歸養. 豈特臣母子之感. 傳之子孫, 亦永頌天恩於無窮矣. 臣無任激切哀懇待[12a]命之至. 等因.

奉聖旨, "吏部知道." 欽此.

該吏部覆議.

　　看得, 總督薊遼尙書邢, 奏乞終養一節, 爲照, 本官才名久著於朝端, 威望益隆於異域. 即今倭氛甫戢, 善後猶艱, 虜患相仍, 折衝允賴, 邊陲重寄, 聖眷方殷. 揆以大臣許國之誼, 不當言去.

　　合候命下, 行令本官, 照舊供職. 惟復念本官天涯老母獨子之望堪憐, 海外遠征旋率之情當體. 蓋[12b]責以大義, 則徇國爲重, 顧家爲輕. 若憫其至情, 則報君日長, 報親日短. 或聽其歸于今日, 而責其用于異日, 則朝廷優禮大臣, 體悉邊臣之意. 而非臣等所敢擅擬者也. 伏乞聖裁.

等因.

奉聖旨,"邢玠威名素著, 邊寄方殷, 着照舊供職, 以酬眷倚. 不准辭." 欽
此.

10-4

會議東師撤留疏　卷10, 13a-50b

題爲東師將撤, 議當早決, 懇乞聖明, 勅下廷臣, 詳計久遠長策, 以圖萬
全事.

該臣會同經理朝鮮軍務、都察院右副都御史萬, 議照.

　倭奴攻陷朝鮮, 藩邦幾爲倭有, 我皇上命將興師, 兩年征討, 卒能殲强
　倭, 而存弱國. 不特字小之仁, 度越千古, 而東南半壁, 賴以晏然. 自倭
　退至今, 兩年三汛, 毫無動靜. 由是而振旅還師, 豈不稱完局哉.
　臣等于二月內, [13b]奉部文, 議于立夏前後盡撤, 糧亦停止. 故遵照
　成議, 已經具題. 近准兵部咨, 又令臣等, 與朝鮮君臣, 詳爲議覆, 如果
　倭奴遠遁, 海氛全消, 朝鮮振衰起弱, 足自爲守, 如期撤還. 此事干重
　大, 不得不爲詳愼.
　夫朝鮮八道, 一倭不留, 已是海氛全消. 然對馬係倭國一郡, 相望釜
　山, 譬如九邊之夷, 環牧邊外, 何能遠驅. 況倭奴從來狡詐不常, 朝鮮
　積弱不振, 此不待議而後知者. 所當議者, 惟外藩與[14a]中國利害輕
　重, 官兵與糧餉撤留難易耳. 請以今日之留撤者, 詳言之.

臣聞之, 衆論有言倭之且不來者, 則云, "丁酉以前勿論, 自二十五年征討以後, 各倭陸續爲我斬獲者、焚溺者、困死、病死者無算, 而連年大海之漂沒, 及朝鮮之斬級, 不與焉. 其輜重器具, 委于水火, 得于各兵者甚多. 且聞全、慶爲大兵進據之時, 倭中糧運不繼, 其國日加水火之刑, 民不堪命. 是我之損耗, 固按冊可考, 彼之損耗, 亦衆目所睹, 則倭之元氣索然, 物力詘甚, 此可槪[14b]見."

所謂倭且不來者, 似亦正論. 但以臣等計之, 朝鮮比隣日本, 而對馬地皆山岡, 不產五穀, 去釜山僅二日程. 故昔年倭皆取給釜山之粟帛, 以供對馬之民人. 今旣奪釜山而歸朝鮮, 則對馬亦爲坐困之地. 彼未得朝鮮之尺寸, 先失百年之釜山, 垂戀舊物, 兼有新恨. 且數年以來, 被擄朝鮮、中國, 思歸之衆, 又未必不從中鼓煽, 借此求脫. 夫倭與虜同. 九邊諸虜, 有屢遭敗遁者, 不能保終歲之不復來, 況越國狡倭, 豈能必其不[15a]犯. 謂倭且不來者, 臣等未敢盡信也.

使朝鮮君臣, 果能臥薪嘗膽, 奮然自勵, 修險設要, 練兵積餉, 水兵拒之于海, 陸兵拒之于岸, 則倭卽來, 亦無處下脚. 視往年盤據釜山, 門庭堂奧, 悉爲賊藪, 其用力難易, 相去天淵. 如朝鮮可以自保, 我亦可借屏蔽. 但臣熟視該國, 瘡痍者未起, 流離者未復, 積弱之後, 卒難自强. 其君臣上下, 尚未見有振拔自立之實. 臣等能驅倭之去, 而不能使倭之不來. 能掃釜山以與朝鮮, 而不能保朝鮮能防日本. 能驅朝[15b]鮮釜山之倭, 而不能驅日本對馬之倭. 此中國之力量止此, 臣等之力量亦止此.

此時欲留守, 然見在之兵, 不過萬五千人, 海岸千里, 分布已難. 且缺糧常至數月, 中國旣不能按時而給, 朝鮮又執以無處, 杜門不應, 以故枵腹思歸之衆, 變形屢見. 雖賴撫、鎭、該道委曲振慰, 幸而無事, 然目下絶糧, 人心洶湧, 文武官兵, 寄命海外, 勢甚危急. 人情一日不再食則饑, 而外國戍卒, 能當一月無糧乎. 臣恐不測之變將出此. 處餉甚難, 故留[16a]兵益難. 臣等去年先後以三萬二萬爲請、來歲再歲爲防, 戶、兵兩部所以苦難者, 正謂此也. 此留兵之難也.

然中國鄉隣之民, 尙不免爭鬪, 況敵國疆域相連, 舟楫時通, 釁又易起者乎. 卽今海波晏然, 固稱無事, 有如倭奴伺吾大兵撤後, 報怨朝鮮, 我勢難于再救, 卽救之, 亦無及. 使朝鮮不支, 誠恐前功盡棄. 此撤兵之難也.

往時以倭寇, 東南閩、廣、浙、直立鎭設防, 至今四時不懈. 今朝鮮開此釁端, [16b]畿輔相爲唇齒, 則今日之遼左、津、登、淮、揚, 猶夫東南之閩、廣、浙、直也. 中國固不能爲外藩常守, 獨不當爲內地豫計哉. 故臣等愚以爲, 若遼之鎭江、旅順, 山東之登、萊, 南直之淮、揚, 北直之天津, 應否酌量設兵豫防, 一如東南故事, 待二三年後, 朝鮮之元氣全復, 再另議撤. 此內地之防, 不可不豫. 第內帑缺乏, 公私告匱, 遼之召募且難, 而各處增添之兵, 談何容易. 此又設防之難也.

夫留兵則慮餉之難, 撤兵則慮患之難, 與夫內防外[5][17a]計, 豈臣等邊吏所能主張議處哉. 況戍兵糧餉, 已自三月停止. 朝鮮抵京, 往返萬里, 一經查議, 至得旨行去, 非兩月不可, 此又費兩月之餉矣. 中國與藩國、倭奴, 情形不過如此.

事干重大, 伏乞勅下九卿、科道, 從長酌議上請, 不必候彼中查議, 耽延時日. 再乞天語叮嚀朝鮮君臣, 深自淬勵, 力求自强之策, 永絶外釁之端, 無得專恃救援, 自貽伊戚, 庶皇上存亡之仁可終, 而[17b]中國外

....

5　영인본에는 자획이 흐려져 있으나, 중국국가도서관 소장본에 따라 外로 표기.

藩之防可固矣. 等因.

奉聖旨, "兵部會集九卿、科道, 從長計議來說." 欽此.

又該兵科署科事左給事中桂有根, 題爲東師留撤維艱, 中外推諉非體, 懇乞聖明, 亟勅當事諸臣, 據實酌處, 免行會議, 以彰國紀, 以保成功事.

臣惟天下之事抵掌而議常易, 委身而任恒難. 顧議似易也, 而拘局於已然者, 一旦變出意外, 則罪以疏虞, 慮周於未然者, 幸而仍其故轍, 則咎以張謀. 卽議亦易而難矣. 任固難也, 然事權非不在握, 而仰給 [18a]蕭索, 未免捉襟露肘之形, 責成豈不甚嚴而動輒牽制, 每有吹毛洗瘢之患, 任蓋難之難矣. 議與任至兩難, 天下事愈不可爲. 此弛擔聚訟所從來也, 乃國家體統, 臣子職分, 終有不容. 不早爲之所, 徒以其難貽之君父者耳.

臣請以東師言之. 臣十四日進科辦事, 接得薊遼總督邢揭帖, 爲東師將撤, 議當早決, 懇乞聖明, 勅下廷臣, 詳計久遠長策, 以圖萬全事. 大都[18b]謂, "本年二月中, 已奉部文, 議於立夏前後, 官軍盡撤, 糧亦停止, 業已遵依具題. 至今又奉部文, 請下督、撫, 與朝鮮君臣, 詳爲議行. 念及於倭奴之再犯, 屬國之莫支, 則難在遽撤. 念及於糧餉之告匱, 戍士之思歸, 則難在久留. 倣閩、廣、浙、直之制, 移兵於沿海置守, 而念及於帑藏空虛, 則難在設防. 當此三難, 求會議於九卿、科道, 以定萬全之畫." 督臣可稱苦心矣.

第以臣愚論之, 事屬曖昧則議, 時當勦撫則議. 乃今[19a]關白雖云物故, 而淸正、行長猶然無恙. 少俟彼國事定, 我兵■還, 必且偕我叛黨, 揚帆而北向矣. 是倭之必於復來, 不待議也. 我之大軍雖已告旋, 而戍師萬有六千, 水陸兼資, 將吏數十百員, 運籌攸藉, 統制分布, 成規具存. 是我之兵士, 不待議也. 如虞海外轉輸之艱, 屬藩無久戍之理, 卽目移防於沿海而守內地, 竊恐方今會兵剿播, 諸省騷然, 而浙、直之趙古元、唐雲峰, 訛言倡亂, 人情猶且洶湧. 倘東師一撤, 朝鮮不旋踵而折於倭, 勿論援救朝鮮, [19b]以竟七年字小之功, 我自爲計, 以調兵增將於遼、津、淮、登之間, 更苦於力量之不能兼矣. 是撤與防, 尙可從容以圖, 不得於中原多故之日, 而開一大難之端, 又不待議而後可知者也.

臣故謂, 東士且勿議撤行, 令戶、兵二部, 議處本年終歲之餉, 刻期解赴軍前給散. 仍獎率將士, 益嚴防守, 少待楊酋蕩平, 逆賊趙古元等潛消屏跡, 一如督臣設防於遼、淮之說, 則倭來可以渡江保屬國, 倭退可以移師挫北虜. 豈不爲長久安寧善後之完策哉.

若[20a]廷臣不敢議而諉之督、撫, 督、撫不敢任而推之九卿、臺省, 萬一九卿、臺省更操異同之見, 而莫執其咎, 豈將以其任還之君父也耶. 是臣之■[6]不能解也.

伏望皇上獨張英斷, 勅下部院處分, 免行會議, 庶封疆有專任之臣, 而廟堂無盈廷之議, 國體武功良非小補矣.

等因.

奉聖旨, "東邊連年用兵, 原爲藩籬當守. 倭旣難保不來, 朝鮮力又未振, 遽議撤兵, 孰防後患. 這本, 還着一併會議來說." 欽此.

該兵部遵[20b]旨, 會集九卿、科道各官, 齊赴東闕會議.

該吏部尙書李等議.

看得, 海外之兵, 本以救援朝鮮而出師, 自■以恢復朝鮮而振旅. 直因該國殘破, 兵未練習, 暫留一萬五千, 爲彼聲援. 今該國經兵事已數

6 영인본에는 자획이 흐리나, 잔획에 근거하여 所로 추정.

年, 休息已二年, 尙未足以待敵. 然則該國何時當自强, 中國何時得息肩也. 題准撤兵之期已屆, 原議錢糧以三月停止, 而我中外議論, 今尙未決. 萬一三軍枵腹, 致有他虞, [21a]所損大矣.

今旣不能使朝鮮之自振, 又不能必倭奴之不來, 而中國又無代人久戍之理. 合將我兵撤還五千, 仍留一萬, 暫助防守, 以一二年爲期. 該國原不出銀, 折色誠難相强. 第留兵漸少, 彼力漸寬, 當於米粟之外, 益以布帛, 而我稍以折色佐之.

兵荒之後, 人少地多, 當與該國議定, 將海外舟師, 給與可耕之地, 令其屯種, 以給軍糧, 成熟之後, 我之折色, 與彼之本色, 相兼遞減. 各該將、道, 必以實心實事行之. 更當申嚴[21b]軍令, 不得侵凌攘奪, 以開他釁. 此外, 有軍中不必用之費, 財可節省, 海上不必防之處, 餉可轉移. 總聽督臣, 裒益斟酌具奏, 務使供億之餉, 不至耗費, 中國聚屯之兵, 不至騷擾屬國. 敎我兵以屯種, 能自食, 則餉省, 諭彼國以訓練, 稍自振, 則師還. 外察倭情與朝鮮之情, 內揆我兵力與物力, 惟在當事者之立斷耳.

又該戶部尙書陳等議.

始倭發難時, 我怦然欲固藩籬, 不虞[7]兵挐難解也. 爲屬國遠慮, 必倭無噍類, 方得[22a]安枕. 倭不滅, 兵無撤期. 本兵自有石畫, 本部自難越俎. 顧兵所急者, 餉也. 餉則安出. 史牒以來, 中國爲外夷戍守, 未聞轉餉于內. 譬爲我業田者, 偶被寇竊, 我惟主令一二臧獲, 資彼守望, 未有齎糧相從者.

天朝七八年來, 所費本色以百萬計, 折色以四百餘萬計. 往者, 救死扶

....
7　영인본에는 자획이 흐리나, 중국국가도서관 소장본에 따라 虞를 보충함.

傷不暇, 猶可自諉. 今既奄復故物, 兵食那得惟我之倚. 況朝鮮隣倭,
無論前代, 即先朝, 士馬强盛, 積聚殷阜, 未曾[22b]費一籤顆粟, 資彼
防倭. 今日物力不及先朝遠甚, 即問屬國前此防倭何狀, 今日奚爲兵
食全仰賴天朝也. 第問彼能出餉若干, 可給兵若干, 餉設何法出辦, 方
可議戍兵耳. 本、折纖毫決難內發, 本部籌之頗熟. 法曰, 知彼知己.
我爲彼謀, 則善矣, 能不先爲己計乎.

又該禮部尙書余等議.

竊惟人臣於國家之事, 知之必眞, 然後議之斯當, 見之必親, 而後知之
斯眞. 況兵事至重, 尤非可以冥冥決者. 今督臣、經理在[8][23a]朝鮮有
年矣. 其倭之再來與否, 兵之應撤與否, 見之既親, 知之亦眞. 自當究
利害之歸, 剖可否之宜, 爲明主別白言之.

若徒引其端, 而使皇上自決, 諉其責而令九卿會議, 使他日無事則已,
有事則曰, "此主上所裁決. 我何罪也." 又曰, "此某人所會議, 彼自有
任其責者. 我無罪也." 逆計巧圖, 以求免後咎餘責, 此工於謀身, 非忠
於謀國者. 古人有言, 兵難隃度, 百聞不如一見. 故臣[23b]愚以爲, 撤
兵一事, 只宜外決於督臣, 內決於樞臣, 而不當決之於九卿.

至於供餉, 則臣愚以爲, 此必不可者. 自東事軍興, 畿輔、齊魯之民,
歲加餉銀數十萬, 椎骨剝髓, 剜肉醫瘡. 即奉明詔停征, 有司尙有不奉
行者, 百姓之苦極矣. 又加以旱災、蟲災, 助人爲虐, 閭閻嗷嗷, 無所得
食, 木皮草根, 一時俱盡, 流離轉死, 不忍見聞. 即我皇上發粟賑之,
稍爲甦息, 而至今村無人、室無煙. [24a]如此景象, 皇上以爲, 尙可加
徵以給異國否也.

....

8   영인본에는 자획이 흐리나, 중국국가도서관 소장본에 따라 在를 보충함.

況數年以來, 朝鮮之衆, 死於倭者, 不啻强半, 以其半而耕一國之田, 自有餘粟, 何煩中國. 兵士留戍者, 無所事事, 且伐且屯, 亦足自給, 又何煩中國. 漢趙充國, 將萬人, 屯湟中而坐困先零, 班超請兵護西域, 不須中國斗糧, 而威服諸國. 彼獨非人臣乎. 何古今遂不相及也. 若必欲朘貧民之膏血, 以轉輸於藩籬之外, 恐財盡[24b]不能勝其求, 力疲不能勝其役. 此孔子所謂, "季孫之憂, 不在顓臾, 而在蕭牆之內."者. 故臣愚以爲, 此必不可也.

又該太子太保刑部尙書蕭等議.

防倭設兵, 事本重大, 撤留難決, 議當愼重. 倭自壬辰入寇朝鮮, 抵今八九年矣. 戰而封, 封而戰, 衆論紛紛. 及至蕩平, 議兵議餉, 猶爲未已, 不特朝鮮之疲困, 而天朝之爲累亦多矣.

第倭奴之初入, 動稱二三十萬, 非關白之驍雄, 不能驅集, 非關白之狂逞, 不能窺犯, 猶費數年之力, 方侵朝鮮. 今倭已[25a]遁矣, 關白死矣. 淸、行二酋尙在携貳, 關白遺孤, 未能自保. 計倭未必卽能糾衆再來. 惟朝鮮君臣, 委靡不振, 易爲欺凌. 對馬窮倭, 苦難資生, 必肆竊掠. 況昔年釜山, 爲倭戶所住種, 爲倭商之貿易, 似爲必犯、必爭之地. 若朝鮮能飭兵以愼防, 亦足自保. 奈何不能而專恃中國, 以爲必救、必防. 此留兵之議, 不容不講.

然留兵固難, 而處餉尤難. 計留兵一萬五千, 歲費不下三十萬, 而本色責之朝鮮不與焉. 若減餉, 則舊例已定, 兵必不從. 全給, 則歲月遲[25b]久, 難爲長繼. 而斟酌籌畫經遠之謀, 如部、科所議, 勢不容不留. 留則餉銀必不可少. 且遠戍之兵, 旣苦於抛家, 應給之餉, 自難於缺緩. 不則鼓譟尙屬小事, 倭來誰爲效死. 此議餉, 尤爲留兵之要務. 惟本兵與戶部, 從長計處, 留何項之兵, 用何項之銀, 及朝鮮應給若干, 中國應給若干, 某將應留, 某官應裁, 務求畫一之規, 以免道傍之議, 庶內全中國之大體, 而外使遠夷之畏服矣.

又該太子少保工部尙書楊等議.

自去歲倭退之[26a]後, 議者皆曰, 倭必不來, 兵可盡撤. 不知, 關酋旣死, 國中未定, 淸正、行長二將, 持不相下, 故且置此, 以爲緩圖. 其心未必能忘揚帆而北向也. 萬一夷志欲逞, 且覘我師全歸, 批亢擣虛, 朝渡海島, 而夕馳三韓之郊矣. 故恃其不來而輒弛戒備者, 是不見目睫也. 備之於淮、登、天津而不遺一旅於朝鮮者, 是以門庭待敵也. 留兵良便, 但有兵有餉. 兵多則餉苦難支, 餉詘則師不宿飽. 爲今之策, 宜酌減防戍之數, 量留精兵一萬人, 統以大將, 屯聚釜山[26b]等處要害. 其粧饟芻茭, 責之該國供辦. 惟行糧折色與衣甲、犒賞之費, 則由天朝解發.

又查, 駐兵去處, 可田可墾. 譬及倭奴舊日耕牧之區, 撥與各兵, 許其搬移妻子, 儘力開種. 所獲多寡, 聽其自收, 不必扣作月糧, 亦不許將官科尅. 各有安土樂業之利, 庶慰久戍懷歸之心. 是卽趙營平屯田金城之遺意也. 區處旣當, 然後取回經理, 遴擇監軍司、道素有才望者一人, 重其委任, 期以三年滿代. 如果調度有功, 優加擢用. 該道卽轄遼東, 撫[27a]臣節制, 遇有報警, 會同總兵官, 相機防禦, 一面馳聞督、撫、董衆應援. 從前之議, 平時旣不爲厚糜經費, 緩急亦不至坐失藩籬. 計審萬全, 似不出此.

至於天津、淮、登沿海之兵, 亦可再議. 汰去什之二三, 卽以所省之額, 轉輸朝鮮, 而計部持籌之慮, 亦少紓矣. 是非輕內地而重朝鮮也. 蓋釜山天險, 官兵一萬, 可當十萬. 守釜山所以固朝鮮, 正所以固吾圉也. 不然, 恐異日倭據朝鮮, 與虜糾合, 侵犯中國, 以倭之狡, 兼虜之强, 孰能禦之. 然後增兵[27b]設防於沿海沿邊之間, 計所費, 較之釜山, 不啻什百千萬. 其何能支. 是不可不早見而豫圖之也. 臣愚慮如此, 惟聖明採擇, 幸甚.

又該都察院左都御史溫等議.

自倭奴之犯朝鮮也, 朝廷推字小之仁, 徵兵轉餉, 業七載. 幸天奪平秀吉, 使闌入與久據之寇, 悉就蕩平, 至今海氛息矣. 議者謂, 倭情甚狡, 不能保其不來, 朝鮮積衰, 不能望其遽振. 慮倭之來也, 故議留兵, 慮餉之難也, 故議撤兵.

盡撤以失我藩籬, 未[28a]可言也. 然兵不在徒留, 在實練. 留不練之兵, 與練而無萬全之技, 無益也. 用兵在司馬, 給餉在司農. 兵留而餉不繼, 或朝四於前而暮三於今, 即無他虞, 亦無益也. 留兵在天朝, 其願留與否在朝鮮. 昔班定遠戍西域歸, 而父老留之不得, 至涕泣以送. 今朝鮮之戴我戍者, 亦若此乎. 不然而徒強以兵戍之不欲, 稍以餉責之不應, 無論難繼, 亦無益也.

況彼國君臣, 初猶如醉者, 必待人扶, 今則終日酕醄, 扶者不自困耶. 又況我[28b]天朝連歲兵興, 太倉虛耗, 安能以有限之財, 塡無窮之浪. 而彼中水田久荒, 難闢倍於湟中, 趙營平之策, 又難責效於目前耶. 昔謝安, 以八千人, 破苻堅百萬之師. 彼其時尚未有火器, 如我今日之精也.

今欲議兵, 宜先議餉. 餉誠足, 即仍留萬五千, 不爲多. 倘餉必不可得, 則於萬五千中, 減四之一, 而以其三爲四營, 如宣鎮近製威遠地雷等砲, 練成萬全必勝之勢. 使朝鮮專屯釜山, 我犄角於鴨綠、旅順、全羅, 以俟緩急應援. 可耕則耕, 可漁則漁, 目前[29a]之利, 盡歸士卒, 何有於倭, 而我又可以備虜. 然其餉令朝鮮任其四, 而我任其六可也. 又在我文武將吏, 以忠信篤敬, 感孚異邦, 以分甘投醪, 體恤士卒. 謂遠人不孚而行間不可約束者, 不信也. 威遠地雷等砲之詳, 另聞.

又該通政使司通政范等議.

朝鮮爲倭所侵, 岾危告急, 發兵往救, 固朝廷字小之仁, 亦自爲藩籬計耳. 然倭旣敗退, 則兵宜撤歸. 但朝鮮殘破已極, 迄今力尙未振, 一旦撤兵, 倭乘再犯, 勢必不支. 當是時也, 坐[29b]視不救, 不惟一簣而虧九仞之功, 且恐得隴而滋望蜀之患. 再整救援, 則所發之數, 豈止所撤. 又恐遠水雖多, 亦不能救近火之烈也. 非不知海內多艱, 餉難措辦, 而權其利害, 籌其輕重, 似不應惜目前之費, 而貽日後之禍. 若遠之二年, 近之一載, 綢繆旣周, 方議撤留, 則督、撫、該科疏中, 已及之矣.

又該大理寺卿鄭等議.

看得, 留兵非難, 其難在足食. 撤兵非難, 其難在復聚. 如慮倭之未必不來, 又計朝鮮之未必能振, 則暫留終歲, 處餉解給,[9] [30a]乃爲此時良策. 總之, 中國可拯溺救焚於屬國有事之時, 以固藩籬, 而尤當養威蓄銳於四方旣平之後, 以培根本. 至於常勝之道, 在安邇以及遠, 而馭兵之術, 寔貴精不務多. 內外臣工, 所當夙夜匪懈者也.

又該吏科署科事戶科左給事中許子偉等議.

我國家之撫字朝鮮也, 則從古未有之恩矣. 旣復其已棄之王城, 又復其積寇之釜山. 擇將遣兵, 至損大將、折多兵, 屢衂而後收全捷. 輸金[30b]運餉, 前後一千數百萬, 竭中國財力, 僅報成功. 夫收捷於十年之餘, 而菫菫戰功報成於封貢竊謀之後. 乘此, 徵還將師, 三軍凱旋,

....

9 영인본에는 자획이 흐려져 있으나, 중국국가도서관 소장본에 따라 보충함.

以全副高麗交還朝鮮君臣, 令其自振而自守之, 奚不可者.

乃尙葛藤未斷, 了無結局. 暴露師徒, 遠戍數千里外夷, 何爲者哉. 若以爲前者潦草成功, 恐彌縫不堅, 自我起釁, 人得追其前而議其後. 遂爲此兩可之擧. 耽延歲月, 苟免物議, 竊以爲過矣.

勤遠戍之大衆, 保已復之屬國, 轉運數千里, 揚威[31a]大海之外, 卽國家全盛富强, 恬熙無事, 猶且難之. 今日國用告詘, 十分艱憊. 自遼東以迄甘肅, 諸虜構難, 未盡帖耳. 而西南播酋, 正爾鴟張狼噬不逞, 苗、獞兇氛連熾. 環視內地, 弄[10]池嘯峒, 所在當防, 所在兵食不贍, 控制寡效. 此何等時節, 而欲騁長駕遠馭之虛聲, 以釀窮兵黷武之實禍哉.

臣愚以爲, 撤兵便. 前功已就, 吾業有德於朝鮮. 萬一後患未蠲, 吾焉能設權於叵測. 天下無無事之國, 九邊無長靖之境. 豈緣後[31b]患, 遂掩前功. 不務本、不量力, 苟且模稜牽枝引蔓, 護舊短以倖圖, 枯民膏而不恤. 似此謀國, 未爲忠藎.

及今春夏汛歇, 倭船未能西北向. 一切旗鼓舸艦, 盡數撤回, 分布旅順、天津等處, 統以原將, 一以固吾海防, 一以爲朝鮮聲援. 遼左殘破行伍, 量行補實. 經理重臣, 改移別鎭巡撫. 此非我國家一大果毅事耶. 至於彼處臣民, 苦吾兵將有年, 心志常携, 耳目難掩. 教以圖存之道, 毋貽凌奪之災, 未必非朝鮮之利也.

又該戶科[32a]都給事中李應策等議.

看得, 國之大事在戎, 而撤留東師, 所關尤重. 往往任之、議之, 有相濟、相角者. 夫擧公而念出一誠, 則角何害. 擧私而念成欺僞, 則濟益

....

10 矢의 이체자로 추정.

憂. 此東事始末難定也. 傳記三折肱, 知爲良醫, 久久臨事, 顧豈迷焉.
信如昨稱捷, 倭果眞敗, 則生聚訓練, 必非旦晚之所能興. 督․撫所謂,
"砂瘠窮壤, 供餉不敷, 其難枵腹厲兵, 爲捲土重來."者, 曷敢疑. 倭
果佯敗, 則欲嗜先伏, 以舍爲取, 理所必至. 督․撫所謂, "垂戀舊物,
兼有新恨."者, 亦曷敢不疑. [32b]

況朝鮮往返月餘可旋. 前奉旨, "這撤兵事, 着該督․撫與朝鮮君臣, 詳
議妥當行."欽此. 蓋三月念四也. 若其情無滯礙, 言可踐復, 計今月餘,
何難奏報.

天下事, 未有目覩者無憑, 而耳傳者可信. 亦未有當局者宜釋, 而傍觀
者足擔. 該督․撫與朝鮮君臣, 必自炯然. 故先零之役, <u>充國</u>請留田湟
<u>中</u>, 詎不稱最上方略. 當其未至, 亦不過云, "百聞不如一覩."後廷議
齟齬, 天子下手書誚讓, 雖其子泣諫不恤也. 卒使罕․开[11]斬王以降, 功
越千古. 然不聞[33a]費國家何餉․何兵.

昭代余肅敏子俊, 爲經理<u>延綏</u>, 興屯育徒戍守, 虜譽指而戒, 無敢窺
伺. 議者謂, 與<u>充國</u>之見同. 今戶․兵二曹, 案牘具在. <u>子俊</u>曾亦以兵
餉, 難廷臣, 欲收功于已, 駕罪于人否.

且東事集衆議凡幾, 始封貢有議, 繼罷貢主封有議, 繼罷封主戰有議,
繼差勘科有議, 繼又因敗而詆勘有議, 繼又更勘․繼敍功․繼行賞, 俱
有議. 誠不料今復有請也. 甲午剿處楊酋, 原未會衆, 乃八月聽理, 十
月稱叛, 至今談及, 猶歸咎[33b]廟謀. 向使語出廷臣議, 若等必謂, 酋
本應死, 恨擧國掣肘之難耳.

玆議出而後, 有議其撤者必曰, "此廷議撤也, 非我也."或餉盡, 而議

....
11 罕과 开은 모두 羌族의 별종이므로, 영인본 및 『漢書』 「趙充國轉」의 표기에 따름.

其留者, 必曰, "此廷議留也, 非我也." 飾兩說於幷用, 致有田成上而竅

成下之混淆. 分一柄爲多持, 奚免左畫圓而右畫方之雜亂. 先後具題

在卷, 內外懸視有期, 轉盻回覆, 當必有確. 然不可移易之論, 以仰副

聖懷. 不則一議留, 一議撤, 或此議留, 而彼議撤. 其不至爲首鼠相承,

柄鑿互忌, 而敗厥成事者[34a]幾希.

又該戶科右給事中<u>姚文蔚</u>等議.

夫朝鮮戍守之兵, 若撤則撤之而已, 不待議也. 惟留則不可無議焉. 今

見兵萬五千人, 果遂足禦敵否. 狡倭不來則已, 來則必以數萬計. 我孤

軍遠戍異域, 果能以一當十否. 且留兵必先處餉, 今太倉告匱, 卽內地

邊餉, 不免動支老庫, 窘亦甚矣. 焉能復給此額外之供乎. 然則留兵之

餉, 當動何項銀, 當以何時解到, 必先豫定. 若踰時不給, 彼遠戍思歸

之士, 情必洶洶, 脫巾躁呼, 必不免也. 萬一潰亂, 誰執其[34b]咎. 此

不可無議也.

科臣建議原謂, 萬五千人, 分布已有成規, 應給糧餉, 刻期解赴軍前.

如此而留, 未爲不可. 若止留數千, 不足禦敵. 糧餉不繼, 軍情怨憤. 是

但存留兵之名, 而實有棄師之意, 已大異科臣之建白矣. 他日償事, 恐

不得以科臣藉口也.

愚謂, 朝鮮雖我屬國, 終外夷耳. 我出兵救之則可, 爲彼戍守無已時則

不可. 彼以其國爲我藩籬則可, 我遣兵轉餉以爲彼之藩籬則不可.

昔人謂, 兵久則變生, 事苦則慮易. 我兵飄搖海上數年, 思歸[12][35a]已

極. 聞常苦數月無餉. 今許撤復留, 情必不堪, 而餉又不時給也, 潰決

之禍, 豈顧問哉. 我兵有釁, 倭有不乘之者哉. 倭來則我一軍孤立於

....

12 영인본에는 2자에 걸쳐 자획이 흐려져 있으나, 중국국가도서관 소장본에 따라 보충함.

海上, 孰爲聲援, 孰爲後繼. 然則調兵運餉, 前日之事, 將復作矣. 兵連禍結, 莫知所終.

今天下何如光景, 而尙堪此騷動也. 夫自倭奴發難, 勤兵七年之久. 彼其時不容歇手, 實不得已也. 今倭退兩年, 戍守兩年, 班師振旅, 更待何時. 而故不肯結此局也, 恐他日無復歇手之時矣. 夫內地沿海之防, 置而不講, 獨[35b]留此孤軍於外國, 便爲了事, 是非留防, 實撤防也. 是非安外, 實耗內也. 他日禍發朝鮮而中於中國, 誰生厲階. 必有任其咎者. 是安可不熟計而審處之哉.

又該禮科署科事右給事中楊天民等議得.

閫外自有專寄, 軍機非可遙度. 東征之役, 總督以身任之者, 數年於玆. 請兵則予兵, 請餉則予餉, 稱有功則功無不酬, 稱無罪則罪無不赦. 果何事不由議處, 不任主張. 今奈何敍功徼賞之後, 獨欲以廷議, 決撤[36a]留哉. 且一倭奴也, 向言其不來, 今又言其必來, 一戍守也, 向言其當撤, 今又言其難撤. 轉換不一, 使廷議將奚憑焉.

如謂軍國機宜, 當共圖長便, 不宜互涉推諉. 不思以朝鮮之視倭, 較中國之視倭, 其利害之關係, 孰切, 以廷臣之料敵, 較督臣之料敵, 其情形之睹聞, 孰眞, 今舍利害切身之朝鮮, 而謂其不必查議, 移督臣身親料理之事, 而欲廷臣以臆決代之, 無乃舛乎.

況戍鮮易, 安鮮難, 留兵易, 供餉難. 有謂[36b]關白已死, 各島爭雄, 倭必不能大擧者, 有謂近鮮一二島, 其來易禦, 或我當頭欲歸者. 有謂我兵之擾, 甚於倭, 有謂留兵之害, 甚於撤兵者. 有謂帑藏已空, 中國已敝, 卽欲留兵, 餉當聽朝鮮全供折色, 不煩中國者. 有謂朝鮮苦擾, 雖欲撤兵, 不敢明言者. 此等情狀, 廷臣何得決之. 若冒功於己, 而嫁禍於人, 邊臣方欲愚廷臣, 廷臣復以此自愚, 勿論取笑於士夫, 且貽笑於靑史矣. 今日之[37a]議, 惟當責樞臣與督臣自決, 朝廷以賞罰隨其後, 庶爲長便.

又該兵科都給事中侯先春等議得.

中國之與朝鮮, 其內外輕重之辨, 姑置勿論, 請就今之留兵論之. 夫朝鮮留戍之兵, 僅萬五千人耳. 非若曩時十餘萬衆, 尙不能一大創倭. 今此萬五千人者, 果足以制倭之死命, 令倭望風遠遁而不來乎. 抑倭雖來, 而此萬五千人者, 遂能大創之, 使之去乎. 倘倭來, 而萬五千人者, 或不免敗衂, 則我[37b]中國仍出重師, 以援之乎. 將此萬五千人者, 悉置之度外, 聽其存亡勝負, 而不之問乎. 援之, 則釜山去此數千里, 豈能朝發而夕至, 夕發而朝至乎. 此萬五千人者, 將不爲倭所魚肉乎.

留兵萬五千人, 歲當用餉三十餘萬. 此三十餘萬者, 將責成朝鮮, 一不煩我中國乎. 抑猶有待於中國轉運, 而不能專責之朝鮮乎. 責之朝鮮則云, 朝鮮執以無處, 杜門不應矣. 輸之中國, 則千里饋糧, 士有饑色, 而況越國而運, 又[38a]數千里之遠乎. 且今國家亦甚匱乏矣. 各邊歲額, 借給老庫, 兼之西酋未平, 中原叵測. 此何時也, 而遑轉餉於朝鮮乎. 若謂本折, 屯種相兼補輳, 則各邊屯田, 率有名無實, 而何以必之朝鮮之戍乎. 設或不繼, 而此萬五千人者, 能枵腹而戰乎. 卽不戰, 能無脫巾而鼓譟乎.

天鑑聖朝, 關酋褫魄, 我乘此時, 全師以歸, 豈非勝算. 而猶豫不決, 則春汛秋防, 年復一年, 又將何時而撤乎. 將撤之朝鮮自振之後, 則倭去兩年, [38b]猶然玩愒, 恐後之視今, 亦猶今之視昔耳. 此兵將終不撤乎.

將撤之倭奴不犯之日, 則關酋天戮, 淸、行爭長, 倭有內變, 朝鮮息肩, 撤兵惟此一時. 再一二年, 倭國事定, 復將修隙于朝鮮, 悉甲而來, 非萬人敵. 此時雖欲撤, 其何及乎. 戍久思歸, 師老財匱. 人無固志, 卒有離心, 或潰散而歸, 或脫巾而呼, 或遇倭而敗. 此謂自棄其師. 無論萬五千人之命, 殲于絕域者可憫, 而國體國威, 其所損者, 不旣多乎. 留兵之利害, 大[13][39a]較可睹已. 若夫明知留兵之害, 而必欲留兵, 兵留而又不必予餉, 以致潰敗決裂, 則主兵主餉, 何所逃責. 非臣愚之所能及也.

又該兵科左給事中<u>桂有根</u>等議.

看得, 中國防倭之兵, 非徒保全屬國, 實以固我外藩. 如遽可以盡數撤回, 則倭遁論功之日, 卽當將歸于朝, 兵散于野, 成一凱旋盛事, 安用議留. 始以三二萬, 旣而取必於萬六千人哉. 但異域不可以久羈, 而防守亦難以中止. 據近日<u>邢</u>總督之疏, 譚之甚悉, 慮之亦周. 烏得以[39b]目前倭寇已退, 我餉未充, 遂一槪盡罷耶.

如今轉盼秋防易竣, 播難將平, 我兵相應撤回內地, 當作速料理餉銀, 爲月、行糧費. 水兵若干, 宜於何處安泊, 陸兵若干, 宜於何處屯練. 將官仍舊統率, 而軍門或以舊經略節制於<u>天津</u>、<u>遼陽</u>之間, 或令兼攝於<u>薊遼</u>總督, 不必別設撫臺. 是<u>浙</u>、<u>直</u>、<u>閩</u>、<u>廣</u>之成規, 足爲<u>登</u>、<u>淮</u>、<u>津遼</u>制禦之全策也.

若曰, "倭旣遁歸, 我亦振旅." 似屬省便居多. 但恐一二年內, 島夷作俑, 叛黨附和, <u>釜</u>、<u>竹</u>、<u>全</u>、<u>慶</u>可一鼓而折於倭, 我縱不[40a]及往救<u>朝鮮</u>, 獨不爲沿海防守乎. 彼時一萬六千之兵, 且不足支矣, 果誰任其撤守之咎耶. 勿謂兵科今日不早計也. 語云, "寧備而不來, 毋來而不備." 蓋有味乎其言之矣.

....

13 영인본에는 자획이 흐려져 있으나, 중국국가도서관 소장본에 따라 보충함.

又該刑科都給事中楊應文等議.

朝廷非軍國大事, 不關廷議. 廷議者, 所以開誠心、布公道、集衆思、廣忠益也. 非欲爲雷同附和已也, 則異同形迹, 可弗論已. 夫我皇上之興師, 救援朝鮮也, 原以釜山一倭不留爲期. 前歲釜倭蕩盡, 恤屬之義已終. 當其時[40b]國威已振, 國體已全, 卽宜班師振旅矣. 今爲朝鮮戍守, 幾於兩年, 倭寇全無聲息. 於是時也, 撤兵而歸, 豈待議哉. 乃猶庫廷議者何也.

說者謂, 撤兵之後, 難必倭之不來, 故爲是凜凜也. 愚以謂, 欲保倭之不復來, 是必無日本而後可. 若日本尙存, 則倭之來與否, 終不可料. 然則我兵將與日本相終始, 永永無撤期也, 有是理乎. 夫自古未有爲外國戍守者. 戍申戍許, 暍月還歸, 瓜期而往, 及瓜而代. 戍中國者且然, 況外夷乎. 且朝鮮爲[41a]中國藩籬, 今代爲朝鮮戍守, 則中國反爲彼之藩籬矣而可乎. 是理當撤也.

今我太倉告匱, 各邊年例無處, 內地將至脫巾, 不得已那動老庫, 窘迫如此, 顧能飛輓以供朝鮮無乏絶乎. 是勢不得不撤也.

理勢當撤, 則撤耳. 倭來而安所歸咎哉. 愚謂, 惟倭之來不可知, 則兵尤不可不撤. 何也. 撤兵之後, 倘倭寇朝鮮, 則我猶可以審己量力而處. 或救或不救, 或遙爲聲援, 或設防內地, 伸縮進退, 舉得自由, 未甚害也.

若留兵在彼而倭來, 則[41b]我孤軍懸於海外, 萬無棄而不救之理. 必將調兵轉餉, 赴鬪千里. 倘一挫衂, 則國威已振而復褻, 國體已全而復傷, 不大可恨也哉. 於是時也, 兵連禍結, 勝敗不可知, 未諗國家能復如前日, 集十萬之師, 費數百萬之餉否, 能復爲海陸飛芻輓粟, 走死地如騖否.

當今西南掛於播酋, 中土騷於剝削, 人心肴肴思亂, 復開東方難端, 續此大兵大役, 天下安危未可知也. 且今明知餉之不給, 而故欲留[42a]兵, 留而不必予餉也. 彼萬五千人者, 能枵腹荷戈立犄於海上乎. 恐不待倭來, 師先潰矣. 是春秋所書鄭棄其師者乎. 若但遣數千思歸之士, 姑以存留之名, 而不必有禦敵之實用, 是以卒與敵也. 當事者見謂, 撤而倭來, 則人將歸咎, 留而有患, 咎不在己. 愚竊以爲不然. 棄師予敵, 愓謬匪輕. 人各有心, 人各有口, 咎將誰諉哉.

然則爲今之計, 宜何如. 所謂撤者, 非撤而不防也. 方今遼左凋殘已甚, 兵餉兩虧, 虜患若不支, 是內地之大憂也. 何不撤[42b]朝鮮之兵, 選其精銳, 以戍遼左, 以餉朝鮮者, 餉遼人. 倘倭寇朝鮮, 則或可爲聲援, 或可爲赴救. 倭不再寇, 則可以禦虜. 是撤而不撤, 不留而留也. 今不防遼而防朝鮮, 不急遼而急朝鮮, 豈非舍己田而耘人之田者哉. 語云, "千人諾諾, 不如一士諤諤." 苦口之言, 知有國耳, 亦所以爲忠告也. 惟執事熟籌之.

又該工科署科事右給事中張等議.

竊惟東事之議, 全在撤兵, 以爲倭已去, 捷已宣, 中國之兵無久爲外國捍衛之理, 卽不撤, 糧餉[43a]又無措處, 枵腹之衆, 難免脫巾. 此議撤意也. 不知倭之去也, 非遭大創, 破其膽, 寒其心. 且倭性狡黠, 佯去倏來, 以圖一逞, 此不待智者而知也. 仍應留水兵一枝於王京、平壤左右防守, 倭猶牽制顧慮, 不敢發. 卽發, 亦疑遲在二三年之內.

夫留兵三年, 須當議餉. 三年之餉, 盡出之內帑, 內帑時正空虛, 盡責之朝鮮, 朝鮮又新殘破. 合無內帑、朝鮮, 各輸一半, 以足水兵之用. 竢之三年, [43b]朝鮮休養士卒, 儲積芻糧, 可以自固, 倭奴亦不得復狂逞於九都、神嵩、江海之間. 如此, 則外國安, 藩垣固, 水兵始可以盡撤, 稱完局矣. 若夫沿海設兵豫防善後, 當事者, 固自有石畫在.

又該河南等道掌道事監察御史周等議.

頃因倭奴攻陷朝鮮, 中國興師往救. 所幸天厭兇酋, 釜倭退遁, 屬國之境土再復, 中國之屏翰斯存. 其於東事, 似可完局矣. 乃當事者議, 撤兵以返, 則虞倭之復來. 議留兵以[44a]守, 則虞餉之難繼, 議沿海增防, 則又虞力之不支. 設三難而請廷臣之會議, 意蓋避首事之嫌, 杜將來之孽也. 豈誠以在廷之臣, 容有奇謀秘計, 出於三難之外者乎. 第就三者之理勢而較言之.

自朝鮮被倭以來, 中國勤兵數載, 損餉千萬, 携已失之疆宇而全裨之, 恩已隆矣, 力亦竭矣. 彼國君臣, 正宜痛自奮勵, 練兵積餉, 以爲自强之計. 倭或小有侵掠, 而不[44b]能出死力以捍禦之, 其何能國. 固無待於我兵也. 設如前歲大擧入寇, 卽區區留兵萬餘, 亦豈遂可恃賴, 而不更徵兵於內地乎. 縱留此, 亦無益也.

或者又議, 留至歲終, 以觀時勢. 不思倭來與否, 情形原不可測, 歲月亦不可期, 必度我之兵力, 能永爲戍守而後可. 卽留兵數年, 安保不踵犯于數年之後, 不竟歸于無益乎. 況朝鮮之擾害難堪, 我兵之變形屢見. 是何可不爲早計也.

無已, 惟有內地置防, 是在可行. 合無將議撤之兵, 挑留一萬於遼[45a]左, 屯駐鴨綠江上下, 專設大將統之, 總聽遼東巡撫節制. 名爲防倭, 實則禦虜. 在朝鮮, 藉其聲援之助, 在遼東, 賴其捍衛之功, 斯不亦兩利而可久哉. 不然, 止知屬國之當防, 而忘內地之困敝, 恐國家之患, 不專在倭奴已也.

各等因.

該兵部議照.

國家救患於內地易, 救患於外域則難. 防守自固之藩籬易, 防守頹靡之藩籬則難. 自倭奴啓疆攻陷朝鮮, 我[45b]皇上仁弘字小, 怒赫整兵, 捐千百萬之糧餉, 厪七年之焦勞, 竟仗威靈, 蕩平么醜, 復幾墟之藩封, 續如線之箕祀. 豈不可以奏凱而旋, 度越千古稱完局哉. 然猶念狡倭之變詐不常, 屬國之聲勢未振, 留兵善後, 始終保全, 蓋已二年於玆矣. 今經略督、撫, 查照原題, 欲行振旅班師, 以省帑費, 而科臣又惓惓慮倭必復來, 該國不支, 大兵既撤, 再調爲艱.

奉旨廷議, 有謂大兵既撤, 恐朝鮮不能自全, 仍當留[14][46a]兵以代戍者. 有謂留兵糧餉本、折, 當朝鮮處給其半, 不當全仰天朝者. 有謂留兵必須轉餉, 不宜罷中國以事四夷, 而當行撤還者. 有謂簡其精銳, 量留一萬, 據守釜山, 屯戍兼資, 以遏賊之來衝者. 有謂還屯鴨綠, 遙張聲勢, 而倭、虜可以兼防者. 有謂盡將撤回, 戍兵分布登、津、旅順之間, 衛我門庭, 固我內地者. 有謂百聞不如一見, 督、撫之經歷既久, 彼中之情形洞悉必眞, 仍當令其與該國君臣詳議者.

其議留者[46b]十之二三, 議撤者十之六七. 而令督、撫決事, 不宜推諉內庭, 亦人人言之. 總之, 議撤、議留, 其論雖殊, 而爲國家兵餉計, 與爲國家藩籬計, 則心無兩也.

夫倭之來不來, 誠不可逆睹而豫料之. 然對馬島之倭, 與釜山一水相望, 煙火遙瞻, 卽督、撫疏中, 亦明言之. 是倭之大擧與否, 固未可知, 而我兵既撤, 釜山一空, 彼乘虛而入, 卽猶然彼之故物也. [47a]天朝之所以數千百萬之餉、十餘萬之師, 七八年間風餐露宿於絕域, 復我屬國之舊疆. 一旦令倭不勞餘力而得之, 無論朝鮮之君臣, 其慕義向

....

14 영인본에는 글자가 흐려서 보이지 않으나, 잔획과 문맥 및 표점본에 따라 보충함.

化爲何如. 無論朝鮮之子遺, 其讐我軍而依彼倭爲何如. 救者何心, 棄者何心. 則兵之撤留, 昭然可見.

第朝鮮之衆, 毫無自奮之心, 絶無經紀之念. 我兵之撤, 當在何時. 萬一我兵守之旣久, 而倭之備豫且周, 驅衆揚帆, 突然而至, 彼國不濟, 我兵難支, 將另統兵援之, 雖鞭之長, 焉及馬腹. 將付之無可奈何, [47b]而棄彼萬衆, 損威辱國, 莫此爲甚. 故留兵之難, 諸臣極口言之, 非激也, 實慮之所必至也. 且兵留自我, 而餉出自彼. 彼必以爲殘破之餘, 勢不能供, 而內帑空乏, 各邊之年例正餉, 已那前償後. 該部之議, 執不與餉, 其詞固可鏡也.

夫旣苦留兵之難, 又苦議餉之難, 又慮該國振拔怨懟之難, 則督、撫之所以不敢外計, 豈智不及此耶. 或以所難, 委之君父及廷臣, 令各分其責也. 且趙充國屯田湟中,[15][48a]屹然如山岳不可動移, 彼其忠憤許國, 誠不可以浮言撼也. 今久戍之兵, 肯無歸否. 大將軍謀勇俱足, 自不減古名將, 亦能無內顧, 而一意於王事否. 該國君臣, 借我爲防, 肯不吝芻糧以資捍衛, 如我之所以慮彼者否. 是皆在彼之機, 非數千里之外, 可以懸斷而逆料之者.

旣經會議不一, 相應題請. 合候命下, 移文經略督、撫衙門, 查照先今題覆會議事[48b]理, 將原留朝鮮善後水陸兵馬合用糧餉, 應否留撤, 一一與該國君臣, 從長計議停妥. 勿以灼灼之見不決, 而徒滋紛紛之議, 勿以目前之計顧惜不言, 而致貽後日之悔. 俾議得歸一, 事克有濟, 無傳笑於外夷, 而流毒於中國, 臣等不勝大願. 若夫沿海之防, 根本之慮, 則俟計定而徐圖之. 統候明旨, 臣等遵奉施行.

....

15　영인본에는 글자가 흐리나, 중국국가도서관 소장본에 따라 보충함.

等因.

候旨間, 該司禮監太監田等, 於文華門傳奉[49a]聖諭.

祖宗準古酌今, 設立文武官員, 各司職任. 兵戎之事, 在邊則有督撫、總鎮, 戰伐守禦. 在朝則有本兵、該科, 調度參詳, 奏報機宜, 賞罰可否, 請朕裁決. 此一定之制度也.

其朝鮮前被倭奴侵陵, 疆土幾致淪亡. 朕念東國藩籬, 世效忠順, 不惑群議, 特命文武將吏督兵, 一意進剿. 不惜數百萬之糧餉, 不憚七年之焦勞, 蕩平海氛, 復全屬國. 布詔天下, 大賚已頒, 繼而留兵善後, 始終保全, 又已二年. 乃督、撫邢玠等, 以撤留兵餉, 謹始慮終來奏, 屢旨九卿併議. 今廷議紛然, 兵部[49b]又難擬覆, 欲行督、撫等官, 與該國君臣, 從長議奏. 內外推諉, 何時可定.

朕以撤兵省餉, 庶可休息. 但朝鮮頹靡, 聲勢未振, 倘狡倭乘虛復來, 豈屬國之被深害. 亦天朝之棄前功也. 爾兵部遵旨, 悉心酌議, 行與經略等官萬世德等, 博採遠慮, 詳議撤留兵馬、費用糧餉, 及一切事宜, 務要妥當萬全來說. 毋圖思歸自便, 心持首鼠兩端, 致貽後悔. 如有謀國不忠, 在彼無效者, 憲典具存, 必罪不宥. 不論在任、去任, 仍行追究重治. 爾該部便爲馬上差人, 行與他每知道. 故諭.

欽此. [50a]

又奉聖旨.

這朝鮮兵應否撤留, 前已有旨, 着督、撫會同彼國君臣, 計議長便. 如何尚未來奏. 今你每會議, 又相推諉不定, 何以安藩保國. 朝鮮既不能練兵自振, 必當餉給王師. 焉有數千里幅幔, 苦稱貧乏, 全靠天朝轉輸之理. 闖外之事, 朝廷既不中制, 自當忠謀勇任, 以保成功, 何得互相顧望, 懷情不盡. 大小文武, 在彼衆多, 必知利害究竟. 你部便上緊行與督、撫、鎮、道等官, 着他竭誠博謀, 從長處置, 務求的當遠計來說, 不許苟且[50b]了事. 倘貽後悔, 責有所歸. 還遵諭旨, 便酌議來行. 欽此.

10-5

海防散兵節餉敍錄勞臣疏　卷10, 51a-63b

題爲倭寇蕩平, 海防撤併, 計省月餉不貲, 應錄勞臣示勸事.

准整飭薊州等處邊備兼巡撫順天等府地方都察院右都御史兼兵部右侍郎李, 會稿.

　據密、薊、永三道兵備副使等官項德楨等各呈稱.

　　蒙職憲牌.

　　　備仰三道, 督行各該將領, 將所管新兵, 查有逃故及見在, 有遊猾脆弱不堪, 并應沙汰、應免募補者若干, 實存精强者若干. 今應附併某營路防邊, 屬某將領管理訓練, 及後有陸續銷除者, 應[51b]否再補, 俱從長酌議妥便, 務俾兵皆得所, 餉無虛糜. 總具一詳, 作速呈報, 以憑覆酌, 題請施行.

　　等因.

　　蒙此, 依蒙遵, 該三道會看得, 釜倭蕩掃, 屬國奠安, 門戶旣固, 堂奧無虞, 沿海戍卒, 委應亟撤, 以省虛糜.

　　今查得, 密雲道屬西路海防營參將陳燮, 統領原募南北哨、旗隊兵二千九百九十四名, 并中軍、千、把總等官十員, 又鎭守衙門續發通丁一百六名, 共計官兵三千一百一十員名. 內, 除奉調東征及逃故、汰革官兵一千二百三員名, 實在官兵一[52a]千九百七員名. 內, 願留發補臺操附併營路食糧官兵丁四百四員名, 願散歸農官兵一千五百三員名.

以上各該官兵, 除中軍、千、把總等官, 并各官薪水、通丁, 及逃故、汰革等項, 不給歸農盤費外, 其餘無分去留, 原議每名補給安家銀三兩, 以爲路費之資. 但兵有先後, 難以一例准給. 內, 原募兵一千六百一十一名, 俱應全給三兩, 續募兵一百九十一名, 各應半給一兩五錢, 俱於本年五月初三等日給領解散訖.

原兌寺馬一百四匹內, 除奉文[52b]借解遼鎮馬五十六匹, 實在馬四十四匹, 分發振武等營, 兌給軍丁騎操, 抵作年例馬價訖.

原分領戶七兵餉銀三萬五千九百三十一兩六錢內, 各兵月餉并馬匹料草等項, 共用過銀二萬五千八百四十一兩六錢一分一釐一毫, 仍有支剩銀一萬八十九兩九錢八分八釐九毫, 已經餉司呈報部堂, 改抵客兵年例.

原分領兵三月餉, 并募兵安家銀, 共二萬九千九百九十五兩四錢六分一釐六毫八絲內, 除部折銀三十三兩八錢一釐, 止[53a]實在銀二萬九千九百六十一兩六錢六分六毫八絲, 俱照數給散各兵安家、月餉, 并製造軍火、器械支用已盡, 并無餘剩.

原議本營將官廩給、心紅, 并自備馬匹料草等項, 歲該銀七百七十三兩四錢, 於密、昌、覇三道屬派徵. 今查各屬, 止徵解過銀三百七十四兩三錢六分, 除支過二百六十四兩三錢六分外, 見在支剩銀一百一十兩, 已經餉司呈報部堂, 扣抵年例, 仍有未完銀三百九十九兩四分, 相應照數催解, 抵充額餉.

薊州道屬中路[53b]海防營, 原係副總兵吳廣統領, 於二十六年六月內, 奉文調赴東征, 呈委中路南兵營參將樓必迪署管. 原募南北哨、旗、隊兵二千九百一十八名, 又中軍、千總六員, 共計官兵二千九百二十四員名. 內, 除奉調東征及逃故、汰革等項官兵一千六十五員名, 仍有實在官兵一千八百五十九員名. 除千總四員, 另聽委補外, 其餘軍兵一千八百五十五名, 俱願歸農.

內, 陸兵一千六百一十三名, 散給閏四月糧銀一月, 水兵二百四十二名, 遠來趨[16][54a]役, 未幾卽撤, 情尤苦楚, 議加五六兩月糧銀. 其各兵安家, 原該銀五兩. 除各先給二兩造器外, 仍應補給三兩, 以爲歸農路費. 但兵有新舊, 似難概給.

查得, 陸兵八百四十六名、水兵二百一十六名, 係二十六年六月以前所募, 應給全分安家, 每兵銀三兩. 又陸兵七百六十七名、水兵十名, 係二十六年六月以後續募, 應給半分安家, 每名銀一兩五錢. 俱各帖然解散訖.

及查, 原兌寺馬五百匹, 除東、中二營兌領二百匹, 又奉文補還東征遊擊陳[54b]蠺原借中、東二協營路馬一百匹, 又鎮守標下通丁兌領馬一百匹外, 中路海防營止兌領馬一百匹, 內, 除瘦損不堪變賣馬九匹, 見存馬九十一匹. 逐一分兌南兵營幷遵化左、右、輜重等營, 給軍騎操. 及前項通丁兌領馬一百匹, 俱扣抵年例馬價訖.

又水兵原駕唬船二十隻, 用過價銀六百兩, 已於備倭銀內開銷. 前項船隻, 今議變賣, 所值無幾, 不無可惜, 似應姑留在薊, 再俟議

....

16　영인본은 글자 판독이 어려우며, 표점본은 服으로 추정. 여기서는 중국국가도서관 소장본에 따라 보충함.

處.

原分領戶七兵餉銀四萬一百三十二兩八錢, 俱照數給散[55a]各兵月糧, 并馬匹料草支用已盡. 仍借支軍餉銀三百四十八兩四錢三分三釐四毫五絲, 應將見在支剩并各屬未完心紅等銀, 催解補還.

原分領兵三月餉并募兵安家銀, 共三萬三十三兩七分六釐六毫四絲. 內, 散給各兵安家、月餉, 并製造軍火、器械, 共用過銀二萬一千九百八兩六分二釐三毫, 實在支剩銀八千一百二十五兩一分四釐三毫四絲, 應聽報部候示支銷.

原議本營將官廩給、心紅等項, 歲該銀九百二十五兩五錢六分, [55b]於薊、昌、覇三道派徵. 今查各屬止徵解過銀六百三十七兩六分, 支用已盡. 仍有未完銀二百八十八兩五錢, 相應催解. 內, 以一百九十八兩七錢一分五釐六毫, 補還原借軍餉餘剩銀八十九兩七錢八分四釐四毫, 解貯餉司, 扣抵年例.

永平道屬東路海防營遊擊李自芳, 統領原募南北兵士二千九百九十五名, 并中軍、千、把總等官十員, 又鎮守標下續發通丁一百五名, 共計官兵丁三千一百一十員名. 內, 除奉調東征并逃故、汰革回南[56a]官兵一千二百九十九員名, 實有見在官兵丁一千八百一十一員名. 內, 願留發補臺操附併營路食糧官兵丁一百六十九員名, 情願歸農南北官兵一千六百四十二員名. 以上官兵, 無分南北去留, 每名加給五月糧銀, 於閏四月內, 給領解散訖.

該營原兌寺馬一百匹, 除補還東征大同營遊擊師道立原兌山海路馬二匹, 并倒死馬一十六匹外, 實有見在馬八十二匹, 分發建、燕二路, 給軍騎操, 照例扣抵年例馬價訖.

又原分領戶七兵餉[56b]銀三萬五千九百三十一兩六錢. 內, 各兵月餉幷馬匹料草, 共用過銀三萬四千七百一兩四錢六分一釐三毫二絲, 實在支剩銀一千二百三十兩一錢三分八釐六毫八絲. 已該餉司呈報部堂扣算客兵年例訖.

原分領兵三月餉幷募兵安家銀, 共二萬九千九百九十五兩四錢六分一釐六毫八絲. 內, 散給各兵安家、月餉幷製造軍火、器械等項, 共用過銀二萬五千三百四十一兩一錢四分一釐六毫八絲, 實在支剩銀四千六百五十四[57a]兩三錢二分. 應聽報部候示支銷.

原議該營將官廩給、心紅等項, 歲該銀七百七十三兩四錢, 於永、昌、霸三道派徵. 今查, 各屬止徵解過銀五百五十三兩, 除支過一百二十七兩五錢外, 實在支剩銀四百二十五兩五錢. 已該餉司報部扣算客兵年例訖. 仍有未完銀二百二十兩四錢, 相應催解餉司, 抵充額餉.

及照, 三路海防軍兵, 訓練頗成, 領糧未久. 一旦奉文撤散, 各兵帖然無譁, 皆由本將陳蠶、李自芳及各中軍、千、把總等官, 平時撫摩有[57b]方, 臨事駕馭得宜. 苦心調停, 功績難泯. 合請照例分別敍賚, 以勵將來.

等因. 到職.

據此, 案照, 先該職等於萬曆二十五年十月內, 因島倭倡亂, 內地可虞, 酌議題請, 增募南北軍兵九千, 分爲三營, 添設協守副總兵一員、遊擊二員, 各統領三千, 控駐密、薊、永三道海隅要害之中, 分布防禦. 仍各兌給寺馬, 以便策援. 合用安家、月餉及馬匹料草等項, 聽戶、兵二部照例給發.

節經該部覆奉欽依, 備咨前來. 職等督行各道, 照數選募通完, 責[17][58a]令新設海防副總兵吳廣、參將陳蠶、遊擊李自芳, 遵照原議, 分駐防練, 業有成效.

近該職等, 以倭氛既息, 屬國撤防, 內海備禦, 俱應酌處, 以省虛糜,
已經節行各道, 查議撤併, 及將支用過部發安家、月餉等項銀兩, 查明
呈報. 去後, 今據前因.

會稿. 到臣.

該臣會同整飭薊州等處邊備兼巡撫順天等府地方都察院右都御史兼兵
部右侍郎李, 覆查得, 密、薊、永三道, 原募南北哨旗隊兵八千九百七名,
又鎮守標下續發通丁二百一十一名, 并中[58b]軍、千、把總等官二十六
員, 共計官兵九千一百四十四員名. 除選調東征及節次逃故、汰革之
外, 實止見在五千五百七十七員名. 內, 願留發補臺操附併營路食糧者,
五百七十七員名, 情願歸農者, 五千員名.

據各查報, 在永平道者, 加給五月分糧銀, 在密、薊二道者, 各分別先募、
後募, 補給安家銀兩. 而唬船水兵, 仍各量加兩月糧銀, 以恤其私, 酌處俱
妥. 業於二十七年閏四等月, 解散歸農訖. 其薊州道原造唬船二十隻, 既
稱變賣可惜, 應照[59a]該道所議, 另為計處.

及查, 三營原兌寺馬五百匹, 除借解遼鎮, 并補還東征原借營路馬匹, 及
倒死不堪外, 仍有見在馬三百一十七匹, 俱分發各營路, 給軍騎操, 扣抵
年例馬價訖.

又查得, 戶部原發兵餉銀一十一萬一千九百九十六兩, 兵部原發安家、月
餉銀九萬二十四兩, 除部折并各官兵馬匹月糧料草及造器安家等項支用
外, 仍剩戶七銀一萬一千三百二十兩零, 兵三銀一萬二千七百七十九兩零.

....
17 영인본에는 글자가 흐려서 판독이 어렵고, 표점본에는 請으로 표기. 여기서는 중국국가
    도서관 소장본에 따라 교정함.

俱應扣抵各鎭年例, 聽戶、兵二[59b]部徑自查明處補.

至於三營將領廩費等項, 歲共該銀二千四百七十二兩三錢六分. 原議於密、薊、永、昌、覇五道所屬州縣丁地內, 派徵解用. 據查, 各屬共止完解過銀一千五百六十四兩四錢二分, 除用過外, 實在支剩銀五百三十五兩五錢. 相應存貯各鎭, 扣抵年例. 尙有未完銀九百七兩九錢四分內, 除一百九十八兩七錢一分五釐六毫, 仍應催解補還薊鎭原借軍餉外, 其餘未完銀兩, 兵旣撤散, 俱應豁免, 以蘇民困.

及照, 募兵易, 散兵[60a]難. 況前項海防新兵, 俱四方烏合之衆. 且始而招之, 惟恐其不來, 繼而散之, 又恐其不速, 於士心亦甚拂矣. 使非處置得宜, 則呼吸之間, 變將叵測. 石門近事, 非殷鑑乎. 今各兵俛首聽令, 寂然無譁, 聚若雲屯, 散同氷釋. 此皆仰仗天威, 然在事文武諸臣, 區畫曉諭, 終始劻勷, 其勞亦有不可泯者, 酌敍誠不容已.

除中路副總兵吳廣, 任事未久, 奉調東征, 相應免議, 及各營中軍、千把總等官, 聽臣等徑行獎賞外, 如[60b]薊州道兵備按察使、今聽勘趙壽祖, 永平道兵備先任副使、今告病樊東謨, 見任按察使顧雲程, 密雲道兵備副使項德楨, 念軫時艱, 慮周先事. 當倭氛孔熾, 則爲保障之計, 一令而杖策應募者如林. 及島寇旣平, 則虞庚癸之呼, 片言而投戈歸農者接踵. 卽招麾之惟命, 見威信之素孚, 幷宜優敍, 用勸忠勤.

西路海防營參將、今陞天津副總兵陳燮, 中路署海防營事南兵營參將樓必迪, 東各[18]復[19]防營遊擊、今陞山海路參將李自芳, 戎林宿將, 武[61a]庫神矛. 召募則各各精强, 列戟屯蜂, 先聲奪倭奴之魄. 撤散則種種方略,

·······

18 영인본에는 各이나, 이는 路의 오기로 추정.

19 영인본에는 復이나, 이는 海의 오기로 추정.

賣劍買犢, 多士興力本之思. 續茂師中, 患銷意外, 俱應厚賚, 以示勸酬.
除將原請部發募兵安家、月餉等項銀兩, 收支剩存, 及應開銷、應扣補各
數目, 已經撫臣備造簡明文冊, 咨送戶、兵二部查考, 及部發海防雜辦銀
兩, 支存實數, 俟各道查明至日, 另行造報外, 相應題請. 伏乞[61b]勅下
戶、兵二部, 覈查明確, 覆議上請施行. 等因.

奉聖旨, "戶、兵二部知道." 欽此.

該戶部覆議.

　　爲照, 三道海防募兵餉銀, 并將領廩給銀兩, 既各支放明白, 查無虛
　　糜, 應准開銷. 其支剩戶七銀一萬一千三百二十兩零, 并密、永二路廩
　　給支剩銀五百三十五兩五錢, 案查已經密、永二鎮扣抵二十七年下半
　　年京運年例訖, 無容再議. 所據各道屬未完原派廩給等銀九百七兩九
　　錢四分, 悉聽督、撫, 酌量五道屬所欠[62a]多寡, 就中徵催一百九十八
　　兩七錢一分五釐六毫, 補還原借薊鎮軍餉之數. 其餘未完, 俱准豁免,
　　以蘇民困. 外, 薊、永二道支剩兵三銀一萬二千七百七十九兩零, 續准
　　兵部咨稱, "此係本部正項, 見在議題抵扣薊鎮年例." 勢難那借. 其唬
　　船二十隻, 原造費銀數多, 變賣價值無幾, 實爲可惜. 委應留薊, 聽其
　　另爲計處. 統候聖明裁定, 勅下臣等, 通行兵部并薊鎮督撫、巡按及餉
　　司, 一[62b]體遵奉施行.

等因.

奉聖旨, "是." 欽此.

又該兵部覆議.

　　爲照, 師行糧從, 用師之道, 固以節餉爲先. 然招兵不難, 散兵爲難,
　　尤以安輯爲功. 據稱, 先年創立海防三營, 募兵一萬, 原派本部兵三等
　　項銀九萬二十四兩. 今倭平兵撤, 尚餘銀一萬二千七百七十九兩, 應

作該鎮年例. 但該鎮二十八年分年例馬價, 俱已發訖. 應扣下年年例. 至於撤兵寧謐, 則當事文武諸臣, 自督、撫以至各道, 綏馭有方, 厥功均不容泯. 其密雲兵備副使項[63a]德楨, 始終其事, 且該道節省獨多, 誠宜優敍. 至如薊、永二道按察使等官顧雲程等, 雖有謝任、新任之殊, 而其任事之勞, 均宜併敍, 以示激勸. 旣經具題前來, 除參將等官陳變等, 係新任, 趙壽祖係聽勘, 俱不敍外, 相應覆請. 合候命下, 本部移咨吏部, 將總督邢、巡撫李, 俱爲優紀, 項德楨、樊東謨、顧雲程, 通行紀錄.

其支剩兵三等項銀一萬二千七百七十九兩, 俟該鎮明年請討馬價之日, 照數扣除, 不得那[63b]移借用, 庶錢糧得以歸着. 而疆場之臣蒙敍, 而益知策勵矣.

等因.

奉聖旨, "是." 欽此.

10-6

題倭奴送回宣諭人役疏 _{卷10, 64a-76b}

題爲海洋哨獲異船事.

准提督軍務巡撫浙江等處地方都察院右副都御史劉, 揭帖前事, 內稱.

據署昌國備倭把總事、原任把總許好學, 報稱.

本年四月十六日, 哨獲烏尾異船一隻, 官役華夷一干人衆羈泊. 聽候解審.

批, 據兵巡海道審.

據委官毛國科稟.

為倭情事.

國科原係南兵遊擊楊萬金營督陣千總, 緣以本將陣亡, 歸併浙江遊擊茅國器營, 仍任前職. 萬曆二十六年十一月初一日, 當蒙[64b]遊擊茅國器、藍芳威、葉邦榮, 各選勇丁共二十餘人, 撥與跟用, 權稱都司名色, 與同史世用, 并通官孟柯十郎, 於十一月初五日, 徑進泗川倭營, 多方用間, 說得薩摩倭酋義弘、忠恒等.

於十一月十五日, 收兵撤寨, 及至釜山. 又因倭酋淸正, 按兵箚營, 科又用計, 說令正成, 暗將營寨焚燬. 是以各路倭兵, 俱不敢留, 至十一月二十七日, 盡皆揚帆東歸. 奈倭人慮我舟師追殺, 因要科與劉總兵委官劉萬壽、王建功, 陳總兵委官陳文棟, 同往日本.

及[65a]到倭京、山城、伏見等處, 遵將我國德威, 一一宣諭. 比有執政家康, 見輔關白幼子秀賴行事. 此人頗重信義, 因見國科到彼宣諭, 卽令各倭, 俱回島穴安業, 不許出海生非. 及命倭酋, 覓船送科歸國.

間又因海寇橫行, 阻塞歸路, 具書求囑家康、義弘等酋, 欲其為我緝此巨寇, 以免擾害海邊. 其時幸有先年被虜民許儀後、郭國安, 竭力贊襄, 以故家康、義弘, 乃行各島, 緝獲賊首林明吾、王懷泉、蔣興巖等, 見監倭京, 聽候[65b]天朝明文取究. 其前後殺過賊犯, 共計一百餘徒.

今將賊首李明等一十一人, 肘綁送來, 與科帶回正罪, 用彰彼

國尊敬天朝之意. 然倭酋義弘, 又恐賊黨衆多, 難免中途劫奪,

因差倭官喜右衛門, 帶領兵役一十二人, 齎彼國旗號, 沿途護

送前來. 於本月十六日, 隨風飄至見在. 爲此, 除將機密倭情,

及帶歸被虜各項人等姓名, 另揭親投外, 備爲轉達.

等情.

當經把總許好學, 公同總、哨等官陳汝器、兪大益等, 面審得差官

毛國科, 并隨從[66a]戴恩、董昇等, 執稱.

果於萬曆二十六年十一月內, 奉差往日本宣諭. 彼國感仰天

朝柔遠之恩, 俘獻强盜李明、陳文秉、石二、郭春、林貴、陳明

吾、許天求、來進, 并日本同夥倭賊三九郎、喜助、彌九郎, 共

一十一名, 送回以正其罪. 又差倭官鳥原喜右衛門, 共四十四

名, 護送毛國科、戴恩、董昇、張祿等回唐.

等因.

該本道行據知府張佐治, 會同推官何士晉, 復查.

毛國科, 自日本回還, 據稱, "先從朝鮮軍前差往, 今係倭酋送

歸." 似與東事相涉, 然無執[66b]照可憑. 查其所稱綁解賊盜,

旣係福建人氏, 又有福建偵探三人. 其事委屬福建, 況有印信

牌票. 爲照, 其中隱密事情, 又難懸度. 合將本船華夷各色人

等, 連船就近解發閩省, 就彼勘議具奏.

等因. 到道.

通詳, 到院.

看得, 朝鮮之役, 倭衆遁歸, 實由經略、經理當事諸臣, 仰稟廟算, 克

彰鴻代.[20] 然當是時, 諸將臨敵決策, 用間施奇, 卽如毛國科所云, "奉

差往說." 職等不敢盡必其無. 第其言涉矜詡, 事無確憑, 職等亦不 [67a]敢盡信其有.

惟是日本, 今者歸我差官, 獻我海寇, 幷備官役船隻護送. 行據道、府、參、遊各官譯審, 情狀似恭. 彼其厭兵而悔禍乎, 不可知. 其借事而覘我乎, 亦不可知. 職愚以爲, 此一事也, 要在勘處得宜, 斯于國體增重. 內之, 可以弭沿海之釁, 外之, 可以結東事之局. 然非素肩其事, 索其情者, 必不能處也.

今據司、道會議, 王楫等, 差探倭情, 有漳南道印信牌票可憑. 强盜李明等, 俱係福建人. 倭官、倭從, 又稱護送毛國科等, 欲至福建[67b]轉送, 風飄及浙. 且檢有許儀後、郭國安等書揭, 事關機密, 情在閩中, 浙省難以臆斷. 相應通解彼省, 查審處分.

況自關酋渝約以來, 福建撫臣殫心籌畫, 多方偵探, 凡日本一動一靜, 靡不先知, 內地恃以爲備. 浙省海禁素嚴, 內外片帆不通, 第藉閩之告戒從事. 職等所謂, 素肩其事, 索其情者, 固自有在. 而于以尊國體、弭海釁、完東局, 而垂遠烈者, 非異人任矣.

除將千總毛國科等, 伴同倭官、倭從鳥原喜右衛門尉宗安等, 幷押海賊李明等, 多撥兵[68a]船防護, 徑由海路解送福建督、撫衙門, 聽其查勘, 請旨處分. 及將被虜兵民吳賓、王君翰等, 審明量給路費, 分發各該原籍保候, 另具咨文, 備開姓名, 報部知會外, 相應揭報.

等因. 到臣.

准此, 查得, 本年五月內, 該經理撫臣萬, 遺臣手書.

據統領廣東水營遊擊張良相稟.

....

20 영인본에는 代이나, 이는 伐의 오기로 추정. 『撫浙奏疏』에도 伐로 표기.

於外洋捕獲倭船二隻, 審係先年委官陳文棟, 千、把總王建功王甫

均, 幷原隨, 與被虜官丁陳元等四十餘名, 及對馬島倭將豐臣義智

差送[68b]倭將一名、舵工一名, 及駕船倭子、朝鮮男婦王有等二十

餘名, 本年四月初三日, 對馬島開船, 初四日, 至金馬島, 初五日, 至

釜山外洋被獲. 毛國科, 先于上年十二月, 已隨福建商船去訖.

　　合先馳啓, 容審明另行具題. 間, 又據朝鮮禦倭海防監軍道副使杜潛

呈, 爲哨獲倭船事, 復經牌行該道, 細審的確口詞, 通詳以便具題. 去

後, 尙未呈報.

該臣會同經理朝鮮軍務、都察院右副都御史萬, 查得, 當時塘報, 東[21]

[69a]路島山淸正, 於十一月十八日五更, 率衆盡逃. 西生、機張之倭, 亦

於是夜遁去, 徑奔回國. 其西路行長, 於十八日之夜天明十九, 方出曳橋.

中路石曼子等, 十七日舍陸上船, 率兵西救行長, 至十九日五更, 在露梁,

與陳總兵大戰. 是夜有釜山、泗川、巨濟、閑山各倭將, 率兵二萬餘, 駕船

七八百隻, 亦同石曼子, 在露梁西援交戰. 乃行酋見海中倭敗, 乘兩家酣

戰脫走. 又查東路之報, 二十日, 釜山之倭, 將房屋俱焚, 棄巢走至海邊,

二十六日, 倭兵盡[69b]數上船逃遁. 此蕩平倭寇, 四路各相隔千餘里, 未

有約會, 旬日之內, 前後所報, 實驗也.

又備查東萊、西生、機張、蔚山、島山, 乃淸酋巢也. 本酋十八日, 焚堅巢而

逃, 數萬官兵, 誰不知之. 彼時石曼子, 方率衆西救行長. 而釜山之巢, 於

二十日焚赴舟次, 數萬官兵, 又誰不知之. 是時石曼子, 方在露梁大敗. 彼

何能縮地卽至釜山焚寨而促淸正之行.

又查得, 二十六年三月, 自蔚山戰後, 倭酋淸正, 節次差倭將舍生門樂信

．．．．．．．

21　영인본에는 글자가 흐려서 보이지 않으나, 문장의 내용 및 표점본에 따라 보충함.

大等來, 臣等悉監之安東. 行[70a]長又差倭將要時羅等來, 臣等亦監之
王京. 後俱解京獻俘訖, 絶不與之通往來. 以倭之來, 本以緩我愚我, 我
不當復蹈前人之覆轍. 且一通往來, 恐我未必得倭之情, 倭反先得我之
情. 故節有嚴牌禁約各營, 不許私差一人, 出入倭營.

至十一月二十一日, 據中路禦倭總兵官董一元塘報.

> 據浙勝營遊擊茅國器等報稱.

>> 中路倭寨, 已破五座. 惟沈安道新寨不下, 而各寨之倭盡歸此寨,
>> 徒以力攻, 遽難卽破. 與[70b]通判黎民化密議, 有寨內石曼子之
>> 用事者, 名郭國安, 願作內應.

> 乃具稟經理都院而以計破之, 蒙發諭文. 於是月初九日, 令本營參謀
> 史世用, 同督陣官毛國科等, 持文往諭石曼子.

等因. 隨經塘報訖.

先自國科遣後, 而四路之攻圍不休. 海中大戰而倭奴之喪敗甚慘, 彼安得
不執國科去. 今已兩年所矣. 此輩係白丁, 倭留之則無用, 殺之則無益. 狡
倭識得此機, 謂不若禮而送之歸國. 一以可借探聽[71a]中國之虛實, 一以
可借通釜山之道路, 一以見恭順天朝, 結好朝鮮, 爲對馬自存之地.

蓋對馬不産五穀, 原仰給釜山以爲食, 乃時時不能忘情者. 且見大兵尚爾
屯聚釜山, 恐襲對馬. 又或以昔年福建撫臣, 原有直搗日本之舉, 以搖撼
朝鮮之倭, 風聲已傳之彼中. 茲當日本主少國疑之時, 未必不慮有外禍內
變. 是以綁送首惡, 以效順于閩中, 皆未可知. 觀其不由一路而來, 一送釜
山, 一送福建. 不特送回[71b]中國行間與被虜之人, 而併送高麗之被虜.
不特送高麗之被虜, 而又送日本之海寇首惡. 其情可逆而知也.

又經理撫臣遺臣書, "聞倭致書國王, 別無他望, 惟求和好, 詞極謙遜."
是倭酋畏威之心, 與窺伺之念, 兩不能忘, 又可見矣. 今毛國科等, 當兩軍

對壘, 慷慨直入虎穴, 亦好義敢死之士. 而又能完身而歸, 使以禮送回. 雖倭之蓄謀未可知, 然既歸中國、朝鮮行間與被虜之人, 又擒海寇以獻天[22]朝, 又監餘黨以候[72a]上命, 則國威已震, 國體可觀. 各役如此而回, 則有始有終. 其勞苦眞可憫, 而才略實可取.

除俟王建功等審明, 幷毛國科一體另議具奏外, 但國科等盛稱其行間宣諭退倭之功. 逆觀往年, 朝廷以寶冊、金印, 遣重臣, 率數百人渡海, 而一營不肯退, 必欲索王子、索陪臣、索紬米, 且欲割全、慶二[72b]道之地. 今各酋一無所得, 何其退之易易. 且以百年之釜山, 千里之堅巢, 輕棄如敝蓰也. 此其爲敗而去, 非一間一諭所能去, 可知. 浙中撫臣已得其情矣.

至於倭書往來, 詐僞實多, 且倭最善間. 當用兵之時, 或射城外, 或投山谷, 或直差人送來, 或豎旗標立其書, 無日無之, 臣等全不爲理. 臣前類報哨獲海洋船隻內云, "有麗人順帶一切書疏, 或誘或嚇, 多出狡倭之手, 不可輕信." 卽此意也.

卷查, 臣自倭平之後, 牌行鎭、道, 嚴督水陸官兵, 出洋哨[73a]探, 如有倭船, 卽行擒剿. 如係麗人兵士, 拏送該道究審. 係兵丁者, 遞發進關. 係麗人男婦者, 安置遠道, 通同渡送倭奴, 亦不許放回, 致泄軍機, 仍照先年節行事例, 卽押發遼東各邊堡禦虜.

故自去年春, 對馬島倭奴, 曾遣倭送回中國、朝鮮兵民鄔美等後, 據鎭、道會審呈請, 臣與經理撫臣, 悉照前行. 將兵發該營, 勒令進關. 麗民安發遠道遞送, 倭奴俱分解遼東各營邊堡禦虜. 而今番倭使, 聽經理撫臣, 相機[73b]處分另報外, 今伊情狀似恭, 而書中不知寓何詭計, 所當詳察. 伏乞

．．．．．．．

22 영인본 및 중국국가도서관 이미지에는 글자의 상반부가 지워져 있고, 표점본에는 入으로 되어 있으나, 대두 및 문맥을 감안하여 天으로 추정.

勅下該部, 行福建巡撫, 審確具奏施行. 等因.

奉聖旨, "兵部知道." 欽此.

該兵部覆議.

爲照, 軍機甚重, 貴得其詳. 故情屬隱微者, 難以懸斷. 事有可據者, 尚當按實精覈. 況倭奴狡詐, 素稱叵測. 其情形又越[23]在外國, 豈宜輕信偏聽, 致墮賊術, 以貽後患者乎. 據題, 毛國科自謂, 於萬曆二十六年十一月內, 差入倭營, 用間迄今, ■[74a]還至閩, 風飄抵浙, 查無牌票可憑.

議欲一倂解至閩省, 勘處明實, 而各被擄兵民, 量給路費, 解發原籍. 愼其所不可不愼, 期以振國勢, 而杜釁萌, 且又惠我內地及朝鮮之人, 俾令得適故土. 籌畫詳盡, 布置得宜. 而兵科看詳章奏, 閱新疏、檢舊案, 謂國科所言, 不爲無據. 但其所稱奉差日本, 旣無印信牌文, 彼此執稱奉差衙門, 通不歸一, 而馬一松等所執者, 乃係福建印票書揭. 第當勘議定奪, 審處詳愼, 以昭至當.

稽奸宄, 重海防, 良爲有見. 今據[74b]薊遼督臣具題前因, 則國科之奉差, 係浙勝營遊擊茅國器, 以沈安道新寨, 徒用力攻, 遽難卽破, 密議郭國安, 令作內應, 具稟萬經理, 蒙發諭文, 則國科奉差而往明矣.

惟是國科羈留三載, 一旦遣回, 旣爲護送, 又裹館糧, 獻我逋寇, 足表恭順. 似乎行間, 亦有微勞. 然島醜傾國而來, 科能以三寸舌說, 令撤寨焚巢, 又安知非啗之以利, 中之以欲, 求以遂其私而自脫乎. 不然彼史世用、劉萬壽、陳文棟等, 及原差勇丁, 同日而往, 頗繁其儔, 何送還

....

23 영인본에는 글자가 흐려서 알아보기 어렵고, 표점본에는 遠으로 되어 있으나, 중국국가도서관 소장본에 따라 보충함.

者, [75a]止一國科也. 犬羊之性難馴, 禽獸之情莫測, 事隔數年, 人來異域, 必須從一歸結, 以核其眞.

至其檢出書揭, 縛獻海賊, 更當審其情僞, 而倭目、倭從之發回與否, 淸、行二酋之有無再犯, 皆宜硏審而愼處之者, 相應覆請.

合候命下, 移文福建巡撫衙門, 仍查照題議科參事理, 俟浙省解到毛國科等之日, 卽將一干華夷人衆, 悉心隔別查審, 要見毛國科奉何衙門差遣, 馬一松等是否該省差遣偵探, 所執印[75b]信牌票是否眞正, 縛獻海賊作何處分, 并所檢書揭內開何事, 逐一查審明確具奏. 仍將書揭, 封送該科, 以便稽查.

及行浙江巡撫, 將發回被擄民兵, 務各取具原籍親隣里甲保結收管, 無致縱奸貽患. 仍硏查彼中所來倭衆, 作何處發, 海外之盜贓證, 有無憑據, 作何歸結. 仍容經略總督, 備查毛國科的奉何衙門密遣, 轉行福建巡撫, 以憑一倂查審. 其淸、行二酋, 見今何所事事, 有無相圖, 及再犯朝鮮情形, 不妨多方諮考, 或密加偵探. 務期伐[76a]賊謀, 而紓東顧, 海波不揚, 屬藩可保, 爲天朝始終結完局也.

等因.

奉聖旨, "是." 欽此. [76b]

10-7

催敍東征文職疏　卷10, 77a-83b

題爲從征文職, 久未霑恩, 懇乞聖明, 查照原議酌處, 以勵人心, 以責後效事.

該臣會同經理朝鮮軍務、都察院右副都御史萬, 竊惟, 有功不賞, 有罪不罰, 雖堯、舜, 不能以治天下. 故賞罰者, 天下之公, 而爵祿者, 人主礪世磨鈍之具也.

東征之役, 用兵海外, 似亦爲勞, 奔馳兩載, 似亦爲久, 而一倭不留, 似可言功. 此豈一人之心思智力所能辦哉. 由大者[77b]宣猷, 小者效力, 從征者致身於鋒鏑, 轉輸者寄命於風濤. 此輩九死一生, 歷險危而不顧者, 皆皇上之恩賞有以奔走之也. 頃蒙聖明屢頒詔旨, 着從優敍錄, 與事文武, 靡不歡呼鼓舞, 爭欲捐糜圖報. 故臣等據實題敍, 而部覆裁酌允當, 人心亦自協服. 但中間有二三文職, 雖蒙優敍, 而事關兩部, 難於定擬. 臣等不得不僭爲一懇, 以慰人心, 而彰[78a]慶典.

查得, 先該臣等題敍西水路管糧運同吳良璽, 一身任怨甘勞, 兩載櫛風沐雨. 計轉輸之盈縮, 米鹽不遺親裁. 剖水陸之機宜, 粲黍皆符勝算. 犁然偉績, 卓越通才. 且本官自蜀中, 部督漢土官兵, 間關萬里, 稽覈約束, 苗夷感德畏威, 功勞特茂. 今復監軍回蜀, 相應卽於該省藩臬員缺推補, 以需破格大用.

王京管糧同知韓初命, 才華敏練, 心術端方. 當出納之擾, 而銖兩皆明, 風清弊絶. 處盤錯之時, 而張弛得體, 氣定神閑.

東路管糧同知黎民化, [78b]才能治賦, 識更知兵. 冒險而相攻取之形, 氣吞群醜. 持籌而酌盈縮之計, 惠洽千屯.

通判陶良性, 器氣溫醇, 才諝細密. 悉心理餉, 六軍無枵腹之虞. 抵掌談兵, 千里決運籌之算.

以上四員, 均應破格陞級, 以酬其勞.

紀功、賞功等官, <u>山海衛經歷王立民</u>, <u>密雲中衛經歷趙子政</u>, 出納極其公平, 委任尤多幹濟, 經年異國, 萬苦備嘗. 在<u>王立民</u>, 原以州判陞經歷, <u>趙子政</u>, 歷俸六年有餘, 均宜加州同.

管糧委官<u>鎮江定遼右衛經歷羅敷教</u>、<u>黃州定遼後衛</u>[79a]<u>經歷劉正倫</u>、<u>彌串遼海衛經歷王觀生</u>, 各官稽查撙節, 顆粒無遺, 出納轉輸, 時刻不爽. 內, <u>羅敷教</u>、<u>劉正倫</u>、<u>王觀生</u>, 勞績獨久, 應陞二級. 西路管糧<u>州判沈思賢</u>, 勞績獨多, 應破格敍遷. 東路管糧<u>經歷吳瑞麟</u>, 任事兩載, 勞苦倍常, 應破格超陞. 中路管糧原任<u>經歷吳道行</u>, 勤勞稱最, 應量復原官.

以上各官, 俱經兵部覆奉欽依, 移咨吏部, 優陞及從優分別酌處去訖. 惟是兵部以文臣陞級, 應在吏部, 故止擬優陞. 而[79b]吏部以軍功定擬, 應在兵部, 又邊難陞用. 故■[24]去年九月奉旨, 至今[25]已十閱月矣, 致各官留者, 全未霑恩, 撤者, 尚未復故物, 似非所以鼓群吏而勵邊臣也.

至於見任<u>密雲道副使項德楨</u>, 查先次敍功時, 臣等以本官先在<u>薊州</u>, 議處海防, 決機主戰, 有拮据兩載之勞, 繼在<u>密雲</u>, 買馬補兵, 運器轉餉, 正當破賊之日, 先後勞績, 班班可考, 所當併加陞級. 已該兵部覆議, <u>項德楨</u>八面雄材, 應有異酬, 題奉[80a]欽依, 陞職一級久任, 需次大用.

但本官未經敍功之先, 六月初, 已該吏部, 循資兩擬, 推陞<u>河南副使</u>. 候旨未下, 臣等俯從輿論, 以新銜保留, 則陞副使者, 其本等資也, 而敍功之陞, 仍應另加. 顧保留之疏, 方在議覆, 而敍陞之旨旋下, 兵部已擬久任, 吏部有難再覆. 是本官副使之陞, 如以爲敍功也, 則循資之典尚缺, 如以爲循資也, 則敍功之恩未霑.

....

24 영인본 및 중국국가도서관 이미지에는 글자가 흐려서 정확히 보이지 않으며, 표점본에는 雖로 되어 있으나, 잔획 및 문맥에 따라 自로 추정.
25 영인본에는 분명하지 않으나, 중국국가도서관 소장본 및 표점본에 따라 보충함.

況回軍之際, 兵車輻輳於潞河, 接踵於屬[80b]縣, 處置一錯, 禍端叵測. 而本官晝夜靱掌, 勞怨不辭, 多方振撫, 恩威幷用, 以致數萬歸兵, 帖然就道. 無事若見其易, 而有事能當一變哉. 至於海防撤兵, 節省調停, 勞績尤多. 先後措著經營, 事事犁然可考. 臣等以爲, 此一轉實未足以酬其賢勞.

查得, 張中鴻, 方循資陞參政, 不旬日而敍功加一級, 則陞按察使. 梁祖齡, 方循資陞副使, 不旬日而敍功加二級, 亦陞按察使. 二臣循序之典, 敍功之恩, 俱不相掩. 今項德楨, 事在一體. 況敍功之後, 又[81a]將一年, 似宜仍照前例加一級, 以酬茂績. 卽前推陞之旨未下, 然易、永、昌等道, 江鐸、顧雲程、許應逵, 皆以保留加新銜管事, 此又可比例也.

又查得, 原敍平壤管糧原任同知鄭文彬, 義不忘君, 才能戡亂. 散金養士, 期成掃蕩之功. 轉餉給軍, 大著劻勷之效. 議加府銜致仕, 以酬其勞.

夫各官旣已奉旨陞用. 自當聽部中裁酌. 然部中事在兩難, 臣等又何敢避嫌而不僭爲一言. 但當越國用兵[81b]之時, 臣等原以皇上之恩賞歆動而鼓舞之, 今功成而恩久不及此, 從征之官不能不屬望於臣等, 而臣等不得不爲之乞恩于皇上也.

伏乞勅下吏部, 將吳良璽、韓初命、黎民化、陶良性、王立民、趙子政、羅敷敎、劉正倫、王觀生, 各照臣等原擬, 蚤賜議處, 見任者加銜管事, 候補者加銜聽補. 項德[82a]楨, 仍于副使上加陞一級, 鄭文彬, 加銜致仕, 吳道行, 准復原官, 庶功賞攸當, 而人情協服矣. 等因.

奉聖旨, "吏部知道." 欽此.

該吏部覆議.

　　爲照, 各路管糧及賞功、紀功等官, 或轉輸異域, 或跋涉行間, 其拮据勤勞, 亦自難泯.[26] 旣經督、撫敍勘明白, 覆請前來. 又准兵部查覈是實, 相應酌請.

合無將吳良璽, 陞俸一級, 仍與紀錄, 待資俸及期優處. 韓初命, 加河間長蘆運司同知職銜, 黎民化, 加直隸延慶州知州職銜, 陶良性, 加 [82b]直隸永平府灤州知州職銜, 仍各照舊管事. 鄭文彬, 加河間長蘆運司同知職銜致仕. 吳道行, 於原陞王官, 加服俸一級. 衛經歷王立民、趙子政, 俱各擬陞都司都事職銜, 羅敷教、劉正倫、王觀生, 州判沈思賢, 俱擬陞都司副斷事職銜, 俱仍管原任事務. 其衛經歷吳瑞麟, 今到部考滿無過, 應陞一級, 連敍功一級, 該陞二級. 擬陞州同知職銜, 相應附入急選內陞補. 其密雲兵備、河南按察司副使項德楨, 兩地經營, 勞績久著. 至其處置回軍, 尤爲[83a]得策. 副使之陞, 委未酬功. 但已奉有成命, 合候撤兵事完之日, 聽彼中督、撫, 總敍優處. 恭候命下, 容本部咨行督、撫, 轉行各官, 一體欽遵施行.

等因.

奉聖旨, "是." 欽此. [83b]

....

26 영인본의 글자는 㟁으로 보이지만 泯을 잘못 새긴 것으로 추정. 표점본 역시 泯으로 표기하여 이를 따라 보충함.

附1 ＜邢玠墓誌銘＞

『蒼霞續草』

光祿大夫柱國少保兼太子太保南京兵部尚書參贊機務崑田邢公墓志銘　29a-35a

大司馬邢公沒于家. 天子念公平日勳勞, 予祭加邊, 遣官營葬事, 恩卹隆渥. 公子戶部君從言輩, 以鍾黃門之狀, 來乞志銘, 余素慕說公, 又黃門惇史也, 可以藉手用敢祗役.

公諱玠, 字搢伯, 別號崑田. 河間之邢, 自北魏爲著姓, 入明, 籍青州之益都. 曾祖端祖聰父鑣, 皆以公貴. 累贈光祿大夫太子太保兵部尚書.

公起孤兒, 志操不凡. 作文閎大典則不事纖媚, 數試諸生異等. 丁卯薦于鄉, 辛未[29b]成進士. 筮仕令密雲, 內宇幽蔀, 外應煩劇, 創新百雉, 言言翼翼, 稱爲名令.

乙[1]亥擢涮江道御史. 巡按甘肅, 覈邊督餉塞礦墾荒, 彈劾債帥, 不避社鼠.

....

1　영인본은 己이나 임명 연도를 확인하여 乙로 수정.

戊寅出僉河南按察事, 秉攝八道, 宿案若洗.

庚辰轉陝西苑馬卿. 駃牝歲登, 民罔告罷. 其精於吏, 治乃爾然. 公故負文武才, 所蒞亦往往與兵事相値.

其在密雲, 督府牙兵, 挾勞橫閭井, 毋敢誰何. 公密白督府, 以片紙呼至縣, 論如法, 三木囊之, 一軍肅然.

在甘肅, 俺酋欲爲子丙兔併番族, 以迎佛爲名, 假道內地, 當事者欲許之. 公上疏力諍, 勿使狡虜生[30a]心.

在陝當治兵靖虜, 舊有穴官, 以甌脫地, 不爲禁姦民藪. 其中潛通虜, 駸駸若板升矣. 公請于制府, 夜集兵, 馳圍之, 擒首惡馮尚文等三十人. 餘悉招降之, 焚其廬五百封塞而還, 虜愕眙不敢詰.

壬午轉山西行太僕卿, 治兵寧武. 於是有三關亂卒之役, 寧武素悍且驕. 帥王某嘗請以餉抵採青費. 公持不可, 則大恚, 嗾其軍, 借兩月糧. 檄未下, 乘公飲帥府, 輒擁而譁, 帥陽爲驚護狀. 公起大叱曰, "若曹欲恐喝乃公耶. 誰爲爾主而敢如是." 帥麾其兵去, 公從容呼輿歸. 兵洶洶掠市矣, 乃下令擊賊, 有賞[30b]市人. 爭乘屋下, 瓦石紛拏, 竟夕質明, 坐堂皇悉召入, 責以大誼, 咸蒲伏請皐. 遂按誅王大綱等八人, 餘無敢動. 嗣後二十年, 無脫巾之譚.

甲申晉山西糧儲參政旋晉陝西按察使, 治兵甘州. 於是有土窰及水塘之役, 甘孤懸西鄙, 五國錯處, 多反側. 公精設間諜, 每先知番夷動息, 以厄其吭. 夷犯土窰, 則出精騎擊之, 擒斬數十, 邀其歸路, 幾殲矣. 夷下馬乞哀, 許之, 罰牛馬千餘. 水塘地斗絕, 塞外兵民, 芟草積其中, 莊酋時時竊掠. 公令多以畜餌之. 虜益深入, 焚燎四合, 先於水口, 設三覆以待, 虜見火, [31a]驚走, 礮弩齊舉, 擊殺數百人, 所遺失無算. 別部皆脅息曰, 邢公眞天威不敢再窺邊矣.

戊子加右布政使, 而公以督戰過勞, 請告歸. 按臣勘功及閱邊者, 俱特疏慰薦.

庚寅起山西布政尋晉右僉都御史巡撫大同. 於是有火酋及史車之役, 火酋之犯西鄙也, 虜王西牧爲聲勢, 朝議革其市賞. 公平亭之曰, "姑裁舊而啖以新乎." 虜王聞之, 遽北歸.

適寧夏變起, 議者恐虜與合, 欲倂給舊者. 公持不可, 虜亦竟弭耳. 史車屬夷二酋也, 爲東虜朝免誘出邊, 復掠火焰堡, 督府懸賞購之. 公計虜王方求市急, [31b]可借以要也. 使人告虜, 虜卽聽許. 移帳近邊, 給史、車來會事, 伏兵突出縛之. 傳諭赦其部曲獨獻犯堡殺人者, 而貸酋以不死. 事聞, 受上賞.

宗室子請婚封夙苦胥史爲蠹, 公爲定畫一, 刊石書禁, 悉釐竇穴, 不數月完, 曠典者八百人, 至今頌神明焉.

癸巳晉南京兵部右侍郎. 甲午以左侍郎兼僉都御史總督川貴. 於是有勘播之役. 時播酋楊應龍與其所部五司, 相訐爭鬩, 著跋扈狀. 廷議撫則已輕, 勦則已重, 宜遣威望大臣往勘之, 推公往. 公皷行入蜀, 部署將士, 若爲蒲薙者. 酋大震懾, 求出勘松[32a]坎, 不許, 出猫岡, 不許. 竟出穴六百里, 至綦江縣, 囚服請罪, 獻首惡十二人. 公擬應龍大辟, 用夷法, 罰贖金四萬兩, 留質子, 割五司, 約勒甚具. 疏上值滿考竝大同功晉右都御史兼兵部左侍郎, 蔭一子.

丁酉倭事方棘, 上命公以兵部尙書薊遼總督, 往視師. 於是有徑略朝鮮之役. 當是時, 倭已破朝鮮五道, 傳其國都. 公乃趣中丞楊公鎬等, 夜馳入王京, 而以檄隨其後曰, "吾徵天下兵百萬, 且至矣." 倭望風宵遁. 公遂執沈惟敬, 送之朝. 倭失內間益窘. 是年冬所徵兵將皆會. 公以計糜行長, 急擊淸[32b]正, 軍搏蔚山. 刜太和, 揃鴟亭蹀血, 而前絶其樵汲, 淸正蹙乞和. 公曰, "吾受降不受和." 會天大雨, 我師解而歸.

倭復收合餘燼, 棲島山. 議者虬楊中丞語侵公, 諸將吏多顧望. 公意氣彌厲曰, "吾與賊俱斃耳." 復分軍三道, 以劉綎、董一元、麻貴等將之, 且屯且戰. 上知公益任, 公不爲異. 議動, 大發金錢犒軍, 賜公劍曰, "大將以下不用命皆斬." 公標劍登壇, 感憤用壯. 遂濟帥, 以一軍麋淸正, 以一軍圍行長. 石曼子率諸兵來援, 公授方略, 陳璘邀擊錦山、南海間, 大破之. 石曼子殲焉. 禽僞九州都督平正[33a]成及大將平秀政等. 先後斬首五千級, 焚其舟九百. 倭赴海死者無算. 淸正、行長狼狽渡海去. 海上之倭跡如掃, 而朝鮮不失寸土. 捷聞, 上大悅加公太子太保尙書總督, 如故封曾祖父而下, 如其官錄, 一子世襲錦衣衛指揮僉事, 賚金幣甚厚.

己亥班師, 朝鮮君臣率八道士民, 焚香泣送. 建祠画像, 鑄銅柱, 紀功釜山.

庚子還鎭, 虜酋赶兔方擁兵挾賞, 伯牙窺伺東鄙, 聞公威名, 卽潛遁去. 又擒妖人趙一平於寶坻, 討遼左僣號賊金得時, 五旬授首降, 散萬三千人. 公已感舊勞嘔血, 又念母鄭太[33b]夫人在家, 前後陳情疏几十, 上不許.

辛丑以大司馬筦留樞, 便道省覲, 慨然曰, "王陽何人耶. 吾今者復吾親有爾." 更四疏請, 始得謝. 日娛侍親, 課督子姓, 消搖世外.

乙巳太夫人卒. 公六十餘矣. 毀無殺禮. 以閱視敍功加少保, 錄一子.

己酉復起南司馬, 四疏辭, 始允.

壬子薨於家. 疾革, 猶口授遺疏上之. 請破黨用人, 發帑罷稅. 言甚剴切蓋盎然, 有沒不忘君之意焉. 公長身廣顙, 輔骨隆起, 音聲如鍾. 論議伉爽, 聞者竦動. 生不爲崖異, 粥粥謙下. 至艱鉅, 當前獨起肩之身, 家利害勿顧也. 爲德宗黨, [34a]九里餘潤, 不可更僕數. 其臨戎韎韋跗注, 勇克大慇. 而禔身涉世. 及戒諭子孫, 每以柔道爲先. 自言東征時, 卽奉賜劍,未嘗輕僇一人.

其慈仁如此.

生于嘉靖庚子九月廿七日, 卒萬曆壬子二月十五日, 得年七十有三. 配王氏, 封一品夫人. 子三, 伯顧言蚤卒贈明威將軍錦衣衞指揮僉事, 仲從言戶部福建司郎中, 叔愼言丁未進士戶部江西司郎中. 女四. 葬于某年某月某日, 墓在某山.

余旣論次公事而深嘆干任事之難也. 夫播州之役, 楊酋已束身, 請命逆節未章. 使繼公者, 操縱得宜, 酋必不[34b]叛. 其叛而誅, 誅而竭天下之力. 西南靡敝, 至今未復, 過不在公也. 而譚者乃咎公之失畫何哉. 島夷蹢朝鮮, 至入其國都, 公驅鯨鯢于海上, 挈八道之封疆, 而還之屬國之君臣, 其功大矣. 或又謂, "關白不死, 倭必不歸," 以公爲有天幸, 何其苛也.

馮宗伯善持論言, "成大功, 直論功耳. 攻堅與攻瑕, 摧强與侮亡, 不問也. 我奉天討, 賊伏天誅, 天贊我矣. 又何呶呶貶抑成勞爲嗟夫. 此可以論公矣." 爰爲之銘.

銘曰, 海玠[2]長鯨吐腥涎, 電掃屬國無衡堅. 秦庭七日哭[35a]潺湲, 赫然殷憂震九乾. 廼睠邢公握中權, 玄符黃石智駢闐. 總四元戎控樓船, 貔貅百萬犀渠千. 蜒孤親挽日月邊, 殷訇鼓疊潮聲遄. 悉驅獮獝掃妖躔, 扶桑波靜流雲烟. 明光鵲印如斗懸, 豐碑玄菟渺燕然. 槖鞬解却歸林泉, 荷衣彩褼何便嬛. 寧煩少遊悲站鳶, 盈庭有口任媸妍. 主恩終始毋棄捐, 社樹百衃蕯芊眠. 大河沛澤本支縣, 弓冶益振弡貂連. 煌煌偉伐琬琰鐫, 以爲不信視其天.

....

2   원문은 珏이나, 이는 圻의 오기로 추정.

附2 ＜邢玠列傳＞

『明史』列傳

「邢玠」 87-98

邢玠, 字式如, 益都人. 隆慶五年, 進士, 知密雲縣, 擢御[88]史, 巡按甘肅. 萬曆五年, 俺答欲赴青海, 會番僧設醮, 請市茶馬給都督金印, 以便出入. 玠疏言茶市不可開, 金印不可與, 本鎭宜厲兵秣馬, 以拒其來, 或移番僧于北部, 以杜其後. 其言利害情形甚悉, 詔勿給金印. 餘俱聽許. 其後撦力克嗣封, 遂有洮河之患.

玠出爲河南僉事, 歷山西右布政使. 十八年九月, 擢右僉都御史巡撫大同. 二十一年, 進南京兵部右侍郎. 播州宣慰使楊應龍爲七姓土司所訐, 抗不就吏, 誘敗官軍於白石. 明年十月, 轉玠左侍郎兼右僉都御史總督川貴軍務討之. 又明年春, 玠馳至重慶, 檄諭應[90]龍, 尚書石星亦遣. 水西宣慰使安疆臣, 趣應龍就吏, 應龍悔誘罪諸苗. 玠令重慶知府王士琦往勘. 士琦至松坎, 應龍面縛執罪人黃元、阿羔等以獻. 按法當斬, 詔輸四萬金贖爲民斬元等重慶市. 擢士琦川東副使彈治之, 加玠右都御史.

二十五年正月, 倭既敗封, 復議用兵. 三月, 命玠以兵部尚書兼右副都御史總督薊遼保定軍務經略朝鮮, 用楊鎬爲右僉都御史經理軍務事, 楊汝南、丁應泰隨軍贊畫. 玠以王京居八道之中, 東隘忠州, 西隘南原, 皆要害, 檄楊元、吳惟忠, 屯守相犄角. 總兵麻貴議直取釜山, 玠謂, "王京[91]距釜山千四百里, 勢難超搗. 若遂進師, 陸經梁山, 水經加德、安骨, 倭已先宿勁兵. 若此處與我相持, 別遣水軍, 分扼梁山東西之險, 則我無後援, 難圖萬全. 且軍糧未集, 未可輕舉." 請姑持久以老之. 帝報曰, "卿宜密圖進止, 但求全勝, 不計遲速也." 玠又請發臨、德倉及召商糴粟, 貯天津, 募舟轉運, 從之. 是時倭已奪梁山, 據三浪江, 乘勝入慶州, 侵閑山. 朝鮮統制使元均望風潰.

八月甲戌, 倭將清正夜薄南原, 守將楊元起帳中, 跣足先遁, 一軍盡没. 吳惟忠聞之, 亦棄忠州走. 官軍退守王京, 依險漢江. 麻貴議棄王京, 守鴨綠海[92]防, 副使蕭應宮不可. 乃檄貴以兵守稷山, 經理楊鎬身赴王京, 諭以死守, 人心始定. 鎬召參軍李應試問計, 應試曰, "此易耳. 倭變以不許貢市. 今使人諭之曰, 沈惟敬不死, 則退矣." 先是石星下獄惟敬, 計欲走倭.

玠初至遼陽, 即屬楊元, 執之. 鎬因使張貞明, 持惟敬手書, 責以背約, 行長乃退屯井邑, 清正退屯蔚山. 麻貴遂以稷山捷聞, 應宮曰, "倭自以惟敬手書退稷山, 未交一矢, 何言功耶." 玠、鎬等銜之, 劾應宮不早送惟敬京師, 遂被逮.

十二月, 玠自遼陽至王京, 所調兵亦至. 令李如梅、李春芳爲左右軍, 麻貴、楊鎬督之, 自忠[93]州鳥嶺, 趨蔚山. 中軍高策阨梁山, 別將赴南原, 張疑兵, 以牽行長. 己卯進攻蔚山, 遊擊擺賽, 以輕騎誘, 倭入伏斬四百餘級. 倭盡奔島山築三寨自守. 明日遊擊茅國器, 以浙兵先登, 裨將陳寅砍柵入垂拔. 鎬遽令國器割級, 戰少懈. 又以如梅未至, 不欲寅首功, 鳴金收軍. 比如梅至, 攻之不克, 圍守十日. 倭眾饑僞約降, 以緩攻. 行長遣銳卒三千, 虛張旗幟蔽江上. 朝鮮李德馨報曰, "倭救至矣." 鎬倉皇夜遁. 諸軍皆潰, 棄輜重無筭. 清正縱兵追擊, 軍士死者萬餘, 遊擊盧繼忠一軍殲焉, 時二十六年正月己丑也.

鎬、貴奔王京, 與[94]玠謀更以蔚山大捷聞. 帝厚賜玠等, 發帑金五萬兩犒師, 又賜玠上方劍. 于是贊畫應泰慎而上疏曰, "蔚山亡失甚眾, 鎬等不以實聞, 而大學士張位、沈一貫, 與鎬密書往來, 結黨欺君. 位書有禍福與君共之之語, 外論皆言, 鎬之經理, 以賂位得之. 今觀此書, 則人言不誣. 一貫屬鎬上疏, 必先告之, 以便票擬. 御史汪先岸露章劾鎬, 位、一貫盛稱鎬忠勇, 疏遂留中. 又自有東事以來遼兵二萬喪于李如梅兄弟之手, 前後費餉六七百萬. 鎬又與如梅私通清正, 與之講和, 其書具在." 因呈其藁及改削陣亡將士冊. 帝震怒罷鎬, [95]以天津巡撫萬世德代之. 命玠速赴王京, 暫兼經理. 一貫及玠上疏引罪, 帝釋之. 玠復上方略, 假便宜分道進取. 劉綎趨粟林, 逼行長營, 陳璘以舟師來會. 行長出千餘騎, 截戰, 官軍不利. 麻貴抵蔚山, 屢有斬獲, 中伏而敗. 董一元取晉州, 乘勝濟江焚泗州營. 其將石曼子, 退守新寨, 裨將茅國器彭信古盡銳攻之. 忽營中火藥發, 騎將馬呈、文郝三聘先走, 亡失無筭. 詔斬呈文、三聘, 以狥降一元三級, 師既無功. 大學士趙志皋給事中郝敬, 皆請撤兵, 給事中姚文蔚、張輔之爭之. 會平秀吉死, 國內亂.

十一月, 清正渡海先遁, 貴[96]入島山西浦. 綎攻行長, 石曼子引舟師救之, 爲陳璘所邀, 被焚死. 行長逸去, 禽其將平正成、平秀政. 玠、世德遂以蕩平聞. 於是應泰疏玠等賂倭賣國勘功. 給事中徐觀瀾亦言. 大學士一貫, 尚書蕭大亨, 與玠、世德黨和欺蔽. 又欲盡核諸路失事狀, 眾患之. 一貫請于帝改命. 給事中楊應文往勘而罷應泰、觀瀾.

明年四月, 宣捷告廟, 磔正成、秀政于市. 其九月, 論功加玠太子太保, 然是時言者益衆.

二十八年八月, 召爲南京兵部尚書, 乞終養歸. 尋以閱邊加少保. 後卒.

自倭患起更, 督撫六人, 推轂四十將二十六偏裨, 轉餉數[97]百萬, 首尾七年. 方收功, 一死關白. 又以善後事宜, 兵部田樂, 請下廷臣集議. 于是尚書李戴、陳渠、余繼登、蕭大亨、楊一魁議留兵暫守, 而責朝鮮供餉. 左都御史溫純言留兵宜練, 大理卿鄭繼之言留兵宜處餉. 給事中許子偉、姚文蔚、侯先春、楊應文、御史周盤俱議撤. 給事中李應策、楊天民議去留俱聽之督撫, 而張問達又謂兵不可撤. 帝以, "言人人殊, 迄無定論, 責朝鮮及督撫, 諸臣博謀善計." 最後諸臣奏至, 再諮部科樂, 乃折衷其說. 召水陸諸軍, 還時諸軍待命海外糜餉, 又幾二年矣.

[98](論曰, 昔漢以屯遣太守, 入爲九卿, 唐邊鎮節度使, 得擢宰相, 是蓋皆有深意存焉. 石星以一書生, 謬掌九伐, 遂至釀朝鮮之禍, 乃又陰誠閫臣, 曲狥和議一時. 懦夫築舍, 奸人鼓簧, 辱國喪師, 直自取之耳. 世徒以星清直獲罪, 爲之扼腕. 取末節而忘大計, 抑何不達也. 唐家再失河朔, 論者歸咎於蕭俛、崔植之寡謀, 豈不有異乎. 後之立說者耶.)

형개의《경략어왜주의》역주

명나라의 정유전쟁 4 원문(교감·표점)

2024년 3월 26일 초판 1쇄 인쇄
2024년 3월 29일 초판 1쇄 발행

지은이   형개
역주   구범진·김창수·박민수·이재경·정동훈

총괄   장상훈(국립진주박물관장)
북디자인 김진운

발행   국립진주박물관
          경상남도 진주시 남강로 626-35
          055-742-5952
출판   사회평론아카데미
          서울특별시 마포구 월드컵북로6길 56
          02-326-1545
ISBN   979-11-6707-149-1 94910 / 979-11-6707-145-3(세트)